活页式教材使用注意事项

01 根据需要,从教材中选择需要撕下来单独使用的页面。

小心地沿页面根部的虚线将页面撕下。为了保证沿虚线撕开,可以先沿虚线折叠一下。
注意:一次不要同时撕太多页。 **02**

03 撕下的活页式页面或者笔记记录页,使用后放置到封底活页式口袋夹中,以免丢失。

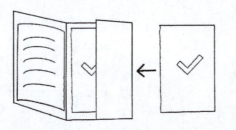

温馨提示:在第一次取出教材正文页面之前,可以先尝试撕下本页,作为练习。

高等职业教育新形态一体化精品教材
高等职业教育新商科"岗课赛证"融通系列教材

广告营销策划案写作

（工作手册式）

主　　编　门海艳　张　倩
院校参编　孙澜城　张　爽　刘竞言　王雨亭
企业参编　柴雪纯　吕宏伟　刘燕儒　宫　琛
主　　审　高　飞

北京理工大学出版社
BEIJING INSTITUTE OF TECHNOLOGY PRESS

内 容 简 介

本教材面向高等职业教育营销管理、策划、广告传播、广告策划等专业学生及学员。

教材基于"大广赛""学院奖"等广告营销创意比赛为指导方向，依托"校企合作"企业岗位实际，梳理关于"广告营销策划案"写作流程及关键技能，本着"由简到难""由点到面"的教育培养路径，规划"广告营销策划案"写作内容，将本教材按照企业广告营销策划案岗位工作内容分为6大项目，共计20个任务进行编写。

版权专有　侵权必究

图书在版编目（CIP）数据

广告营销策划案写作／门海艳，张倩主编．－－北京：北京理工大学出版社，2023.11

ISBN 978-7-5763-3108-0

Ⅰ.①广… Ⅱ.①门…②张… Ⅲ.①广告文案-写作-高等学校-教材 Ⅳ.①F713.812

中国国家版本馆 CIP 数据核字（2023）第 210232 号

责任编辑：吴　欣		**文案编辑**：杜　枝	
责任校对：周瑞红		**责任印制**：施胜娟	

出版发行 ／ 北京理工大学出版社有限责任公司
社　　址 ／ 北京市丰台区四合庄路 6 号
邮　　编 ／ 100070
电　　话 ／ （010）68914026（教材售后服务热线）
　　　　　　（010）68944437（课件资源服务热线）
网　　址 ／ http://www.bitpress.com.cn

版 印 次 ／ 2023 年 11 月第 1 版第 1 次印刷
印　　刷 ／ 三河市天利华印刷装订有限公司
开　　本 ／ 787 mm×1092 mm　1/16
印　　张 ／ 14
字　　数 ／ 325 千字
定　　价 ／ 48.00 元

图书出现印装质量问题，请拨打售后服务热线，负责调换

前　　言

本教材是工作手册式活页教材，适用于高等职业院校商科专业。

一、编写缘由

编写本教材缘由有三：

（1）我国职业教育"三教"（教师、教材、教法）改革任务所需。

2019年1月，国务院印发《国家职业教育改革实施方案》，为职业院校人才培养对接产业所需，提出了"三教"（教师、教材、教法）改革。不难看出，在"三教"改革中，教师是根本，教材是基础，教法是途径，它们能有效地解决教学系统中"谁来教、教什么、如何教"的问题。为解决"教什么"的问题，编写团队整理思路、调研企业、总结以往教学经验、梳理教学资源，决定面向高等职业院校学生和教育工作者编写本教材。

（2）恰逢科技发展契机，使专业革新、专业融合成为商科专业的新发展趋势。

如果说第（1）点是政策指引，是编写的基础，那么第（2）点就是关键。没有科技的发展，没有专业革新的需求，就无法实现本教材的编写。

以往大多营销策划案只能用文字表述，涉及具体作品制作需要提供脚本，另由美工人员设计。而如今AI智能技术可以实现智能绘画，让没有美工技术的学生们有了设计自己创意作品的可能。这就使教材编写可以将策划的传统技能和美工设计融合在一起，策划岗位和美工岗位内容不再有实质的区别，营销专业和设计相关技术专业融合革新成为专业发展的新趋势。

（3）编写团队成员具有赛事经历，使教材编写成为可能。

编写本教材，最初的起因源于"大广赛"（大学生广告艺术大赛）。编写团队成员在带领学生参加大广赛——营销策划案赛项时，发现没有找到一本合适的参考书来辅助教学，因此萌生了编写本教材的想法。

这里不得不再多提一下"大广赛"。因为参与"大广赛"，团队成员接触了很多关于"广告营销策划案"类的比赛项目和平台，比如"学院奖""营创赛"等国内由广告界发起的极具影响力的赛事，那些优秀的作品给了我们很大的触动，于是由旁观变为参与，愈发觉得对专业发展、对学生成长大有裨益，特别是对营销专业来说是革新的契机。

从整体上看，高等职业营销专业的发展还不够理想，这一点大家有目共睹。分析其原因，不过是没创新，迷失了创新方向。对于职业市场需求来说，学校的营销技能教育滞后。其主要表现在新技能、新技术在营销中的应用，以及创新思维和意识的转变等方面。

而"大广赛"等赛项中的营销策划案项目，恰恰是解决这一问题很好的途径，为营销专业变革提供了方向：营销专业不但需要有原本的营销思维、营销策略策划的传统技能，还要能通过广告作品的创作技术（美工设计、视频拍摄制作等技术）来提升策划案的可视化水平和可执行性，从单纯的文字表述，变为图文、音视频等符号共同参与的完整作品，把原本的营销策划岗位和美工岗位融通在一起。

之所以能够实现"文字+技术"，在于科技的发展。如今美工、视频等广告设计不再那么遥不可及，不再那么"专业"。各种软件、平台提供的AI设计，使没有绘画、拍摄功底的非专业人士也可以按照自己的创意想法去设计作品，这是我们编写这本教材的契机。

另外，这些广告赛事的命题均来自企业、组织等广告主体，有广告名人和协会的参与，引领着广告营销的前沿。

二、教材结构

1. 教材编写原则

（1）"岗、课、证、赛"融通原则。

① "岗"，通过调研广告公司、企业组织中的营销策划岗位策划案撰写的业务内容，与校企合作企业编委一起讨论总结，设计出本教材策划项目、任务以及具体实操流程。

② "课"，本教材编写前，编写组成员除了调研营销专业外，还调研了广告设计、新闻传播相关专业以及旅游酒店专业、电子商务专业等有对应行业企业营销策划培养需求的专业群，整合行业资源，在案例、任务命题选取方面兼顾了多个专业和专业群，保证教材课程对接和适用域。课程方面可对接营销策划类课程、广告策划类课程、策划案写作课程等综合实践性课程。

③ "证"，本教材每一部分内容对接相应"X"证部分内容。如广告法相关的X证书——中广协《广告审查职业技能等级证书（初中高级）》在项目一、项目二中融入，项目三、项目四中应用；联创新世纪（北京）品牌管理有限公司X证书《新媒体营销职业技能等级证书（中级）》，在项目二、项目三、项目四、项目六中融入；北京人民在线网络有限公司X证书《媒体融合运营职业技能等级证书（中级）》，在项目三至项目六中融入；新华网X证书《新媒体运营职业技能等级证书（中级）》，在项目三、项目四中融入。教材使用者可以根据各自需要和具体情况进行相应学分互换，关于X证书学分互换内容和比例，因时间所限、经验不足，预期再版时做出修订。

④ "赛"，教材依托"大广赛""学院奖"等广告营销策划类赛项，将赛项部分优秀作品作为主要案例，配合大赛命题策略单，达到教学与赛项融通、"以赛促教，以赛促学"的内容目标。

（2）技能技艺并重原则。

在教材任务设计中，遵循培养学生专业技能与视觉等广告技艺并重原则。每一项任务的操作过程都基于营销理论、创意思维设置，同时突出策划案作品的版式美工、广告作品的技艺操作。

（3）校企合作编写原则。

教材在整个编写过程中，有多家企业及企业运营岗、广告设计岗等多个岗位负责人提供了资料和建议，并参与评估研讨。

2. 教材内容结构

（1）教材内容序列："实践—认识—再实践—再认识"。

"实践出真知"，真正按企业任务去做，才能学习到符合客观规律的项目经验和知识，教材中每个任务命题都来自企业的真实任务，保证学习情境的代入感，提升学生学习的主动性、积极性和兴趣度，保证学生学习与企业实践零距离。

在教材整体内容序列设计中采用了"实践—认识—再实践—再认识"理论，把教材整体划分为三个篇章：认识—实训—实战。

同时，作为主要面向高职商科专业群使用的工作手册式活页教材，在编写每个任务时均按照操作实践过程和高职学生认识特点设置内容，基本逻辑过程是：

分析命题—撰写命题分析报告—资讯调研—撰写调研报告—创意研讨—任务成果评估—任务决策。

（2）任务操作：以做促学、以学定教。

陶行知认为"教师的责任不在教，而在教学，教学生学""先生教的法子必须根据学生学的法子"。鉴于此，本教材按照"以做促学、以学定教"的教学模式设计每个任务的学习内容。

在编写时，教材每一个任务的详细操作步骤都经过团队仔细斟酌，蕴含融入了各类素养和技能的培养、评估（例如在任务的评价反馈中设计的①应用的营销理论知识；②应用的软件及创意艺术技巧和理论；③考虑的社会责任），力求实现教师和学生"以做促学、以学定教"，学生可以通过任务操作提高认知，教师可以通过任务操作了解学生，以此提高教学效果和学习效果。

三、思政融入

（1）每个任务"相关知识"栏目中，选取了与本任务密切相关的思政素养，设置了多个栏目，如"知识链接""管理点滴""策划之道"等。

（2）在命题选取和案例作品选取中选入公益性命题项目。

（3）思政内容主要为二十大乡村振兴、绿色生态、职业素养等，另外还将项目六的任务二和任务三设置为思政专项："老字号"广告营销策划、公益广告营销策划。

（4）编写中有很多地方隐形融入思政内容，如每个任务中的评价反馈有"社会责任"评价指标，还有很多部分都有不同程度的思政内容融入，请广大读者体会并指正。

教材内容结构思维导图如图0-1所示。

四、编写团队

主编：门海艳、张倩。

院校参编：孙澜城、张爽、刘竞言、王雨亭。

企业参编：柴雪纯、吕宏伟、刘燕儒、宫琛。

主审：高飞。

五、致谢

因篇幅所限，很多默默帮助团队完成编写的同人不再一一列名，但要特别感谢《直播

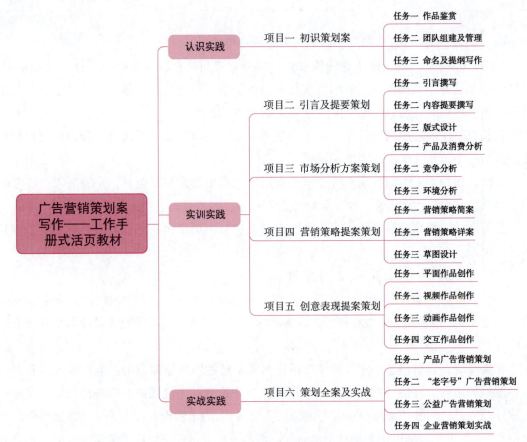

图 0-1 教材内容结构思维导图

运营管理》活页教材主编唐妍、郭芳在本教材结构策划方面给出的关键性指导意见，团队受益匪浅，深表谢意！

因编者水平、编写时间有限，敬请读者批评指正！

联系邮箱：1113896456@qq.com。

目　　录

项目一　初识策划案 …………………………………………………………… 1

项目描述 ……………………………………………………………………… 1
学习目标 ……………………………………………………………………… 2
任务一　作品鉴赏 …………………………………………………………… 3
任务二　团队组建及管理 …………………………………………………… 10
任务三　命名及提纲写作 …………………………………………………… 17

项目二　引言及提要策划 ……………………………………………………… 28

项目描述 ……………………………………………………………………… 28
学习目标 ……………………………………………………………………… 28
任务一　引言撰写 …………………………………………………………… 30
任务二　内容提要撰写 ……………………………………………………… 36
任务三　版式设计 …………………………………………………………… 42

项目三　市场分析方案策划 …………………………………………………… 52

项目描述 ……………………………………………………………………… 52
学习目标 ……………………………………………………………………… 52
任务一　产品及消费分析 …………………………………………………… 54
任务二　竞争分析 …………………………………………………………… 69
任务三　环境分析 …………………………………………………………… 76

项目四　营销策略提案策划 …………………………………………………… 86

项目描述 ……………………………………………………………………… 86
学习目标 ……………………………………………………………………… 87
任务一　营销策略简案 ……………………………………………………… 88
任务二　营销策略详案 ……………………………………………………… 99
任务三　草图设计 …………………………………………………………… 115

项目五　创意表现提案策划 …………………………………………………… 125

项目描述 ……………………………………………………………………… 125

学习目标 ··· 125
　任务一　平面作品创作 ··· 127
　任务二　视频作品创作 ··· 134
　任务三　动画作品创作 ··· 147
　任务四　交互作品创作 ··· 154

项目六　策划全案及实战 　165

　项目描述 ··· 165
　学习目标 ··· 166
　任务一　产品广告营销策划 ·· 167
　任务二　"老字号"广告营销策划 ······································· 187
　任务三　公益广告营销策划 ·· 194
　任务四　企业营销策划实战 ·· 202

附　录　211

　我国现行相关的广告法律法规 ·· 211
　X 证书指引 ··· 212

参考文献　213

项目一

初识策划案

本项目是策划案写作的起始部分。

"良好的开端是成功的一半",策划案的写作同样如此。踏实而详尽的准备,将为后面的学习提供莫大帮助。这是探索的过程、选择的过程,是确定任务目标的过程,明确了目标,策划不迷路!

本项目包括三个任务:作品鉴赏、团队组建及管理、命名及提纲写作。要求达到了解策划案、熟悉团队建设、培养团队意识和创新意识、掌握策划案命名技巧,能有效完成策划案命名和提纲撰写的目标。

从这里开始,需要遵循"大策划、大创意"观,即不仅内容需要"策划、创意",表现形式也需要"策划、创意"。"酒香不怕巷子深",同时更要主动"装饰"。策划案内容够"创意",策划案形式也要像一个艺术品,有创意、可供欣赏,从内涵到视觉,每个视角都蕴含着"创意"艺术,让策划案成为内涵和视觉艺术的结合体。

 项目描述

通过对策划案前沿优秀作品的鉴赏,建立"大策划、大创意"观,会撰写鉴赏心得,能分析团队成员应具备的基本技能和素养,熟悉团队建设管理和交流方法,掌握策划案命名方法、创意内涵,同时,能够确定策划案题目,撰写策划案提纲。

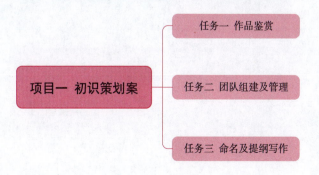

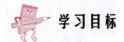
学习目标

知识目标

1. 识别优秀策划案作品应具备的标准;
2. 掌握撰写鉴赏报告的思路和模式;
3. 认识组建团队的重要性及组建要求;
4. 熟悉策划案命名方法及提纲写作思路。

技能目标

1. 掌握鉴赏优秀广告策划案作品的基本能力;
2. 能根据任务要求,组建高效的任务团队;
3. 掌握"创意"的基本技巧,并能为策划案提出符合命题要求的创意名称;
4. 能为广告策划案设计详细的写作提纲。

素养目标

1. 树立审美观,培养对艺术作品及策划案作品的鉴赏分析能力;
2. 树立团队合作意识,培养团队合作精神;
3. 树立创新意识,培养创意思维;
4. 养成清晰的逻辑思维能力和严谨认真的工作作风。

任务一　作品鉴赏

案例导入

《只此青绿》鉴赏

2021年10月，由中国东方歌舞团出品的舞蹈诗剧《只此青绿》搬上舞台。经2022年央视春晚的片段演出，再经各大平台的推演和观众如潮的好评，《只此青绿》成为现象级的国民作品。

请扫码欣赏：《只此青绿》

作品创作特色：

（1）舞剧版的"千里江山图"，观众以视听融合的方式感受到了"华夏一体"青绿山水动态化、意象化、拟人化的呈现。《只此青绿》，在距宋朝900余年的当下，也是一份艺术家对艺术家穿越历史的献礼——所谓"无名无款、只此一卷；青绿千载、山河无垠"。

（2）青绿是剧中唯一一个抽象的、写意的角色。它是《千里江山图》的魂，也是全剧的美学提纯，无生命，但有温度。青绿在画中静待千年，两位导演以"静"为出发点，以宋代绘画中内敛、内收的基调，设计了"静待""望月""落云""垂思""独步""险峰""卧石"等一系列造型动作。青绿不语，举手投足间，皆是大音希声、大象无形。

（3）《只此青绿》是致敬中华优秀传统文化之作，邀请故宫博物院作为共同出品方。创作中，我们怀着对中华优秀传统文化的敬畏、对传世国宝的敬畏、对舞台艺术的敬畏，将画作背后所蕴含的传统手工艺智慧的篆刻人、织绢人、磨石人、制笔人、制墨人等非遗传承人，进行了艺术化的诗意呈现。

（4）作品从多个视角去展现画作的精髓：一是穿越千年，以历史维度去观赏千里江山的美好；二是透过画作，看到背后的中华传统工艺；三是以"展卷人"的角度，呈现文博工作者的思考。

思考： 请从表情艺术—舞蹈艺术—表情艺术的审美特征、艺术语言的创新、艺术作品的层次、艺术语言的创新、艺术意蕴的寄托、继承是创新的基础、创新是继承的目的、优秀艺术家的必备素养、艺术风格、艺术传播等方面思考作品的创意艺术。

任务工单

任务编号：1-1（任务工单）	任务名称：作品鉴赏
任务发起：企业营销部	前续任务：无

任务目标及要求	鉴赏广告营销策划案优秀作品，认识广告营销策划案，了解基本撰写结构和技巧，找出作品的特色和创新之处，梳理出其作为好作品的成因，撰写鉴赏报告。 具体要求如下： 1. 至少鉴赏 3 篇优秀作品 2. 鉴赏报告有效字数不少于 150 字 3. 鉴赏报告内容至少包括：对策划案含义的理解；策划案一般的框架结构；对策划案名称创意的理解；对策划案中广告作品创意的理解等 4. 分析作品中体现的产品（品牌）或项目的卖点或特色 5. 分析作品中体现了哪些营销理论或营销思维 6. 分析作品中体现了哪些社会责任 7. 通过评价反馈机制，对鉴赏报告进行评估
优秀作品赏析	作品及对应命题策略单 ＊请扫码获取作品及对应命题策略单
优秀作品获取	1. 大广赛官网；2. 创意星球官网；3. 广告公司官网；4. 其他策划案赛事网站。 请关注上述相关公众号或官网查看获奖作品或企业策划实案

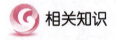
相关知识

一、鉴赏准备

1. 策划与创意

"策划"离不开"创意"，"创意"也离不开"策划"，所以策划案必须有好的"创意"来成就。

概括来说，策划是包含创意的，而创意是不能包含策划的，两者的关系有些含混，既可以互相独立，也可以相互融合。

策划一般就是指针对某一个项目，从立项、筹备、策略、执行、评估等一系列内容开始的整体工作，是一个较为完整的过程。其中可以没有创意（如在常规活动的执行策划中，注重的是执行效率、执行安排以及执行方式，对创意没有要求），也可以包含创意，那么包含创意的部分就存在于策略和执行这两个部分，有新意的策略或者执行方式都可以称为创意。

创意的含义比较宽泛，但是其绝对是不能包含策划的，创意可以分为活动创意（形式上）、文字创意（如广告语、宣传文案等）、平面创意（平面设计中的创意元素）、广告创意（新颖的视频、故事等），甚至可以是经营模式的创意，可以说无处不在，更直白地说创意是一个点，是能够被触发并且能够触动别人的一个点。

策划是一条线，你需要从头至尾全套走下去，而创意是一个点，可以分布在策划这条线上的某个位置或者某几个位置。

策划是逻辑严密、系统完整的谋略。策划是一种程序，在本质上是一种运用脑力的理性行为。策划不是点子，也不是一两个奇招，更不是一两句叫得响的广告语。策划是一种谋略，是一个系统工程。其思想具有内在严谨的逻辑关系，是沿着适时的消费趋势和消费心理而渐渐展开的某种连续性的、递进的心理游戏。就像业内人说的：策划是一个逻辑严密、系统完整的"阴谋"，要具有进攻策略、防御策略，还要设置一系列"陷阱"。

从职业名称来说，策划岗位很宽泛，文案岗叫策划，网络推广叫策划，运营岗也叫策划，而创意岗一般仅限于广告公司的职位。但创意思维的应用在企业却很广泛，创意存在于各行各业，没有那么狭隘的职业定位，似乎各行各业的各类岗位都需要创意。

所以，策划案需要系统、需要统筹，但每个组成的点都要有"创意"，只要二者缺一就不能成就好的作品。

2. 策划案

如今，策划案已不仅是一篇应用性文章那么单调，更是一件艺术品。它的内容供项目方（企业等）运营所用，它的表现形式也成为赢得广告主芳心不可或缺的重要组成部分。

广告营销策划案就是在对其运作过程的每一部分做出分析和评估，并在制订出相应的实施计划后，把分析、策划、创意、执行、预算等内容形成报告，提供给广告主或评审审查，这个报告称为广告营销策划案，过程称为策划。

3. 资料搜集

接到广告主命题策略单（策划要求单，也叫命题单）后，在策划案撰写初期，需要仔细研读策略单，分析重点和关键点，弄清广告主指向和目标，然后依此大量收集资料，不断优化、筛选、研讨、总结，通过大量资料的阅读来激发创意。主要搜集以下三类资料：

（1）消费资料：消费者画像及消费者洞察。

（2）竞争资料：竞品、竞牌、竞争对手。

（3）市场资料：产品发展、行业发展的现状及趋势。

资料收集后，进行筛选、整理、分析，形成与企业策略单密切相关的分析报告，留待后期团队共同研讨，提供策划案相关创意。

由此可见，资料搜集是否齐全、完备，筛选整理分析是否得当，都关系到后期的决策和创意。

4. 资料搜集的形式与路径

（1）资料形式：文字资料、图片资料、图表资料、动画资料、音频资料、视频资料等。

（2）搜集路径：搜集渠道及平台。

请扫码查看：搜集渠道及平台

二、鉴赏内涵

1. 鉴赏书面定义

鉴赏，多数书籍是这样定义的：它是对艺术品、文物等的鉴定和欣赏。人们对艺术形象进行感受、理解和评判的思维活动和过程。人们在鉴赏中的思维活动和感情活动一般都是从艺术形象的具体感受出发，实现由感性阶段到理性阶段的认识飞跃，既受到艺术作品形象、内容的制约，又根据自己的思想感情、生活经验、艺术观点和艺术兴趣对形象加以补充和丰富。运用自己的视觉感知、过去已经有的生活经验和文化知识对作品进行感受、体验、联想、分析和判断，获得审美享受，并理解作品或现象的活动。

2. 本书为什么用"鉴赏"

从鉴赏的定义可见，鉴赏源于"艺术品"，是对"艺术品"的品鉴与赏析，那么"策划案"作品，怎么用到"鉴赏"呢？

因为"策划案"也是"艺术品"，不仅需要根植营销创意思维，还要根植艺术创意思维，原本好的艺术品就是对消费者最好的服务，策划案艺术化，是营销思维进化的必然。所以，我们要把策划案当作艺术品去创作，就应该从艺术角度去鉴赏，只不过这里需要兼顾商业中的营销思维。

三、策划案鉴赏重点

作品鉴赏是了解策划案形式和撰写内容及技巧的过程，作为初学者，一般关注以下几方面。

1. 解决的问题是什么，是如何以解决问题为核心展开的

在鉴赏作品时，首先要看其是否明确地找到了企业广告的战略及策略上的问题点，有无解决对策。关注的内容主要有：是否有明确的产品定位。对产品概念、目标受众等问题，是否准确巧妙地设定并抓住了问题实质。作品中诉求主题和表现方法是否清晰简洁。策划实施策略是否体现了成本低、效果好。

2. 整篇策划案是如何尽量量化、具体化的

（1）目标是怎样设定明确的：策划案中涉及的营销目标（如销售额、市场占有率、购买率等）和传播目标（如知名度、认知度、理解度等）是如何明确地设定出来的。

（2）指标如何量化：策划案中的各指标标准如何具体化、量化，是否能够用数字来表达。如广告活动中目标受众人数、覆盖地区数量、广告活动的目标购买率、增长率等都须有量化的数据指标。

（3）实施中如何设计有效监控：广告策划不仅要体现实施成果，更要体现确保成果实现的管理监督、控制手段措施及广告实施后的成果评审检验方法，策划案中是如何实现的。

3. 策划案内容是如何与市场、产品实际相符合的

策划案对市场产品、消费者是如何掌握的。由于消费者的价值观对消费行为影响较大，因此尤其要关注策划案中对其购买动机和生活形态进行研究的程度和方法。

4. 策划案可操作性是如何把控的

在鉴赏策划案时，除了要关注策划案本身的内容质量外，还要关注在客观实施环境中的可行性是如何把控的。

5. 策划案中的方案执行性是如何做到精细的

优秀的策划案在大构想思路上往往倾注了较多的心血，也常有较好的点子和大胆的创意产生，各方面执行方案往往也非常细致。优秀的构想必须通过精细的执行才能充分发挥功效。所以"做"跟"说"同样重要，如果执行方案太粗糙也不是优秀的策划案。

6. 策划案是如何实现系统化的

策划案中都是以消费者为中心，利用各种传播手段系统地向消费者传达核心一致的信息，进行整合营销传播是现代营销的新要求。在鉴赏时应关注策划的内容如何与营销紧密结合，综合性营销策划如何融入广告策划。

7. 策划案是如何做到简洁明确、重点突出的

策划案是如何围绕命题中的重要内容、重点问题和重要策略进行论证及阐述的，这是策划案鉴赏应重点关注的内容。

8. 策划案的主要程序是什么，具体提纲是如何安排的

一般主要程序包括题目创意性—市场分析—营销策略制定—创意表现—媒介策略及预算，而具体提纲各个作品策划案会有很多差别，要明白具体差别的原因是什么。

 策划之道

"小胜凭智，大胜靠德"——策划的最高境界是诚信！诚信既是世界观，也是方法论，"大诚信"其实就是"大智慧"。当今社会最大的学问，就是按客观规律办事；而按客观规律办企业的最大学问，就是"对别人有利的，才是对自己有利的"。有了诚信，资源不请自来，这是无管理的管理，无策划的策划。

——牛根生

 任务实施

任务编号：1-1（任务实施）	任务名称：作品鉴赏
成员人数	（　　）人
任务资讯	1. 策划与创意的内涵 2. 策划案的含义 3. 调研内容及资料的搜集路径 4. 策划案鉴赏应把握的重点 5. 命题策略单中产品、品牌或与企业相关的竞争对手、消费者及企业自身资讯 6. 相关广告营销策划案国家级比赛获奖其他作品（用于对不同奖项同一命题作品进行对比）
资讯来源	大广赛官网、创意星球官网；淘宝、京东等电商平台；微信、微博、百度、百度指数等媒体及数据媒体平台……

续表

	内容	完成情况
任务内容及流程	1. 熟读并分析鉴赏作品命题策略单	
	2. 赏析对应作品，分析作品框架结构、总结其名称的创意特色	
	3. 分析策划案中的广告作品创意	
	4. 分析作品中体现的产品（品牌）或项目的卖点或特色	
	5. 分析作品中体现的营销理论或营销思维	
	6. 分析作品中体现的社会责任	
	7. 与作品同一命题的其他奖项作品进行对比分析	
	8. 撰写鉴赏报告	
资讯获取学习笔记	1. 内容及来源网址：_____ 2. 学习启示：_____	
进行决策	请誊写鉴赏报告：_____	

评价反馈

评价方式包括自我评价、学员互评、教师评价。成果完成后请进行自评、互评和教师评价，评价内容与标准参考表1-1。

表1-1 评价反馈表

任务编号：1-1（评价反馈）		任务名称：作品鉴赏
评价项目	评价内容	等级
职业素养	出勤：迟到、早退、旷课情况	□A □B □C
	任务完成：效率高、态度认真	□A □B □C
	鉴赏：专业度高，能从多角度进行全面分析	□A □B □C
鉴赏报告内容要点	1. 鉴赏作品中应用了哪些营销知识	□A □B □C
	2. 鉴赏作品解决的问题是什么，如何以解决问题为核心展开	□A □B □C
	3. 鉴赏作品中涉及的目标、指标是如何尽量化、具体化的	□A □B □C
	4. 鉴赏作品中，市场、产品及消费者洞察方面体现了什么消费需求，展现了产品的什么卖点	□A □B □C
	5. 鉴赏作品的可操作性如何	□A □B □C
	6. 鉴赏作品的可执行性如何	□A □B □C
	7. 鉴赏作品全篇是如何实现系统化的	□A □B □C
	8. 鉴赏作品是如何做到简洁明确、重点突出的	□A □B □C
	9. 鉴赏作品的主要程序是什么，具体提纲是什么	□A □B □C

续表

鉴赏报告 文字表达	1. 文字表达是否流畅、简洁、清晰 2. 段落是否分明，整篇是否逻辑严谨、明确	□A □B □C □A □B □C
社会责任	1. 鉴赏时是否关注作品对社会责任的体现：_____ 2. 体现的社会责任是：_____	□A □B □C □A □B □C

 任务拓展

一份优秀的广告策划案包括哪些内容？尝试用思维导图工具梳理一下你的思路。

任务二　团队组建及管理

 案例导入

为何组建团队？

雷军说："一个人可能走得更快，但一群人，才能走得更远。"

一个人的视野和能力始终是有限的，真正做出伟大事业需要发挥"众人的力量"。雷军多次强调小米的辉煌成就是全体小米人共同努力的结果，这充分证明了团队协作的力量。

团队可以让彼此优势互补、全力以赴。

一个人即使再强大，也难以完成涉及多个领域的复杂任务。

  任务工单

任务编号：1-2（任务工单）		任务名称：团队组建及管理
任务发起：企业营销部		前续任务：作品鉴赏
团队组建	1. 人员数量：建议1~5人，最佳4人 2. 优势能力搭配：团队成员具有组织能力、调研分析能力、文字撰写提炼能力、总结归纳能力、美工能力等 3. 团队协作方式，请遵循以下5项原则：①专业分工；②知识共享；③沟通交流；④相互信任；⑤共同目标 4. 团队管理模式 根据团队特点，可选择以下8种模式之一，也可团队自行创造新模式：①"轮辐式"模式；②"团队中的团队"模式；③"促进型"模式；④"服务型"模式；⑤"代理型"模式；⑥"平等主义型"模式；⑦"导向型"模式；⑧"任务控制型"模式	
任务目标及要求	按前述要求组建团队，完成以下任务： 1. 选择组建小组模式（如自由组建等）或者由教师指定 2. 确定小组成员人数 3. 依据策划案所需，明确组员所具备的基本能力或优势，选择组员 4. 确定组员，分析组员优势能力 5. 选定小组组长，指明其管理能力 6. 小组研讨或组长提出小组管理模式，确定小组管理模式 7. 确定团队管理模式，制定团队任务方案	

相关知识

乔布斯曾说，"在商业领域，伟大的事业绝非凭一己之力就能完成，而是由一个团队所铸就"。

一、团队协作方式

团队协作常见的方式有以下几种：专业分工、知识共享、沟通交流、相互信任和共同目标。

（1）专业分工是一种重要的团队协作方式。团队成员有各种不同的专业技能，通过分工来发挥各自的优势，协同完成任务。与此同时，分工也可以减少中间环节，提高效率，避免出现重复工作或者工作上的混乱。

（2）知识共享是另一种重要的团队协作方式。在团队协作中，一个人拥有的知识和经验是不够的，需要借助其他成员的知识和经验。因此，在团队协作中，知识共享可以提高团队整体的知识水平和效率，避免出现冲突和错误。

（3）沟通交流是实现团队协作的核心。团队成员之间要建立起良好的沟通机制，通过实时沟通、传递信息和反馈来协作完成任务。沟通交流需要保持高效、明确、真实和尊重的准则，以建立信任和合作，提高效率和减少误解。

（4）相互信任是一种非常重要的团队协作方式。在团队中，每个成员都要有足够的信任和尊重，相互支持，才能形成高效的合作关系。信任建立在彼此的口才与行动之上，只有相互尊重，才能激励团队成员，促进合作。

（5）共同目标也是一种非常重要的团队协作方式。一个团队只有在共同目标的驱动下才能朝着同一个方向前进。因此，在制定团队目标时，要充分考虑到每个成员的需求和期望，并制定出合适的目标，进行恰当的描述，以促进团队的凝聚力和协作力。

这些协作方式可以相互补充，促进团队的高效协作，实现更好的绩效，使团队成员具有责任感。团队协作的重要性不言而喻。只有在团队协作的基础上，才能创作出非比寻常的作品。

二、团队管理

1. 团队管理中的困惑

（1）成员之间缺乏信任，难以找到最佳搭档。

（2）大家对成功战略的愿景并不明确。

（3）对于制定策略的最佳方案，团队成员持有相反的观点，并且不知如何打破僵局。

尽管本质上可能是因为策略或者人际关系所致，但实践证明，这些的根源往往都与团队结构或模式有关。

2. 团队管理模式

企业运作中，团队可以采取各种不同的模式，而且在特定情况下可以采取不同的模式，而不是始终保持一种固定的模式。就不同模式而言，还可以围绕团队相处、组织和对话方式，设定不同的预期。

不存在完美的团队管理模式，这是事实，但不懂团队模式，一定管不好团队。为了让团队发挥最大的潜能，并使团队所有成员的行为规范符合所选模式，可参考以下模式：

（1）"轮辐式"模式。

轮辐式模式本质上就是多个最佳搭档的模式，每个最佳搭档组合都直接向领导汇报。

在这种模式下，每个人都可以通过直接与领导者对话的方式做决策。团队会议更多的是关注工作分配和运营协调。

主要优点：更接近领导者；更快的决策过程；事实源头清晰；无混乱管理。

主要风险：决策孤立；协调水平低；缺乏视角；敷衍跟进。

领导技巧：领导者必须扮演神经中枢的角色，将彼此的对话连接在一起，同时团结团队力量，鼓励他们参与决策。

(2) "团队中的团队"模式。

"团队中的团队"模式，主要特点是不同的小组专职聚焦于完全不同的业务领域，比如运营、产品等。和轮辐式模式一样，领导者也是单独与每个团队沟通交流。

主要优点：更多具体的工作职责；灵活且目标导向型的团队；包含多种不同视角观点。

主要风险：团队分散；各业务部门出现明显脱节；形成"文化孤岛"。

领导技巧：领导者必须扮演总机接线员的角色，积极主动地在团队之间架起桥梁。

(3) "促进型"模式。

在这种模式下，领导者的主要作用是促进彼此沟通对话，在协商的过程中让大家畅所欲言，提出各种不同的看法。领导者在对话中扮演气氛活跃者的角色，综合各种各样的观点来做出正确的决策。

主要优点：团队凝聚力强；多样化视角；有机会觉察团队之间的隔阂；决策较为可靠。

主要风险：随着时间的推移，决策数量减少；需要耗时更长的、更频繁的会议；谈话最终可能只会"纸上谈兵"。

领导技巧：领导者必须像一个管弦乐队的指挥，熟练地指挥团队，并引导谈话，最终做出明确的决定。

(4) "服务型"模式。

在服务型模式的团队中，团队在获得授权的情况下自我管理组织，并自主做出决策，领导者通常都不用过多干涉团队的日常工作。领导者主要通过协助团队扫清障碍、在必要时提供指导建议等方式来支持团队发展。

主要优点：有助于培养集体意识；更扁平的公司架构；有个人成长和发展的机会。

主要风险：缺乏中央协调；缺乏明确方向；难以实现"求同存异"。

领导技巧：领导者必须扮演教练的角色，在关注个人发展的同时，为团队的成长创造环境。

(5) "代理型"模式。

在某些时候，可能需要领导者花更多的时间与客户会面或巡回宣讲，从而导致缺乏与团队的交流。这种情况下，代理型模式就非常有效，领导者可以授权特定团队成员来负责管理日常工作。

主要优点：内向型领导者的变通方案；为团队成员提供发展机会；领导者可以自由地在其他领域创造价值。

主要风险：复杂的职权变动；断层式领导；领导者的某些行为可能会有碍团队发展。

领导技巧：领导者必须扮演授权者的角色，专门授权某个团队成员作为运营代理人，领导团队发展。同时，领导者也需要重点关注相关的重要决策。

(6) "平等主义型"模式。

在平等主义型模式中，完全不存在职场等级制度。团队所有人，包括领导者，都必须平起平坐。部分人士还认为，这种模式就是团队管理的未来趋势。

主要优点：真正做到团队成员人人平等；极富团队凝聚力；相互贡献，共同承担。

主要风险：决策保守；领导角色混乱；没有明确的优先决定人。

领导技巧：领导者必须像伙伴一样，通过巧妙而轻松的技巧影响团队决策，同时为决策建立清晰的规范。

(7)"导向型"模式。

与平等主义型模式截然不同的是，导向型模式主要由领导者设立愿景，并自上而下推动决策，具体运营与执行都由团队成员完成。这种方法，让人联想到军队，主要特点是限制对战略决策的投入，同时依赖高执行力的"军官"来处理实际事务的执行。

主要优点：高效决策；适用于紧急时刻；最低程度的混乱和分歧。

主要风险：专横；削弱团队成员权力；缺乏参与度可能影响决策方向的质量。

领导技巧：领导者必须扮演将军的角色，为团队清晰准确地指引方向，在面对有争议的决策时及时出面解释，同时确保整个团队都必须完全服从领导者的权威。

(8)"任务控制型"模式。

大多数时候，我们都需要一支庞大的队伍，但往往队伍过于庞大，又导致无法及时做出大胆而重要的决策。在这种情况下，领导者最好定期与内部小部分成员沟通交流。

主要优点：加速决策；为领导者提供一个检测新想法或建议的班子，可以更广泛地收集建议。

主要风险：整个团队的职责可能不明确；等级制度会使团队产生分歧；"外部"其他人员可能会产生怨气。

领导技巧：领导者必须扮演设计师的角色，不依靠职务等级，而是根据岗位角色和职责悉心管理团队，并开诚布公地介绍团队的构架。

事实上，团队有效运转的方式远不止这8种模式，不能一劳永逸，需要在实践中不断摸索，培养团队领导能力。但如果能够在不同的模式之间自如地切换，并始终让团队成员了解团队最新状况，那么就能带领团队更好地、更有效地工作。

三、团队交流

交流，是团队工作中面对任务和问题时必不可少的工作方式，企业团队中常用的交流方式有以下几种：

(1)圆桌式，这是一种比较民主的讨论方式，全员按圆桌而坐，彼此容易熟悉，容易营造和谐的气氛，引发讨论。

(2)分组式，这种讨论方式将团体成员分成若干小组，分别讨论同一主题，然后综合小组讨论结果在团体内由各组发言人代表发言，其他成员可补充，当团体人数较少时，每位成员可以有充分发言交流的机会。

(3)陪席式，这种讨论方式一般先由一位专家发表意见，做引导发言，然后团体成员针对专家的意见发表自己的见解。

(4)论坛式，这种讨论方式先由几位专家或领导者分别阐述各自不同的观点，然后团体成员互相讨论寻求适当的结果。

(5)辩论式，这种讨论方式将团体成员分成两组，就一个讨论话题分成正反方，意见相对立，然后根据所在方的立场与对方辩论。

（6）脑力激荡式，这种讨论方式有助于全面了解别人的意见，扩展自己的思考空间，培养团队合作精神，发挥集体力量，找到多种解决问题的方法及途径。

管理点滴

如何解决团队管理中的团队意识和个人英雄主义的矛盾？

在团队管理中，应该巧用团队意识和个人英雄主义的矛盾。

1. 团队负责人要适当发扬个人英雄主义

工作中管理者要合理授权，给下属更多发挥的机会。在工作中遇到问题要广泛采集成员的意见，最大限度地调动成员的创造性思维，通过成员正确地发扬个人英雄主义，提高独立作战能力和市场竞争意识。

2. 提高个人的团队意识

"大河流水小河满"，团队利益高于个人利益。管理者更要充分认识到自己离不开团队，团队离不开自己，这样才能使团队形成强大的凝聚力和战斗力。

3. 个人利益永远服从团队利益

团队意识和个人英雄主义是对立统一的，因此二者在特定的条件下会产生一定的冲突和矛盾。根据团队利益为上的原则，个人英雄主义必须服从团队利益，个人英雄主义的发扬必须以维护团队利益为前提。

思考：如何处理团队中的个人英雄主义？

任务实施

任务编号：1-2（任务实施）		任务名称：团队组建及管理	
成员人数	（　　　）人		
任务资讯	1. 了解团队组建方式及团队管理相关知识 2. 明确分析撰写策划案团队所应具备的基本能力 3. 相关优秀团队组建案例		
资讯来源	百度、搜狗等知识获取平台……		
任务分工	内容		完成人
^	1. 学习团队组建方式及管理模式		个人
^	2. 邀约成员或接受邀约，确定团队成员		个人
^	3. 在撰写策划案中，团队所应具备的基本能力		团队成员集体
^	4. 选举团队负责人，指明其管理能力		团队成员集体
^	5. 优秀团队组织及管理案例1		
^	6. 优秀团队组织及管理案例2		
^	7. 优秀团队组织及管理案例3		
^	8. 确定团队管理模式		
资讯获取 学习笔记	1. 内容及来源网址：_____ 2. 学习启示：_____		

续表

进行决策	团队管理	工作模式：□个人学习—讨论—撰写 □讨论—个人学习并撰写—讨论决策 协作方式：□专业分工 □知识共享 □沟通交流 □相互信任 □共同目标 管理模式：□"轮辐式"模式 □"团队中的团队"模式 □"促进型"模式 □"服务型"模式 □"代理型"模式 □"平等主义型"模式 □"导向型"模式 □"任务控制型"模式 □其他模式
	成员优势能力分析	

评价反馈

评价方式包括自我评价、学员互评、教师评价。成果完成后请进行自评、互评和教师评价，评价内容与标准参考表1-2。

表1-2 评价反馈表

任务编号：1-2（评价反馈）		任务名称：团队组建及管理
评价项目	评价内容	等级
职业素养	出勤：团队中迟到、早退、旷课情况	□A □B □C
	任务完成：团队组建效率高、态度积极认真	□A □B □C
团队人数	团队成员数是否符合要求	□A □B □C
人员搭配	团队组建合理，成员能力互补	□A □B □C

任务拓展

（1）团队交流可能有哪些收获？（提高团队合作能力、拓展知识视野、提高思维能力、促进个人成长、提高学习效果、增强沟通能力、提升创新思维等）

（2）如果你是团队的组长，其中一个成员的任务没有完成，耽误了整体的任务进度，你将如何处理？

小测试

用MBTI十六型人格测测你的特长，看在团队里你更适合哪个角色

迈尔斯—布里格斯类型指标（Myers-Briggs Type Indicator，MBTI）是由美国作家伊莎贝尔·布里格斯·迈尔斯和她的母亲凯瑟琳·库克·布里格斯共同制定的一种人格类型理论模型。

其中，十六型人格测试可以测试个人特长，请参照图1-1，测一下你的偏好和特长吧。

(a)　　　　　　　　　(b)　　　　　　　　　(c)

(d)　　　　　　　　　(e)

(f)　　　　　　　　　(g)　　　　　　　　　(h)

图1-1　十六型人格测试

(a) 示意一；(b) 示意二；(c) 示意三；(d) 示意四；(e) 示意五；(f) 示意六；(g) 示意七；(h) 示意八

任务三　命名及提纲写作

 **案例导入**

江小白日常软文命名——我变了，从 e 到 i

　　重庆江小白酒业有限公司旗下品牌江小白，日常公众号宣传软文的命名一直很有创意，能够抓住当下热点，博得消费者关注。

　　其中一篇作品《我变了，从 e 到 i》作为日常"小作文"的命名都是如此用心，全文请扫码获取。

请扫码获取

  任务工单

任务编号：1-3（任务工单）		任务名称：命名及提纲写作	
任务发起：企业营销部		前续任务：作品鉴赏、团队组建及管理	
任务目标及要求	完成策划案命名及提纲写作，具体要求如下： 1. 策划案命名要具有创意及深意 2. 每个团队至少撰写完成 3 个不同创意的策划案名称 3. 通过评价反馈机制，选出 3 个命名中最优的作为本次任务的最终命名成果 4. 提纲内容要突出策划主要内容，精简且完整，并且考虑内容之间的关联性和条理性			
优秀作品赏析	作品及对应命题策略单 *请扫码获取作品及对应命题策略单			
优秀作品获取	1. 大广赛官网；2. 创意星球官网；3. 广告公司官网；4. 其他策划案赛事网站。 请关注上述相关公众号或官网查看获奖作品或企业策划实案			
任务参考策略单	命题策略单 *请扫码读取命题策略单，任选其一即可			

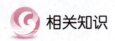 相关知识

一、策划案命名

1. 命名原则

（1）简洁：最好不超过 20 个汉字。

（2）准确：能准确反映策划案内容，避免文题不符、以大代小、以小代大、以全代偏、以偏概全等。

（3）清楚：能清晰地反映策划案具体内容和特色，并力求简洁有效、重点突出。尽可能将表达核心内容的主题词放在题名开头。

（4）可检索：最好不用副标题或其他形式。

（5）特效：它相当于策划案的"标签"，考虑能展现特殊的"魅力"来吸引读者。

（6）草拟：可以先草拟一个名字，等策划案基本思路完成后，再拟定题目。但最好在拟定过程中设想多个名字，后期加以选择或完善，同时避免与同类策划案的名字相似或雷同。

（7）核心：如果策划案创意核心点能够用一句话表明，那么用它作为名字或可达到更醒目、生动的目的。

（8）韵律：可以考虑诗歌一般的韵律，易读好记。

2. 策划案命名的自身特征

广告营销策划案具有特殊性，所以命名有与众不同的特色：

（1）艺术感：广告营销本身是一类面向公众的营销类的进行信息传递的商业活动，可以说是玩"阳谋"而非"阴谋"的谋略，同时更需要用艺术性来吸引消费者的注意力，要符合消费者的思维和行为习惯。

所以应讲究语言艺术，以下内容可以参考借鉴：

① 情感艺术：将"卖点"与情感链接。如第 14 届大广赛作品——百年润发品牌策划案《100 年润发 戏说百年》，999 周边店策划案《暖心补给站》。

② 场景艺术：映射出某个场景，与消费者产生共鸣，更有代入感，创造出"卖点"。如优衣库 UT 命题策划案《态度青年，就穿 UT》，XPPen 命题策划案《闪电青年，"芯"引力》（见第 14 届大广赛获奖策划案作品），娃哈哈营养早餐《再睡五分钟》（见第 13 届大广赛获奖策划案作品）。

③ 双关暗示艺术：不直接坦述，或用间接语暗示，或一语双关，道出产品，又别有深意，创造出"卖点"。如朗圣药业——赤尾避孕套策划案《第一次，有我在》（见第 14 届大广赛作品）。

④ 反语艺术：利用反语，巧妙地道出产品卖点，说别人没说过的话，往往给人印象更加深刻。如××牙刷策划案标题名为"就一毛不拔"。

知识链接

策划案如何命名？

"银鹭好粥道"命题国家级比赛金奖策划案作品题目——时代"粥"刊；达利集团产品"达利园"命题国赛金奖策划案作品题目——疯狂的达利；大广赛娃哈哈集团"咖位"

命题国家级比赛一等奖作品题目——咖位是"磨"出来的。

总结：①扣，即紧扣主旨；②短，即简短扼要；③新，即新颖独特；④奇，即奇特；⑤利，即告之利益；⑥美，即具有审美价值。

暗中有明、露中有隐；一语双关、意在其中；幽默诙谐、意寓言外；巧设悬念、引导注意；亲切感人、富于人情。

（2）营销思维：在策划案中，策划创意的重点在于实现商业目标，影响消费者，所以策划案的核心内容一定密切联系着"卖点""痛点""痒点""兴趣点"，四者至少有其一。

无论策划案中的活动内容多么有创意，多么吸引消费者关注，但消费者没把命题内容、商业目标铭记于心都是失败的，都不是一个优秀的策划案。

所以，建立影响思维必不可少，必须熟悉的基本营销理论有以下几种：

① 消费中心。

AIDMA法则：它是消费者行为理论模型之一，由美国广告学家E. S. 刘易斯在1898年提出。该理论认为，消费者从接触到信息到最后达成购买，会经历以下5个阶段：

A：Attention（引起注意）——花哨的名片、提包上绣着广告词等被经常采用的引起注意的方法。

I：Interest（引起兴趣）——一般使用的方法是精制的彩色目录、有关商品的新闻简报加以剪贴。

D：Desire（唤起欲望）——推销茶叶的要随时准备茶具，给顾客沏上一杯香气扑鼻的浓茶，顾客一品茶香体会茶的美味，就会产生购买欲。推销房子的，要带顾客参观房子。餐馆的入口处要陈列色香味俱全的精制样品，让顾客倍感商品的魅力，以唤起其购买欲。

M：Memory（留下记忆）——一位成功的推销员说："每次我在宣传自己公司的产品时，总是拿着其他公司的产品目录，一一加以详细说明比较。因为如果总是说自己的产品有多好多好，顾客会对你产生不信任感，反而想多了解一下其他公司的产品，如果你先提出其他公司的产品，顾客反而会认定你的产品。"

A：Action（购买行动）——从引起注意到实现购买的整个销售过程，推销员必须始终信心十足。过分自信也会引起顾客的反感，顾客会以为你在说大话，从而不信任你的话。

② 营销观念识别。

a. 生产导向型——生产观念。

生产观念产生于19世纪末20世纪初。由于社会生产力水平还比较低，商品供不应求，市场经济呈卖方市场状态。表现为企业生产什么产品，市场上就销售什么产品。在这种营销观念指导下，企业的经营重点是努力提高生产效率，增加产量，降低成本，生产出让消费者买得到和买得起的产品。

因此，生产观念也称为"生产中心论"。生产观念是指导企业营销活动最古老的观念。曾经是美国汽车大王的亨利·福特为了千方百计地增加T型车的生产，采取流水线的作业方式，以扩大市场占有率。至于消费者对汽车款式、颜色等主观偏好，他全然不顾，车的颜色一律是黑色。这就形成了企业只关心生产而不关心市场的营销观念。

b. 产品导向型——产品观念。

这一观念认为，消费者或用户最喜欢质量好、性能佳、有特色的产品，只要质量好，顾客自然会上门，顾客也愿意为高质量付出更高的价钱。"酒香不怕巷子深""皇帝女儿不愁嫁"是这种指导思想的生动写照。概括为一句话就是"只要产品好，不怕卖不掉"。从表面上看，企业旨在将最完美的产品拿给顾客，满足顾客的需求，好像完美无缺、理所当然。实际上,产品导向具有较大风险,以产品为中心而不是以顾客为中心的理念会让企业忽略顾客真正的需求是什么。如果不从顾客真正的需要出发,那么即便产品再优秀、技术再高端,顾客也不会为这样的产品付费。产品导向在营销过程中忽略了非常重要的"沟通"这一环,企业在生产时只是自顾自地生产自认为顾客会满意的产品,并没有与顾客形成交互和联系。仅从企业层面出发,营销是不可能获得成功的。

c. 推销导向型——推销观念。

第二次世界大战后,资本主义工业化大发展,使得社会产品日益增多,市场上许多商品开始供过于求。企业为了在竞争中立于不败之地,纷纷重视推销工作,如组建推销组织、培训推销人员、研究推销话术、大力进行广告宣传等,以诱导消费者购买产品。这种推销观念是"我们会做什么,就努力去推销什么"。由生产观念、产品观念转变为推销观念,是企业经营指导思想上的一大变化。但这种变化没有摆脱"以生产为中心""以产定销"的范畴。前者强调生产产品,后者强调推销产品。所不同的是前两种观念是等顾客上门,而推销观念是加强对产品的宣传和推介。

d. 营销导向型——营销观念。

这一观念认为,实现企业目标的关键是切实掌握目标顾客的需要和愿望,并以顾客需求为中心,集中企业的一切资源和力量,设计、生产适销对路的产品,安排适当的市场营销组合,采取比竞争者更有效的策略,满足消费者的需求,获得利润。

营销观念与推销观念的根本不同是:推销观念以现有产品为中心,以推销和销售促进为手段,刺激销售,从而达到扩大销售、获得利润的目的。市场营销观念是以企业的目标顾客及其需要为中心,并且以集中企业的一切资源和力量、适当安排市场营销组合为手段,从而达到满足目标顾客的需要、扩大销售、实现企业目标的目的。

营销观念把推销观念的逻辑彻底颠倒过来了,不是生产出什么就卖什么,而是首先发现和了解顾客的需要,顾客需要什么就生产什么、销售什么。顾客需求在整个市场营销中始终处于中心地位。它是一种以顾客的需要和欲望为导向的经营哲学,是企业经营思想的一次重大飞跃。

e. 社会营销导向——社会营销观念。

当前,企业社会形象、企业利益与社会利益、顾客利益的冲突等问题越来越引起政府、公众及社会舆论的关注。环境污染、价格大战、畸形消费等不良现象,导致对"理性的消费""回归俭朴""人类观念"的呼吁。相应的,"绿色营销""从关心顾客到关心人类,从关注企业到关注社会"等一系列新的营销观念,也为越来越多的企业所接受。企业从营销观念向社会营销观念转变。依据马克思对人的观点,人本来就是社会的人,社会营销既要帮助企业增加利益,又要求企业回馈给社会,这样才是真正的社会营销。

③ 社会观念。

策划案中要蕴含"家国情怀",要有社会责任意识,如考虑活动的社会影响,分析正向影响力,考虑社会长远利益、国家利益,如何承担社会责任、国家责任。否则策划案就失去了格局,失去了社会意义和价值。

这就是上文提到的"社会营销观念"。

社会营销观念是企业提供产品或服务,要从消费者的需要和企业自身的条件出发,既满足消费者的需要和欲望,又符合消费者利益、企业自身利益和社会长远利益,并以此作为企业的经营目标和责任。它还衍生出人类观念(Human Concept)、理智消费观念(Intelligent Consumption Concept)、生态准则观念(Ecological Imperative Concept)。其共同点:

认为企业生产经营不仅要考虑消费者需要,而且要考虑消费者和整个社会的长远利益——被称为社会营销观念。

此观念要求企业任务在于确定目标市场的需要、欲望和利益,比竞争者更有效地使顾客满意,同时维护与增进消费者和社会福利。

营商之道

明朝末期,江南某城,有家酒馆因营业不佳,行将倒闭,全家人为此发愁。酒馆主人无奈,只好哭着摘下酒馆招牌。正巧,一位诗人路过,上前打听为啥摘掉招牌。酒家说明缘由,诗人笑着说:"我能叫你的酒馆兴旺起来!"酒家说:"别开玩笑,你有啥办法?"诗人叫酒家拿来笔墨和红纸,挥毫疾书,写了一副大对联:

东不管,西不管,酒管;
兴也罢,衰也罢,喝罢。

接着又在横批上写了"东兴酒馆"四个大字。

过往行人看见如此显眼的对联都停步深思。因为这副对联恰好迎合了当时社会上存在的有冤无处诉,找谁谁不管的现象,有些人只好借酒浇愁,所以这家酒馆顿时酒客盈门,生意兴隆。

思考:分析在明末营商环境如此恶劣的情况下,酒馆为什么火了?

(3) 命名操作。

第一步:分析命题策略单。

① 明确产品(品牌)的卖点、特色。

② 明确广告主营销意图。

③ 确定策划对象,即选择哪个产品、品牌或者项目(一般指公益命题)。

第二步:相关资料、资讯搜集。

搜集资讯的宽度和广度,命名深度的影响,以下几个方面供参考:

① 竞争资讯。

② 消费资讯。

③ 市场咨询。

④ 热点资讯。

第三步:创意。

即依据前两个步骤对产品(品牌)等的分析理解,写出有创意的策划案名称。

(4) 创意内涵。

创意,是创造意识或创新意识的简称,亦作"刱意"。它是指对现实存在事物的理解以及认知,所衍生出的一种新的抽象思维和行为潜能。

汉王充《论衡·超奇》:"孔子得史记以作《春秋》,及其立义创意,褒贬赏诛,不复因史记者,眇思自出于胸中也。"

宋程大昌《演繁露·纳粟拜爵》:"秦始皇四年,令民纳粟千石,拜爵一级,按此即鼂错之所祖效,非错刱意也。"

王国维《人间词话》三十三:"美成深远之致不及欧秦,唯言情体物,穷极工巧,故不失为第一流之作者。但恨创调之才多,创意之才少耳。"

郭沫若《鼎》:"文学家在自己的作品的创意和风格上,应该充分地表现出自己的个性。"

由此,可以把创意简单理解为"创异""创益""创艺",重在创造、创新意识,而对于营销中的创意，还需表达的意境和艺术以易于传播。

第四步：创意评估，选定题目。

通过第三步创意后，把创意题目集中起来，小组讨论分析评估，建议筛选出4~6个题目，进行市场调查评估，根据评估结果确定3个最优题目并开展策划案撰写工作。

知识链接

最有效的创意组织方法——头脑风暴法

头脑风暴法执行的3个步骤如图1-2所示。

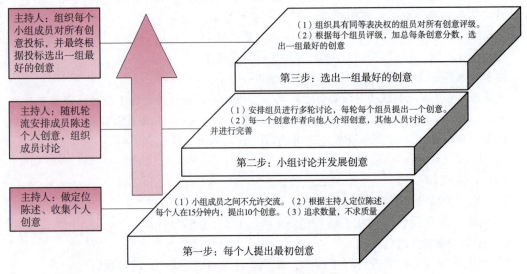

图1-2 头脑风暴法执行步骤

在头脑风暴法的具体操作过程中要注意以下几点：

（1）头脑风暴法最好在一个不受干扰的独立房间进行。

（2）头脑风暴法组织构成：1名主持人、1名记录员、3~7名创意执行组员。

（3）完成3个步骤的时间最好控制在90~120分钟，也可酌情增减。

第五步：创意核心要义推导。

在策划案中，题目确定之后，开始考虑题目所承载的主题如何贯穿于整个策划案各个环节，我们把这个"主题"称为策划案的"创意核心"。创意核心如何形成和推导出来，是策划团队需要明确的难点内容，因为其关系到策划案后期设计的各类活动和广告作品的基调。

创意题目如何而来，遵循了什么逻辑思维，一般需要把握3个原则，如表1-3所示。

表1-3 创意核心要义推导

消费层面	策划对象层面	创意层面
需要详细说明体现了什么消费需求特征？ 是否蕴含了兴趣点、痛点、痒点？	蕴含着产品（品牌、项目）的什么卖点？ 能体现出为社会、消费者、产品（品牌、项目）做的"创益"吗？	有了什么创意技巧，创造还是创新？

*具体案例详见作品鉴赏

二、IP 形象策划与设计

1. IP 形象

（1）什么是 IP 形象。

IP 形象，就是为策划对象（产品、品牌、项目等）设计的卡通形象，是其在市场上、在社会公众心中所表现出的个性特征。它体现公众特别是消费者对品牌的评价与认知，比如我们所熟知的腾讯的企鹅形象、阿里巴巴猫的形象，京东狗的形象等，都是企业形象的一部分。

现在几乎每一家想要打造自己品牌形象的企业，都希望借助一个卡通 IP 形象，来强化和塑造自己的品牌认知度和辨识度。其功能类似于企业形象识别系统（CIS），但又有所不同。

（2）IP 形象设计原则。

① IP 形象原创性。

原创性是所有艺术创作活动中非常有价值的因素。为了突出 IP 形象的原创性，IP 形象应根据需要展现出不同的个性。

② IP 形象关联性。

IP 形象设计的关联性是指 IP 形象应与命题的沟通理念、品牌理念和设计理念有关。这种联系必须与产品（品牌、项目）和活动相结合，不要让 IP 形象只能扮可爱。

③ IP 形象拟人化。

IP 形象拟人化后，会让人感觉更加亲切可爱，给受众耳目一新的视觉体验。以蜜雪冰城的雪王为例，它在拟人化方面做得很好。人们一看到雪王，就知道是蜜雪冰城，想去蜜雪冰城买冰激凌。

④ IP 形象亲和力。

IP 形象的设计赋予了 IP 形象的亲和力，它可以深深扎根于受众群体中，诱发受众心中的情感反映。小米的米兔是一个很好的代表，它总是相信美好的事情即将发生。许多小米的忠实客户在看到米兔的 IP 形象后会深深激发他们的内心想法。

⑤ IP 形象延展性。

IP 形象的视觉传达应以材料、印刷、施工等为基础，使 IP 形象具有不同的设计延展性，如雕塑、毛绒玩具、帽子、水杯等。因此，在设计过程中，要考虑延展性，特别是在参加一些展览时，需在展览中分发带 IP 形象的礼物，并考虑 IP 形象的设计形式。

⑥ IP 形象形态变化。

IP 形象形状确定后，还需要根据实际推广，重新设置 IP 形象的颜色、形式、动作和场合。例如，如果举办端午节活动，IP 形象可以增加端午节元素，使 IP 形象具有相同的脉搏，但也有自己的特点。

好的 IP 形象可以为利益主体带来新的价值链。

2. 设计工具

设计工具如表 1-4 所示。

表 1-4 设计工具

软件设计	3DMAX、Maya、Cinema 4D、ZBrush 等
平台辅助	可画设计、即时设计、兔展、稿定设计、MAKA 等
AI 生成	即"人工智能绘画",通过 AI 生成技术得到画作或图片。如画宇宙、盗梦师、tiamat、6pen、draft art、意间 AI 绘画、即时设计等都可提供 AI 绘画功能

三、提纲设计

1. 什么是提纲

策划案提纲,就是概括地叙述策划案的纲目、要点。它不把策划案所有内容写出来,只把那些主要内容提纲挈领式地写出来。提纲适用于汇报工作、传达精神和讲话发言等场景。

因为有些情况、材料既很烦杂,又很具体,在撰写策划案前,先把纲目列出,就可把有关材料串联起来,而且会厘清创作思路。

2. 提纲格式

一般提纲是按策划案的标题层级进行撰写,这样容易厘清创作思路,不落细节,不偏离创意本源。

(1)不可或缺的"标题"。

标题(Title,Head),是标明策划案、广告作品等内容的简短语句,一般分为一级标题、二级标题、三级标题……,至于在写提纲时写到几级标题,要视策划案内容而定。它的作用是厘清策划案的创作思路,同时可以把创意点记录下来,避免时间长而遗忘,必要时可当作设计笔记。

撰写标题应遵循明确、简单、新颖的原则。

(2)撰写提纲采用的工具。

可采用思维导图进行设计,一般办公软件自带这个功能,还有幕布、寻简、Xmind、MindNow、Gitmind、MindManager、Mindline、Mindnode 等。

任务实施

任务编号:1-3(任务实施)	任务名称:命名及提纲写作
成员人数	(　　)人
任务资讯	1. 命名原则及应具备的特征 2. 命名的创意及操作步骤 3. IP 形象的设计内涵及设计工具 4. 提纲的含义及格式 5. 优秀广告策划案例命名策略 6. 相关广告营销策划案国家级比赛获奖作品命名策略
资讯来源	大广赛官网、创意星球官网等;淘宝、京东等电商平台;微信、微博、百度、百度指数等媒体及数据媒体平台……

续表

	内容	完成人
任务分工	1. 读取并分析命题策略单（任选其一）	全体成员
	2. 确定相关竞品（品牌、项目等）、行业、消费者信息	全体成员
	3. 搜集相关竞品（品牌、项目等）、行业、消费者信息	
	4. 消费者洞察，主要分析消费者需求、消费者画像及消费场景	
	5. 行业分析、市场分析、竞争分析	
	6. 研讨策划案名称并命名	
	7. 研讨设计策划 IP 形象	
	8. 研讨策划案提纲，完成提纲设计	
资讯获取学习笔记	1. 内容及来源网址：_____ 2. 学习启示：_____	
进行决策	题目成果	创意陈述	全体成员
	①		
	②		
	③		
	最终决策及原因：_____		
	IP 形象设计成果：	创意陈述	全体成员
	①		
	②		
	③		
	最终决策及原因：_____		
	提纲设计		
	用思维导图誊写在此处：		

评价反馈

评价方式包括自我评价、团队互评、教师评价。成果完成后请进行自评、互评和教师评价，评价内容与标准参考表 1-5。

表 1-5 评价反馈表

任务编号：1-3（评价反馈）		任务名称：命名及提纲写作	
评价项目	评价内容		等级
职业素养	出勤：团队中迟到、早退、旷课情况		□A □B □C
	团队合作：效率高、分配合理、组织有序		□A □B □C
	创新创意：创新意识、创意新颖、系统思维		□A □B □C

续表

营销理论知识应用	1. 营销知识应用得当、理解有深度	□A □B □C
	2. 具体应用了哪些营销理论：_____	□A □B □C
题目与IP形象创意	1. 是否符合命题要求的调性	□A □B □C
	2. 是否与策划核心要义相匹配	□A □B □C
	3. 是否能与产品（品牌）调性契合	□A □B □C
	4. 创新之处是_____	□A □B □C
	5. 体现出的产品（品牌或项目）卖点是：_____	□A □B □C
	6. 体现出的消费心理是：_____	□A □B □C
	7. 创意新颖、别致、新奇、有趣	□A □B □C
提纲撰写	1. 提纲写作的翔实程度	□A □B □C
	2. 提纲写作的思路清晰度	□A □B □C
社会责任	兼顾读者利益、广告主利益、社会利益	□A □B □C

 任务拓展

消费洞察的规律：消费行为的演变

随着经济和科技的发展变化，消费行为发生了质的演变，其历程可以从以下消费行为发展规律中清晰可见：

第一阶段：以 AIDA 法则和 AIDMA 法则为代表。

1. "爱达"法则（AIDA，见图 1-3）

图 1-3　AIDA 法则

由美国广告学家堵卡·史密斯（Frank Hutchinson Duke Smith）在 1904 年提出：Attention（引起注意）；Interest（产生兴趣）；Desire（激发欲望）；Action（促使行动）。

2. AIDMA 法则（见图 1-4）

"爱德玛"法则（AIDMA），由美国广告学家 E.S. 刘易斯在 1898 年提出：Attention（引起注意）；Interest（引起兴趣）；Desire（唤起欲望）；Memory（留下记忆）；Action（购买行动）。

第二阶段：以 AISAS 法则、AIDEES 法则为代表。

3. AISAS 法则（见图 1-5）

日本电通公司 2004 年提出 AISAS 法则：Attention（注意）；Interest（兴趣）；Search

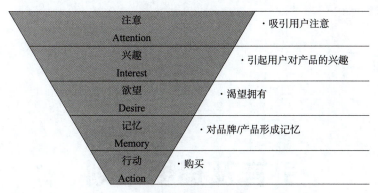

图 1-4　AIDMA 法则

图 1-5　AISAS 法则

（搜索）；Action（行动）；Share（分享）。

4. AIDEES 法则

日本片平秀贵（东京大学教授）提出 AIDEES 法则：Attention（注意）；Interest（兴趣）；Desire（欲望）；Experience（体验）；Enthusiasm（热情）；Share（分享）。

第三阶段：以 SIPS 法则、SCIAS 法则、SICAS 法则为代表。

5. SIPS 法则

2011 年，由日本电通公司提出 SIPS 法则：Sympathize（共感）；Identify（确认）；Participate（参加）；Share&Spread（分享、扩散）。

6. SCIAS 法则

2013 年，由刘德寰教授提出 SCIAS 法则：Search（主动搜索）；Compare（同类比较）；Interest（产生兴趣）；Action（促成行动）；Show（秀出宝贝）。

7. SICAS 法则

2015 年，由中国互联网监测研究权威机构 & 数据平台 DCCI 提出 SICAS 法则：Sense（品牌与用户感知）；Interest&Interactive（兴趣与互动）；Connect&Communicate（联系与沟通）；Action（产生购买行为）；Share（体验与分享）。

项目二

引言及提要策划

本项目是撰写策划案正文的起始部分。在"项目一 初识策划案"认知学习后，在了解策划案基本结构及内在逻辑、熟悉策划案主题基本创意技巧并能创作出策划案可选题目的基础上，开始学习本项目。

通过必要知识准备、不同类型广告策划方案引言、内容提要撰写及其版式设计三个任务的学习，能够举一反三，掌握营销策划方案引言及提要的撰写方法，达到独立完成完整策划方案的能力标准。

 项目描述

为广告营销策划案策划并撰写引言及内容提要，熟悉引言及内容提要内涵，掌握撰写技巧及其版面设计技巧。

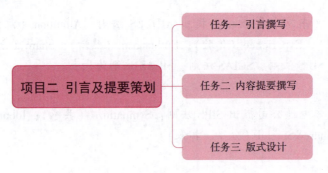

 学习目标

知识目标

1. 掌握引言及内容提要的内涵及常见表述；
2. 灵活掌握引言及内容提要的写作语言技巧和文体技巧；
3. 熟悉版面设计工具并熟练掌握其应用功能。

技能目标

1. 能理解策划案引言及内容提要撰写逻辑,以及各类文体特征,并能依据所创意策划案主题调性恰当选择写作文体,使得所选文体具有创意性,以吸引读者阅读;

2. 能基本掌握各类文体风格撰写技巧并进行引言及提要创作;

3. 能掌握版面创意的策划方法和技巧,基本掌握版面设计技巧。

素养目标

1. 培养以消费者为中心的营销意识和素养;

2. 培养精益求精的意识和踏实肯干的工匠精神;

3. 培养色彩感和较深层次的审美意识,并能应用到设计中。

任务一　引言撰写

 **案例导入**

"银鹭好粥道"命题作品的"引言"

《时代"粥"刊》是"银鹭好粥道"命题的策划案国家级比赛金奖作品，引言撰写如下：

各位读者：大家好！

我是时代"粥"刊的主编银鹭鹭，

欢迎观看工作日特质栏目。

今天，时代下的年轻娃娃们，

大部分受工作日煎熬，

心情在低落与焦虑间"熬"游，

舒适度 20 摄氏度，愉快度 15 摄氏度，伴有 8 级脾气。

思考：该引言创作的特色在哪里？

 任务工单

任务编号：2-1（任务工单）	任务名称：引言撰写
任务发起：企业营销部	前续任务：命名及提纲写作
任务目标及要求	接前续任务完成引言撰写 具体要求如下： 1. 字数不超过 150 字，仅限于一个版面 2. 写作体裁自选 3. 每个团队至少撰写完成 3 篇不同创意形式的引言成果 4. 通过评价反馈机制，决策出 3 篇中最优成果作为本次任务的最终成果 5. 成果要言简意赅，内容要突出策划主题，明示卖点，直击目标消费者痛点，同时，行文有强烈兴趣点，引人深思、激发兴趣，给人留下深刻印象
优秀作品赏析	作品及对应命题策略单 [二维码] ＊请扫码获取作品及对应命题策略单

续表

任务命题策略单	命题策略单 ＊请扫码回读策略单

 相关知识

一、引言的含义

1. 引言的由来

最早使用"引言"一词的是苏洵。引言原本叫序言，也叫序文。在宋代以前，著作中是不把序言叫作引言的，因苏洵的父亲叫苏序，为了避讳，苏洵写文章时将"序言"改为"引言"，后人仿效苏洵也把序言叫作引言，自此有了"引言"之说。

那"引言"指什么呢？简单理解就是写在作品开头的话，常见于各类文案作品中。

广告策划案的前言也可叫引言，是正文前面的一段短文，叙说作者写这篇文章的心理，或对这篇文章的概括及心得。前言是开场白，目的是说明本策划案的来龙去脉，吸引读者对策划案产生兴趣，对后面的正文起到提纲挈领和引导阅读兴趣的作用。在写前言之前首先应明确几个基本问题：你想通过本文说明什么问题？有哪些新的发现？是否有价值？一般读了前言以后，可清楚地知道本策划案的主要研究方向和内容。

引言可简单阐述其研究内容；通过三言两语预示本策划案的结果、意义和前景，但不必展开讨论。语句要简洁、开门见山。

2. 相关概念辨析

（1）前言。

前言，也称"前记""序""叙""绪""引""弁言"。即写在书籍或文章前面的文字。书籍中的前言，刊于正文前，主要说明基本内容、编著（译）意图、成书过程、学术价值及著译者的介绍等。由著译、编选者自撰或他人撰写。文章中的前言，多用于说明文章主旨或撰文目的。前言也可以理解成所写东西的精华版。

（2）导言。

导引双方意见的话。

导言，又被称为引言，亦称绪论，是指著作前的概述部分。导言用于说明自己撰写著作的目的、过程、资料来源，并扼要地说明书中阐述的观点和结论，使读者先得到一个总体概念，帮助理解整部著作，是书或论文等的为主题提供预备性说明或评论的有特色的部分。

如果是调查报告还可以交代背景，说明调查方法。这部分内容具有"提纲挈领"的作用，意在概括与领起全文，引言的写作应注意以下几点：引言要短小精悍、紧扣主题，言简意赅，突出重点。

二、引言的撰写形式及技巧

1. 撰写形式

引言如凤头，凤头美好招人看，文头亮丽引人读。传统学术论文式的引言已经不适合当前广告策划案使用，通过学习每年大学生广告艺术比赛获奖作品，我们可以看到形式多样的、题材不一的引言撰写方式，如叙述式、引用式、设问式等，整体语言诙谐幽默、内容短而不浅，所以我们要基于当前企业对于广告策划案设计的要求以及消费者偏好，灵活转换引言及整体策划案的撰写形式。

（1）叙述式。这是最常见的引言写作方式，就是用精炼、概括的语言平铺直叙，将自己的思想明确地表述出来。

（2）引用式。这是通过引用文献、古诗词、古文等来表达自己的中心思想，目的是体现论文的文学性，展示专业学术性。

（3）设问式。这是通过设置问题的方式来表达自己的思想。这种方式更能激发读者的阅读兴趣。

引言的撰写并不是只能使用一种写作方式，可以根据需要将两种不同的写作方式结合起来，这样写出的效果会更好，主旨的传达会更清晰。

2. 引言撰写技巧

引言撰写要简洁，入题要快，语言要有文采，能使人一看开头就有往下读的欲望。可参考的方法如下：

（1）引用诗词歌词。如"'只要人人献出一点爱，世界将要变成美好的人间……'一听到这首《爱的奉献》，几天前在放学路上看到的那动人的一幕，就会浮现在我的眼前。（《爱心》）"，又如"'无可奈何花落去，似曾相识燕归来'，每当我想起这句诗，眼前就不禁会浮现出那张圆脸，那笔下流动的圆，耳边又响起钱氏英语。（《良师》）"

（2）设置悬念。如"挂钟不慌不忙，有节奏地走着，滴答、滴答……都快要4点了，妈怎么还没回来？（《担心》）"

（3）写景状物。如"朝阳出来了，湖水为它梳妆；新月上来了，群星为它做伴；春花开了，绿叶为它映衬；鸟儿鸣唱，蟋蟀为它拉琴……天地万物都在向我们讲述着关爱的故事。（《关爱永远》）"

三、文体的选择

1. 文体的含义

文体包括文章体裁和文学体裁。文体，是指独立成篇的文本体裁（或样式、体制），是文本构成的规格和模式，是一种独特的文化现象，是某种历史内容长期积淀的产物。它反映了文本从内容到形式的整体特点，属于形式范畴，此意为本书所指。除此以外，文体还是文娱和体育的合称。

文章体裁包括记叙文、说明文、议论文、应用文。

文学体裁包括诗歌、小说、戏剧、散文。

2. 题材和体裁

题材和体裁的区别为指代不同、出处不同、侧重点不同。

（1）指代不同。

题材：文艺作品中具体描写的生活事件和生活现象，即作者表达主题、塑造形象所运用的材料。

体裁：文学作品的表现形式。可以用各种标准来分类，如根据有韵无韵可分为韵文和散文。

（2）出处不同。

题材：元朝脱脱《宋史》：臣尝私习此赋，请试他题材。（臣下私底下经常练习此词赋，请试炼臣下其他题材）

体裁：唐朝窦臮《述书赋下》："体裁，一举一措，尽有凭据。"（作品的表现形式，应该每一句每一词的运用，都有凭有据）

（3）侧重点不同。

题材：是在生活素材的基础上经过选择、概括、集中、提炼而成的。

体裁：根据结构可分为诗歌、小说、散文、戏剧等。

四、调性把控

1. 调性含义

调性就是在不同领域所表达的一种主流，而在如今的广告营销界应用越来越频繁。

音乐调性是其本意，是音乐领域的一个词语，调性（Tonality）的基本概念是调的主音和调式类别的总称，例如，以 C 为主音的大调式，其调性即是"C 大调"，以 a 为主音的小调式，其调性就是"a 小调"等。

品牌调性，是指品牌在市场中独特的风格，有一些特定的词语，比如某款女装品牌的调性是明亮、鲜活、青春等。

产品的调性，是它所呈现出来的一种表现，不同调性的产品，会有不同的人群归属。

人的调性，是指这个人的个性和风格。

2. 广告调性含义

（1）广告调性（Tone&Manner）。

广告调性是在广告创意之前，制定的广告策略中所要求的广告表现的个性、风格或者说是"特征"，比如广告画面中构图的松紧、正统和随意，线条的粗细、方圆，色彩的阴暗、明快，气氛的热烈、忧郁，等等。

（2）广告调性与定位

市场定位是指产品在目标市场中的相对位置，是领头羊、追随者，还是游击队。

广告中的定位理论是商品或服务在人们心目中占据的特殊位置。这个定位是通过广告传播的方式来进行的。

广告调性与定位的相关性表现在广告的创意风格中，怎样的定位决定怎样的调性，比如某手包定位为女孩子心中的好伙伴，你在广告中就不能加入太粗犷和刚强的调性，但用在越野车广告中就没有问题了。

 任务实施

任务编号：2-1（任务实施）		任务名称：引言撰写
成员人数	（　　）人	
前续成果回顾	1. 标题创意成果：_____ 2. 提纲创意成果：_____ 3. IP形象成果：_____	
任务资讯	1. 引言的含义及撰写技巧 2. 产品、品牌或与企业相关的竞争对手、消费者及企业自身资讯 3. 相关广告营销策划案国家级比赛获奖作品	
资讯来源	大广赛官网、创意星球官网；淘宝、京东等电商平台；百度、百度指数等媒体及数据媒体平台……	
任务分工	内容	完成人
	1. 学习引言的含义及撰写的要求、形式和技巧	全体成员
	2. 竞争对手及竞品确定和资讯获取	
	3. 目标消费群分析	
	4. 行业分析	
	5. 总结出产品卖点、消费者痛点和兴趣点	
	6. 引言撰写	
资讯获取学习笔记	1. 内容及来源网址：_____ 2. 学习启示：_____	
进行决策	引言创意成果： 最终决策：	

 评价反馈

评价方式包括自我评价、团队互评、教师评价。成果完成后请进行自评、互评和教师评价，评价内容与标准参考表2-1。

表2-1　评价反馈表

任务编号：2-1（评价反馈）		任务名称：引言撰写
评价项目	评价内容	等级
职业素养	出勤：团队中迟到、早退、旷课情况	□A □B □C
	团队合作：效率高、分配合理、组织有序	□A □B □C
	工匠精神：精益求精	□A □B □C
	社会责任：具有社会意识	□A □B □C

续表

营销理论知识应用	1. 营销知识应用得当、理解有深度	□A □B □C
	2. 具体应用的营销理论：_____	□A □B □C
体裁选择	1. 选择了什么体裁：□书信 □诗歌 □散文 □其他_____	□A □B □C
	2. 选择该体裁的理由：_____	□A □B □C
	3. 在引言撰写中，该体裁的新颖度如何：_____	□A □B □C
文字表达	1. 引言撰写字数是否在250~300字：	□是 □否
	2. 文字表达是否流畅、简洁、清晰、韵律、有特色：_____	□A □B □C
内容创意	1. 创意亮点在哪里：□文字创意 □排版创意	□A □B □C
	2. 创意有以下哪些特征：□别致新奇 □有趣 □契合主题 □契合命题调性	□A □B □C
社会责任	体现的社会利益是什么：_____	□A □B □C

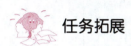

任务拓展

不忘匠人初心　牢记匠人使命
——莫康孙的匠人精神

什么是"工匠精神"？

有技艺——经过多年的磨炼，技艺娴熟，却更努力练习，坚持不辍，甚至功成名就，却依然奋斗在生产一线。

有风格——为物痴狂，不被人理解却依然故我，坚持最初的梦想和信念。

能授道——能将技艺和精神传承下去、传播出去，为行业尽心尽力，不断推动行业健康发展。

"工匠精神"就是对自己的产品精雕细琢、精益求精，把手工匠作发挥到极致的从容独立、踏实务实，摒弃浮躁、宁静致远、精致精细、执着专一。

初到广告公司的莫康孙（见图2-1），看前辈们提案、拍摄、制作，认真观察每一个环节。

规范的标准很难衡量，但要绝对坚持。

"以不变应万变"，他的初心从未改变，是他刻在骨子里的态度，也是写在脸上的从容。不论在哪里，对他来说都只是随遇而安的选择，习惯了每件事情多做一点的结果，非常温柔而有力量，连岁月也奈何不得！

图2-1　莫康孙

思考：在策划案中如何体现工匠精神？

任务二　内容提要撰写

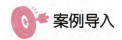

案例导入

达利园命题策划案作品"内容提要"

《疯狂的达利》是达利园命题策划案国家级比赛金奖作品,内容提要撰写鲜明简洁,让读者看后对策划案创意一目了然,其策划成果如图2-2所示。

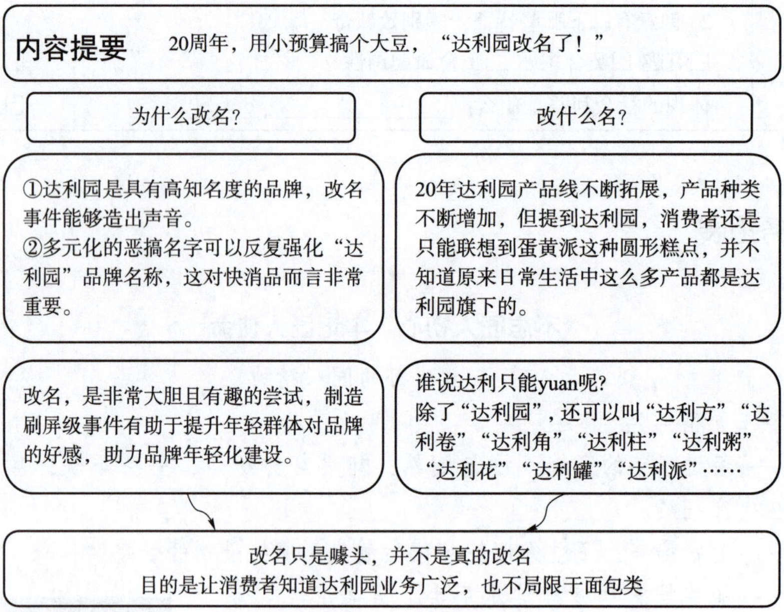

```
内容提要    20周年,用小预算搞个大豆,"达利园改名了!"

       为什么改名?                    改什么名?

①达利园是具有高知名度的品牌,改名    20年达利园产品线不断拓展,产品种类
事件能够造出声音。                  不断增加,但提到达利园,消费者还是
②多元化的恶搞名字可以反复强化"达    只能联想到蛋黄派这种圆形糕点,并不
利园"品牌名称,这对快消品而言非常    知道原来日常生活中这么多产品都是达
重要。                             利园旗下的。

改名,是非常大胆且有趣的尝试,制造   谁说达利只能yuan呢?
刷屏级事件有助于提升年轻群体对品牌   除了"达利园",还可以叫"达利方""达
的好感,助力品牌年轻化建设。         利卷""达利角""达利柱""达利粥"
                                  "达利花""达利罐""达利派"……

              改名只是噱头,并不是真的改名
         目的是让消费者知道达利园业务广泛,也不局限于面包类
```

图2-2　达利园策划成果

思考：该内容提要的设计思路给了你哪些启示？

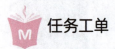

任务工单

任务编号：2-2（任务工单）		任务名称：内容提要撰写
任务发起：企业营销部		前续任务：引言撰写
任务目标及要求	接前续任务完成内容提要撰写 具体要求如下： 1. 字数不限,以思维导图的形式呈现 2. 每个团队至少撰写完成3篇不同创意形式的内容提要 3. 通过评价反馈机制,决策出3篇中最优成果作为本次任务的最终成果。 4. 成果要言简意赅、表述清晰、逻辑紧密、重点突出,并且注意行文语句的顺畅性,保证前后成果整体逻辑关系合理	

续表

优秀作品赏析	作品及对应命题策略单 *请扫码获取作品及对应命题策略单
任务命题策略单	命题策略单 *请扫码回读策略单

相关知识

一、内涵及分类

1. 定义

内容提要又称"内容大要""内容摘要""内容简介"等,是简单扼要介绍策划案的主要内容,方便读者快速了解策划案主要内容的文字性说明。

2. 缘起

唐朝韩愈在《进学解》中写道:"记事者必提其要,纂言者必钩其玄。"徐特立在《怎样学习哲学?》中写道:"做一番提要功夫,比阅读好。"可见内容提要起源于摘出要领、提出要点。

3. 分类

内容提要按体裁大致可分为以下几种类型:

(1)评论型内容提要。也称"鉴定型内容提要",评价要符合实际、客观公正。一般策划案中少见,常用于各类书刊,特别是学术研究著作。

(2)说明型内容提要。不表达观点,只说明情况。策划案中常见,也用于科技、文化等方面的书刊,以及各种普及读物及汇编本、选编本和资料性读物等。

(3)梗概型内容提要。以简单的线条勾勒书中故事轮廓,其他方面可忽略。可考虑应用于策划案,常见于小说、戏剧等以情节为主的图书。

(4)悬念型内容提要。以提出问题、制造悬念的方式,激发读者阅读兴趣。可考虑应用在策划案中,常见于少儿读物、科普读物和侦探小说、惊险小说。

(5)报道性内容提要,主要介绍策划案创意的主要意向、成果以及分析等,对策划案内容的提示较全面,策划案内容提要设计中一般用于策划案策划初期,作为策划初稿用。

（6）指示性内容提要，只简要地叙述策划和创意的成果（策略、创意、创益、创异、创新等），对策划手段、方法、过程等均不涉及。

二、内容提要作用

（1）吸引消费者点击：由于字数的限制，很多标题难以充分揭示广告营销策划案中的各种重要信息及要素，因此，仅靠标题有时还不足以吸引读者。如果在策划案的标题后加入一段内容提要，就可在一定程度上弥补标题本身的不足，更好地吸引读者的注意力。

（2）揭示策划案的精华：在新媒体阅读环境及背景下，大多数人都不愿意阅读过长的文章，或者在阅读长文章的过程中不容易抓住文章的要点。而加工制作的内容提要，可以帮助消费者迅速获取文章中的精华，同时，也起着一定的导读作用，使人们更有目的地阅读全文。

（3）调节阅读节奏：在标题与正文之间或者正文的各个部分之间加入内容提要，还可在一定程度上调节读者的阅读节奏，使他们的视觉有一个暂时的停顿，这样会获得更好的阅读效果。

策划之道

好广告作品不只在传达讯息，它能以信心和希望，穿透大众心灵。

——李奥·贝纳

三、撰写要求

1. 写作思路

策划案的内容提要写作，是对策划案内容进行分析、判断和再提炼的一个过程。通常可以采用下面两种思路，即全面概括与提炼精华。

（1）全面概括。

全面概括是内容提要写作中最主要的方式。它的目标是用凝练的语言，将策划案中的主要信息或观点概括出来，使品牌方及消费者可以更迅速地把握广告设计的主要内容。对于以传达产品及品牌信息为主的策划案来说，要全面概括策划案的内容，就需要明确策划案的主要内容，包括市场分析、竞争对手分析等，将重要的内容在提要中加以介绍。

（2）提炼精华。

在某些情况下，策划案内容本身较为丰富，如果要全面概括，很难突出策划案的重点。这时，也可以考虑在内容提要中只强调策划案中最具价值、最有新意或最容易吸引人们的某些内容，比如为新产品推广做的渠道创新或者广告内容创新，都可以在提要中进行体现，以吸引品牌方关注。

以上两种思路，也适用于其他策划案、论文等形式的内容提要写作。

2. 最终成果呈现

可以概括为"全、精、简、实、活"，具体如下：

（1）完整性。即不能把策划案中所阐述的主要内容（或观点）遗漏。提要应写成一篇完整的短文，可以独立使用。

（2）重点要突出。内容提要须突出策划案的各部分成果和结论性意义的内容，其他各项可写得简明扼要。

（3）文字要简练。内容提要的写作必须字斟句酌，用精练、概括的语言表述，每项内容不宜展开说明。

（4）陈述要客观。内容提要一般只描述策划案的客观情况，对工作过程、工作方法以及各阶段成果等，不宜做主观评价，也不宜与别人的作品做对比说明。一项策划或创意成果的价值，自有公论，大可不必自我宣扬。因而，实事求是也是写作内容提要的基本原则。

总之，一篇内容提要应该至少满足三点：①抓住关键，"提"出"要"点（关键：策划案的核心价值）。②文字简练，吸引读者。③把握分寸，实事求是。

好的内容提要往往能反映策划案的内涵和精神实质，是策划案的灵魂。读者通过阅读内容提要可以窥一斑而知全貌，广告主或评审一般根据内容提要评判策划案水平和创意新颖性。

 **任务实施**

任务编号：2-2（任务实施）	任务名称：内容提要撰写	
成员人数	（　　）人	
前续成果回顾	简述引言撰写成果：_____	
任务资讯	1. 内容提要含义及撰写技巧 2. 产品、品牌或与企业相关的竞争对手、消费者及企业自身资讯；期刊论文提要撰写案例 3. 相关广告营销策划案国家级比赛获奖作品	
资讯来源	大广赛官网、创意星球官网；淘宝、京东等电商平台；百度、百度指数等媒体及数据媒体平台……	
	内容	完成人
	1. 学习内容提要的含义及撰写的相关知识	全体成员
	2. 研讨优秀内容提要的撰写技巧	全体成员
	3. 竞争对手及竞品确定信息凝练	
任务分工	4. 目标消费群分析凝练	
	5. 行业分析凝练	
	6. 再次思考产品卖点、消费者痛点和兴趣点	
	7. 研讨提要撰写内容	全体成员
	8. 决策题目、提纲、引言是否有变动	全体成员
	9. 内容提要落笔	
资讯获取 学习笔记	1. 内容及来源网址：_____ 2. 学习启示：_____	
进行决策	内容提要撰写成果：_____ 最终决策：_____	

评价反馈

评价方式包括自我评价、团队互评、教师评价。成果完成后请进行自评、互评和教师评价，评价内容与标准参考表 2-2。

表 2-2 评价反馈表

任务编号：2-2（评价反馈）		任务名称：内容提要撰写
评价项目	评价内容	等级
职业素养	出勤：团队中迟到、早退、旷课情况	□A □B □C
	团队合作：效率高、合作紧密、互帮互助	□A □B □C
	工匠精神：求新、求精、攻坚克难	□A □B □C
营销理论知识应用	1. 是否应用营销知识：　□是　□否	□A □B □C
	2. 应用了哪些营销理论：＿＿＿＿＿	□A □B □C
体裁选择	1. 选择了什么体裁： □诗歌　□散文　□其他＿＿＿	□A □B □C
	2. 选择该体裁的理由：＿＿＿＿＿	□A □B □C
	3. 在提要撰写中，该体裁的新颖度如何：＿＿＿	□A □B □C
文字表达	1. 撰写字数是否在 250~300 字：	□是　□否
	2. 文字表达是否流畅、简洁、清晰、有韵律、有特色：＿＿	□A □B □C
内容创意	1. 创意亮点在哪里：□文字创意　□排版创意	□A □B □C
	2. 创意有以下哪些特征：□别致新奇　□有趣 □契合主题　□契合命题调性	□A □B □C
社会责任	1. 读者利益、广告主利益、社会利益是否兼顾：＿＿＿	□A □B □C
	2. 体现的社会利益是什么：＿＿＿＿＿	□A □B □C

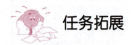

任务拓展

故宫博物院的"花式卖萌"

"萌，是什么意思？"大家乐了。

没想到，故宫博物院竟然通过花式卖萌吸引了众多眼球。

印象中严肃的历史人物——雍正帝、鳌拜等集体卖萌；幽默搞笑的崇祯帝生平故事，其实竟然是销售广告。

1. 想静静

故宫淘宝官方微博发布文章《够了！朕想静静》：以极具幽默调侃的语气介绍了"一个悲伤逆流成河的运气不太好的皇帝的故事"。

一开始，原本在画像正襟危坐的崇祯皇帝画风突变，变成了手拿机关枪、眼神有点小邪恶的"被害幻想症"患者，搭配台词"总有刁民想害朕"。

2. 抛媚眼比剪刀手

故宫还发了一组历史人物图，李清照抛媚眼比剪刀手，康熙戴眼镜手拿玫瑰，摆出花朵、剪刀手等经典自拍姿势，完全颠覆传统观念，故宫称"我们疯了一个设计师"。网友认为"文案策划可能也疯了"。

从此，"雍正卖萌图"被疯狂转载；朝珠耳机等近万种文创产品诞生；《胤禛美人图》《韩熙载夜宴图》和每日故宫等APP下载量嗖嗖直升。

文物开始说话，越来越多的人通过文物和文创品与时间对话。"生命中真正重要的不是你遭遇了什么，而是你记住了什么，又是如何铭记的。"故宫正在通过她的方式，悄悄地将中华文明的印章刻在孩子们的心里。

人们对故宫的欢喜不仅因为这儿最著名，而是因为这儿时光千年流淌，山河璀璨如星。

2016年故宫文创销售额已超过10亿元，到2017年年底，文创产品已经突破了1万种；2016年、2017年，故宫的教育活动都是2.5万场。孩子们穿朝珠、画龙袍、做拓片……每次都爆满。

请扫码查看：故宫文创作品——"花式卖萌"

思考：把握时代脉搏，让历史传承经典之美，发挥时代之光，阅读案例后，你得到了什么启示？其中作品的"创意"是怎么来的？

任务三 版式设计

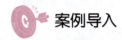 案例导入

达利食品集团"达利园"品牌广告营销策划案：《疯狂的达利》，作品封面及内容提要版式设计，布局协调，重点突出，调性吻合题名，色彩协调、温暖，与达利园产品相呼应。

请扫码获取

 任务工单

任务编号：2-3（任务工单）		任务名称：版式设计
任务发起：企业营销部		前续任务：内容提要撰写
任务目标及要求	设计策划案封面，并为前续任务引言、内容提要进行排版设计 具体要求如下： 1. 封面、引言仅限于一个版面；内容提要最多两个版面；提纲最多两个版面 2. 样式、颜色搭配自选，要符合产品形象和调性 3. 每个团队至少撰写完成3篇不同创意形式的版面设计成果 4. 通过评价反馈机制，决策出3篇中最优成果作为本次任务的最终成果 5. 版面设计要突出策划主题，准确传递品牌信息，要求颜色搭配适宜、版面设计合理，给消费者传递信息的同时在视觉上留下深刻印象 6. 设计工具：PS或PPT，其他工具皆可（参见相关知识）	
优秀作品赏析	作品及对应命题策略单 ＊请扫码获取作品及对应命题策略单	
任务命题策略单	命题策略单 ＊请扫码回读策略单	

相关知识

策划案中"策划"既有对营销或者广告活动策略的策划，更有内容承载介质版式的策划。要把心中的策划那朵"花"表达出来，让受众看得见、喜欢它、关注它，甚至分享它。这就要求策划者的作品内外兼修，版式设计就是策划案的"外"。

一、版式设计内涵

版式设计是指设计人员根据设计主题和视觉需求，在预先设定的有限版面内，运用造型要素和形式原则，根据特定主题与内容的需要，将文字、图片（图形）及色彩等视觉传达信息要素，进行有组织、有目的的组合排列。版式设计是现代设计艺术的重要组成部分，是视觉传达的重要手段。表面上看，它是一种关于编排的学问；实际上，它不仅是一种技能，更实现了技术与艺术的高度统一，版式设计是现代设计者所必备的基本功之一。

二、版式设计原则

1. 思想性与单一性

排版设计是为了更好地传播客户信息。一个成功的排版设计，首先必须明确客户的目的，并深入了解、观察、研究与设计有关的方方面面。版面离不开内容，更要体现内容的主题思想，用以增强消费者的注目力与理解力。只有做到主题鲜明突出，一目了然，才能达到版面构成的最终目标。

设计艺术的核心，也是一个艰难的创作过程。怎样才能达到意新、形美、变化而又统一，并具有审美情趣，这就取决于设计者的文化涵养。所以说，排版设计是对设计者的思想境界、艺术修养、技术知识的全面检验。

版面的装饰因素是由文字、图形、色彩等通过点、线、面的组合与排列构成，并采用夸张、比喻、象征等手法体现视觉效果，既美化了版面，又提高了传达信息的功能。装饰是运用审美特征构造出来的。不同类型的版面信息，具有不同方式的装饰形式，不仅起着排除其他、突出版面信息的作用，而且能使读者从中获得美的享受。

2. 趣味性与独创性

排版设计中的趣味性，主要是指形式的情趣。这是一种活泼性的版面视觉语言。如果版面本无多少精彩的内容，就要靠制造趣味取胜，这也是在构思中调动了艺术手段所起的作用。版面充满趣味性，使传媒信息如虎添翼，起到了画龙点睛的传神功力，从而更吸引人，打动人。趣味性可采用寓意、幽默和抒情等表现手法来获得。

独创性原则实质上是突出个性化特征的原则。鲜明的个性，是排版设计的创意灵魂。试想，一个版面多是单一化与概念化的大同小异，人云亦云，可想而知，它的记忆度有多少？更谈不上出奇制胜。因此，要敢于思考、敢于别出心裁、敢于独树一帜，在排版设计中多一点个性而少一些共性、多一点独创性而少一点一般性、才能赢得消费者的青睐。

3. 整体性与协调性

排版设计是传播信息的桥梁,设计师所追求的完美形式必须符合主题的思想内容,这是排版设计的根基。只讲表现形式而忽略内容,或只求内容而缺乏艺术表现,版面都是不成功的。只有把形式与内容合理地统一,强化整体布局,才能取得版面构成中独特的社会价值和艺术价值,才能解决设计应说什么、对谁说和怎样说的问题。

强调版面的协调性原则,也就是强化版面各种编排要素在版面中的结构以及色彩上的关联性。通过版面的文、图间的整体组合与协调性的编排,使版面具有秩序美、条理美,从而获得更好的视觉效果。

三、版面设计颜色搭配

1. 理解色轮

色轮是一种非常有用的工具,可以帮助设计师了解不同颜色之间的关系和配合。色轮上的颜色通常分为三类:主色、次色和辅助色。主色是设计中最重要的颜色,通常占据设计的大部分面积;次色和辅助色可以用于强调和平衡主色。

请扫码获取:理论色轮图

2. 运用色彩搭配规则

在选择配色方案时,可以遵循一些色彩搭配规则,例如互补色、类比色和渐变色。互补色指的是位于色轮上相对的颜色搭配,可以产生强烈的对比和视觉冲击力;类比色指的是相邻的颜色搭配,通常会产生柔和的色彩效果;渐变色指的是由多种颜色混合而成的渐变效果,可以创造出流畅的色彩过渡效果。

3. 考虑色彩的情感意义

不同的颜色会产生不同的情感意义,例如,红色通常代表激情和热情,蓝色则代表冷静和理性。在选择配色方案时,需要考虑所要表达的情感和主题,并选择相应的颜色。例如,如果设计的主题是浪漫和柔和的,可以选择粉色、紫色等柔和的颜色。

4. 运用黑白灰色

黑白灰色是非常经典的配色方案,可以产生高质量的视觉效果。黑白灰色搭配可以创造出高对比度的效果,可以在设计中清晰、明确地传达信息。

5. 尝试使用纯色

纯色指的是没有被混合的颜色,例如红色、黄色、蓝色等。在设计中,纯色可以用于强调和突出主题,同时也可以创造出简洁、清晰的视觉效果。

6. 注意色彩的饱和度和明度

色彩的饱和度和明度也是设计中需要注意的因素。饱和度指的是颜色的强度，饱和度越高颜色越鲜艳，反之颜色越柔和。在配色方案中，需要注意不同颜色之间的饱和度差异，以避免视觉上的混乱。明度则指颜色的明暗程度，较浅的颜色通常会给人柔和、温暖的感觉，而较深的颜色则会给人严肃、冷静的感觉。

7. 考虑目标受众

在选择配色方案时，需要考虑目标受众的特点和喜好。不同的人群对颜色的喜好有所不同，例如，年轻人可能更喜欢鲜艳、活泼的颜色，而老年人则更喜欢柔和、温暖的颜色。同时，还需要考虑目标受众所在的文化背景和地理位置，以避免因文化差异产生误解或不适。

8. 避免使用过多颜色

在配色方案中，需要避免使用过多的颜色。过多的颜色会使设计显得杂乱无章，难以产生清晰的信息传达效果。通常建议在设计中选择 3~5 种颜色作为主色调，并在此基础上加入少量的次要和辅助颜色。

四、版式编排布局

版式设计编排布局类型多种多样，策划版式编排中需要综合运用不同的版面布局来传递信息，常见的版式编排类型有以下几种：

1. 标准式

这是最常见的简单而规则的编排类型，一般从上至下的排列顺序为图片、标题、正文内容、标志图形。首先利用图片和标题吸引读者的注意，然后引导读者阅读正文内容和标志图形，自上而下的顺序符合人们认识事物的心理顺序和思维活动的逻辑顺序，能够产生良好的阅读效果。

2. 满版式

满版式的重点在于图片传达的信息，将图片铺满整个版面，视觉冲击力很强，非常直观。根据版面的需求编排文字，整体感觉大方、直白、层次分明。

3. 对角式

对角式是指版面中的主要元素分别位于左上角与右下角，或者右上角与左下角。主要视线处于对角线之间，版面有不稳定感，视觉冲击力较强，形成在变化中相互呼应的视觉效果。

4. 定位式

定位式是以版面中的主体元素为中心进行定位，其他的元素都围绕这个中心对其进行补充、说明和扩展，力求深化、突出主题。这样的编排能够使读者明确了解版面要传达的主要信息，从而达到宣传目的。

5. 坐标式

坐标式是指版面中的文字或图片以类似坐标线的形式，垂直与水平交叉排列。这样的编排方式比较特殊，能够给读者留下较深刻的印象，适合相对轻松、活泼的主题，文字量不宜过多。

6. 重叠式

重叠式是指版面中的主要元素以相同或类似的形式反复出现，排列时表现为层层叠叠的样式。这样的形式可以使版面呈现出较强的整体感和丰富感，能够制作出十分活泼、动感的版面，并且增强图形的可识别性，适合用于时尚、年轻的主题。

7. 聚集式

版面中的大部分元素按照一定的规律向同一个中心点聚集，这样的编排被称为聚集式。聚集式能够强化版面的重点元素，同时具有向内的聚拢感和向外的发散感，视觉冲击力较强。

8. 分散式

所谓的分散式，是指版面中的主要元素按照一定的规律，分散地排列在版面中。这种编排中的元素通常分布较为平均，元素之间的空间较大，给人规律感和轻松感。

9. 导引式

导引式是指版面中的某些图形或文字可以引导读者的视线按照设计师安排的顺序依次阅读版面中的内容，或者通过引导指向版面中的重点内容，对其进行强调。

10. 组合式

组合式是指将一个版面分成左右或上下两个部分，分别放置两张从中间裁切的不同图片，再将两张图片重新组合到一起，形成一幅新的图片。左右两边的图片虽然不同，但有较强的联系，形成趣味性极强的版面。

11. 立体式

立体式是指通过调整版面中的元素形成立体效果，或者通过对角度的调整，将版面中的二维元素组合起来，形成具有三维空间感的视觉效果，这种处理方式会带来很强的视觉冲击力。

12. 自由式

自由式是指版面结构没有任何规律，设计师随意编排构成，因此版面具有活泼、多变的轻快感，是最能够施展创意的编排形式。自由式并不代表乱排，需要把握版面整体的协调性。

五、版式设计流程

（1）根据设计的主题和要求，明确版面的开本（尺寸），收集整理版面相关信息，思考版面的表现形式和设计风格。

（2）可以先在纸上手绘结构草图，再确定版面各部分内容的比例，这样便于修改和调整。最后确定整个版面内容的结构和编排形式。

（3）根据确定的内容结构和编排形式，将整理好的图片与文字内容编排在版面上，使版面获得平衡的视觉效果，达到有效传达主题和信息的目的。

六、版面设计工具

版面设计可以用 InDesign、Photoshop、Illustrator、CorelDraw 等软件来制作。

（1）InDesign，简称 ID，桌面出版（DTP）的应用程序，主要用于各种印刷品的排版编辑。在细节、使用习惯上更加适合专业排版。版面设计就是把已处理好的文字、图像图形通过赏心悦目的安排，达到突出主题的目的。因此在排版期间，是否能够灵活处理文字图片显得非常关键，InDesign 在这方面的优越性则表现得淋漓尽致。

（2）Photoshop，简称"PS"，是由 Adobe Systems 开发和发行的图像处理软件。Photoshop 主要处理以像素构成的数字图像。使用其众多的编修与绘图工具，可以有效地进行图片编辑工作。PS 有很多功能，在图像、图形、文字、视频、出版等各方面都有涉及。

（3）Illustrator，简称"AI"，是一种应用于出版、多媒体和在线图像的工业标准矢量插画的软件。作为一款非常好的矢量图形处理工具，该软件主要应用于印刷出版、海报书籍排版、专业插画、多媒体图像处理和互联网页面的制作等，也可以为线稿提供较高的精度和控制，适合生产任何小型设计到大型的复杂项目。

（4）CorelDraw，简称"CDR"，是 Corel 公司推出的集矢量图形设计、印刷排版、文字编辑处理和图形高品质输出于一体的平面设计软件，擅长制作简报、彩页、手册、产品包装、标识、网页等。这个图形工具给设计师提供了矢量动画、页面设计、网站制作、位图编辑和网页动画等多种功能。

七、设计中的审美培养

在设计中，培养审美意识和能力是艺术作品设计的基本素养，当然版式设计也不例外。

1. 审美的内涵

审美是人类理解世界的一种特殊形式，指人与世界（社会和自然）形成一种无功利的、形象的和情感的关系状态。审美是在理智与情感、主观与客观上认识、理解、感知和评判世界上的存在。审美也就是有"审"有"美"，在这个词组中，"审"作为一个动词，它表示一定有人在"审"，有主体介入；同时，也一定有可供人审的"美"，即审美客体或对象。审美现象是以人与世界的审美关系为基础的，是审美关系中的现象。

2. 正确的审美观

美是和谐之美，审是实时之审。

认为美是能够使人们感到愉悦的一切事物，它包括客观存在和主观存在，这种认识并不准确，不应该是"使人们感到愉悦的一切事物"，只应该是其中的一部分事物。所以，美是事物促进和谐发展的客观属性与功能激发出来的主观感受，是这种客观实际与主观感受的具体统一。

事物具有促进和谐发展的属性与功能是自然美，加工事物使它形成促进和谐发展的属性与功能是创造美，促进和谐发展的思想与情感是心灵美，创造和谐发展的行为与实践是行为美，追求和谐发展的精神是内在美，有利于和谐发展的仪表是外在美。

所以，应该努力开发自然美、积极创造美、弘扬心灵美、实践行为美、培养内在美、修饰外在美。人的审美追求，在于提高人的精神境界、促进与实现人的发展，在于促进和谐发展、创建和谐世界，在于使世界因为有我变得更加美好。审美应迎合时局、时世等客观环境。

3. 审美培养中的四个层次

（1）技术层面的审美。

这是欣赏者最初接触到的审美因素，文艺作品的韵律、文字、结构、节奏等形式美因素，能够唤起艺术形象，激发读者的想象力，传达某种富有意义的内容。

（2）精神层面的审美。

精神层面的审美在审美结构层次中显得比较突出，包括了作家主观的理解、评价和客观的社会生活内容，是文艺作品的形象体系暗示、指向的一定历史内容，它本身就是一种审美因素，被包裹在了美的形式中，是一种情操美、人格美、理性美、道德美。

（3）社会经济层面的审美。

社会经济层面的审美隐藏得比较深，它是意境或者形象的象征意味，是文艺作品的象征意蕴，必须要深入地把握作品历史和内容，并在此基础上逐渐得到领悟。

（4）宗教层面的审美。

这个层面的审美建立在前三个层次的基础上，将前三个审美层次高度和谐地统一在一起，把握形式与感受形象，体验和理解内容，探究意蕴。

四个层次中，前两个层面的审美是世俗的，更多的是关注审美对象，而后两个层面的审美是超俗的，主要审视主体的精神。

知识链接

审美的另外四个层次：按照审美的发展历程，审美层级可以有另外的解读，依次为：

东方："艳俗""含蓄""病态""灵性"；

西方："艳俗""含蓄""自然""灵性"。

最低层级："艳俗"，如民俗中大红大绿的年画；现代青年中独特怪异而红黄蓝绿的发型。

第二层级："含蓄"，比"艳俗"高一个层次是"含蓄"。中国的诗词、山水画、文学作品大多都体现含蓄的美。"含蓄"与"艳俗"的区别如同林黛玉与刘姥姥，但它们都是经过修饰的美。只是含蓄比艳俗更注重"艺术规律"。

第三层级：东方的"病态"和西方的"自然"。

东方的"病态"，如中国古代文人喜欢"病梅"，有意把梅花的枝条弄扭曲，减少养分的供给，使梅花不能完全开放。再如中国古代要女性缠足，以小脚为"美"。

西方的"自然"，从某种意义上说，它可以是"含蓄"再向上的审美层次。所谓"大巧不工""至美不饰"就是讲这个层次的美。真正美的事物是不需要过多修饰的。保持"自然的原生态"就是美，是健康的美，是符合自然规律和艺术规律的美。这种美简约而不简单。

最高层级："灵性"，它已经完全领悟自然规律和艺术规律当中那些对美"起决定作用"的"东西"。如果真要很形象地说明那就是梵高的画。他的画很多人看不明白或不太理解，"为什么他把太阳画成黑色的？"

 **任务实施**

任务编号：2-3（任务实施）		任务名称：版式设计	
成员人数	（ ）人		
前续成果回顾	1. 策划案命名成果 2. 提纲设计成果 3. IP 形象成果 4. 引言撰写成果 5. 内容提要撰写成果		
任务资讯	1. 版式设计相关知识 2. 命题企业及竞争企业产品（品牌）、项目的调性分析 3. 相关广告营销策划案国家级比赛获奖作品参考 4. 策划案本身创意核心要义或主题内涵 5. 前沿热点版式设计资讯		
资讯来源	大广赛官网、创意星球官网；淘宝、京东等电商平台；微博、微信、百度等媒体及数据媒体平台……		
任务分工	内容		完成人
	1. 学习版式设计相关知识		全体成员
	2. 选择版式设计工具，至少熟练运用 PS 或 PPT 之一		全体成员
	3. 研讨封面设计布局和调性并设计封面，确定主 KV（视觉主画面），至少设计出 3 幅不同创意主 KV		
	4. 调研评估： ①版式设计与产品或品牌、命题要求调性匹配度。 ②版式设计与目标群体偏好匹配度		
	5. 设计封面和引言页		
	6. 设计内容提要页面和 IP 形象页面		
	7. 设计提纲、目录页面		
资讯获取 学习笔记	1. 内容及来源网址：_____ 2. 学习启示：_____		
进行决策	版式设计成果简述：_____ 最终决策：_____		

 **评价反馈**

评价方式包括自我评价、团队互评、教师评价。成果完成后请进行自评、互评和教师评价，评价内容与标准参考表 2-3。

表 2-3 评价反馈表

任务编号：2-3（评价反馈）		任务名称：版式设计
评价项目	评价内容	等级
职业素养	出勤：团队中迟到、早退、旷课情况	□A □B □C
	团队合作：效率高、合作紧密、互帮互助	□A □B □C
	审美观：符合消费者偏好、新奇有创意	□A □B □C
营销理论知识应用	1. 是否符合消费群或读者对版式的偏好：	□是 □否
	2. 还应用了哪些营销理论：_____	□A □B □C
调性	1. 是否符合命题要求的调性：	□是 □否
	2. 是否与策划核心要义相匹配：	□是 □否
	3. 是否能与产品（品牌）调性契合：	□是 □否
	4. 创新之处是：_____	□A □B □C
色彩创意	1. 色彩搭配遵循的理论是：_____	□A □B □C
	2. 配色的创意之处表现在：_____	□A □B □C
	3. 能提升主题要义、符合读者偏好	□A □B □C
布局创意	1. 布局设计遵循的理论是：_____	□A □B □C
	2. 布局的创意之处表现在：_____	□A □B □C
	3. 布局创意有以下哪些特征： □别致新奇　□有趣　□契合主题　□契合命题调性	□A □B □C

任务拓展

用东方色彩美学，谱写诗意生活
——设计界的诗人赵琳的美学精神

色彩，是一个美好而奇妙的存在。客观上，它是一种装饰与象征，能美化事物和营造氛围，主观上，又是一种反应与行为，能透过视觉，影响人们的知觉、感情和记忆……

作为国际色彩趋势大会主旨导师，赵琳（见图 2-3）说道，"色彩与我们的文化息息相关，我希望从艺术和文化去诠释色彩"。说到国际色彩，就不得不说东方色彩美学。东方色彩极其雅致优美：缃、茶、驼、绯红、绛紫、黄栌、藕荷、月白、玄青、藤黄、鎏金、天水碧、木槿紫、萱草黄、天青色、灯草灰、孔雀绿，源于大自然的先天因素，听到这些名字，就觉得是一首优美诗词。"五彩斑斓的黑"，看似不可能的颜色，成为设计界流传甚广的一句调侃。

但实际上，在中国的传统色彩中，就完美诠释了什么叫作"五彩斑斓的黑"。与色彩鲜艳夺目的西方油画不一般，中国传统的水墨画，"无色而色俱全"，在一淡一浓一轻一重

图 2-3　赵琳

间，将单调的墨黑色发挥到了极致，大盈若冲，大巧若拙，大辩若讷，大彻大悟……

赵琳的市内设计作品灵感来源于对中国传统文化的传承，中华民族传统住所中的那种古典韵味美，最终决定了新中式风格的传统加现代结合设计而成，以现代的装饰手法和家具结合古典中式的装饰元素，迎客松、纸墨笔砚等都体现了浓郁的东方之美。赵琳认为，自己需要用一种内在的东方美学系统思维去诠释艺术和文化的内涵，不管色彩、线条、块面、肌理还是虚实，她希望用有意味的形式来传达空间的意境，对设计、艺术、生活有所期望，并将对生活的热爱、对生活的理解融入设计中。

领悟：设计不仅是美学，更是哲学，是人生哲学，五彩缤纷的人生尽在设计中，工匠精神有时候更是一种追求美的执着精神，是弘扬传统文化的执着，传统的就是经典的。

思考：如何在作品中用色彩体现调性，让产品、人品、企品得以展现？

项目三

市场分析方案策划

市场分析策划是策划案提案和广告作品设计的根基,要踏实、详细地对产品、消费者、竞争环境进行分析,最后给出营销战略方案,为后续营销提案提出目标、确定方向,好的市场分析策划是广告营销策划案能否达到预期目标的关键。

"没有调研就没有发言权",本项目以调研为主,是广告营销策划方案的根基,工作量较大。策划人员要具备较强的调研功底和审慎细致思考的基本素养,熟练掌握各种调研方法和数据分析整理知识,还需具备较强的逻辑思维能力。

 项目描述

为撰写广告营销策划案开展市场分析工作,包括产品分析,消费者画像、消费洞察,竞品、竞牌等竞争分析,行业分析,宏观、微观环境分析,经过这些市场调研后总结撰写出市场分析方案策划。

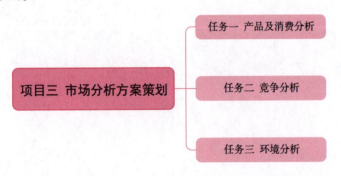

 学习目标

知识目标

1. 掌握产品相关概念和分析方法;
2. 掌握消费者画像和消费洞察的技巧和方法;

3. 掌握竞争策略及竞争分析内容；
4. 熟悉环境分析策略和方法。

技能目标

1. 能通过科学手段调研市场相关资料，并能用相关方法进行分析；
2. 能运用消费者画像和消费洞察技巧，对消费者进行分析，完成消费者画像，形成消费洞察报告；
3. 能灵活使用SWOT方法进行市场分析，完成分析总结方案。

素养目标

1. 在市场调研资料择取中，培养法律意识和判断能力，能够对资料依法进行取舍和辨析；
2. 在调研资料搜集、整理、分析的过程中，培养以消费者为中心、以社会为中心的素养。

任务一　产品及消费分析

 案例导入

奥雪公司小众产品消费分析

2019年，奥雪公司"台式珍珠奶茶""双黄蛋"等小众口味迅速走红网络。之前奥雪公司进行了产品分析和消费者分析，对冰激凌产品消费者做了画像，发现客户对冰激凌的偏好有：吃得有趣、吃得健康、吃得"土酷（Too Cool）"，其中吃得有趣体现了消费者对产品口味的小众化偏好。分析是通过采集相关数据进行的，数据如表3-1所示。

表3-1　相关数据

冰激凌类别	客户类别											
	"70前"		"70后"		"80后"		"85后"		"90后"		"95后"	
	女性	男性	女性	男性	女性	男性	女性	男性	女性	男性	女性	男性
水果类	-0.9	-0.51	-1.09	1.19	-0.77	2.2	-0.25	2.19	-0.48	2.16	-3	0.34
巧克力类	0.66	0.79	1.83	1.56	1.85	1.46	0.63	-0.28	-1.89	-1.92	-5.58	-3.41
小众口味	-0.43	-0.67	-0.96	-0.77	-0.56	-0.45	0.27	0.28	1.11	0.5	1.17	-0.25
牛奶类	-0.38	-0.25	-0.3	-0.2	0		0.05	-0.01	0.5	-0.05	0.79	-0.7
茶类	-0.61	0.34	-1.18	-0.37	-1.21	0.19	-0.46	1.41	0.4	2.13	0.24	2.38
坚果豆类	-0.09	-0.06	-0.05	0.24	0.05	0.29	-0.04	0.16	-0.01	0.06	-0.34	-0.55
咖啡类	-0.05	0.07	-0.08	0.02	-0.04	0.13~0.29	0.05	0.21	-0.03	0.13	-0.09	-0.04

不难看出1985年出生的人群是产品口味的重要分界点，"85后"开始小众口味需求逐年增加，特别是"95后"女性客户有迅速攀升趋势，与"70前"相比有很大差别。

通过产品及消费分析，奥雪公司很快了解了消费热点，实时调整了产品组合策略，找到了产品的新卖点。

思考：分析产品的卖点对广告营销策划有何意义？

 任务工单

任务编号：3-1（任务工单）		任务名称：产品及消费分析
任务发起：企业营销部		前续任务：版式设计
任务目标及要求	完成产品及消费分析报告 具体要求如下： 1. 在前续任务中已确定的策划案主题指导下，制定调研方案，开展产品及消费调研分析工作	

续表

任务目标及要求	2. 撰写产品分析报告，总结产品特征与特色 3. 撰写消费分析报告，进行消费者画像和消费洞察，明确目标消费群体特征，总结和挖掘消费需求，形成消费分析报告 4. 在产品及消费分析基础上，再度斟酌策划案命名和引言、提要、IP形象设计等前续任务并对其进行完善修正
优秀作品赏析	作品及对应命题策略单 *请扫码获取作品及对应命题策略单
任务命题策略单	命题策略单 *请扫码回读策略单

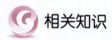

相关知识

产品分析（包括品牌）、消费分析贯穿广告营销策划案策划的始终，是广告营销策划方案撰写的基础，方案中制定或创意的一切结论和策略都需要在此基础上展开。

一、产品（品牌）分析

1. 产品（品牌）定位

产品（品牌）定位是指企业在市场定位和产品定位的基础上，对特定的品牌在文化取向及个性差异上的商业性决策，是建立一个与目标市场有关的品牌形象的过程和结果。换言之，即指为某个特定品牌确定一个适当的市场位置，使商品在消费者的心中占领一个特殊的位置，当某种需要突然产生时，随即想到的品牌，比如在炎热的夏天突然口渴时，人们会立刻想到"可口可乐"红白相间的清凉爽口。产品（品牌）定位理论来源于"定位之父"、全球顶级营销大师杰克·特劳特首创的战略定位。

产品（品牌）定位是市场定位的核心和集中表现。企业一旦选定了目标市场，就要设计并塑造自己相应的产品、品牌及企业形象，以争取目标消费者的认同。由于市场定位的最终目标是实现产品销售，而品牌是企业传播产品相关信息的基础，品牌还是消费者选购产品的主要依据，因而品牌成为产品与消费者连接的桥梁，品牌定位也就成为市场定位的核心和集中表现。

总之，品牌定位重点聚焦品牌和目标受众的相关性以及与竞争对手的差异性，其目的是将产品转化为品牌，以利于目标受众的正确认知。

2. 产品（品牌）方向

产品（品牌）方向是品牌定位的依据。这里不妨以洗发水领域"采乐"抗击"海飞丝"的经验为例加以介绍。在洗发水领域，"去屑"是非常重要的宣传目标和市场定位导向。在该领域，"海飞丝"占据了绝对优势，"采乐"难以突破。但是，"采乐"发现在药品市场则尚未有如此诉求。于是，公司开发了"去头屑特效药"，将"采乐"品牌定位于药品领域，并通过广告等形式强化这种市场定位。如宣称头屑是由头皮上的真菌过度繁殖引起的，只有清除头屑才能杀灭真菌。而一般的洗发水仅能洗掉头发上的头屑，其产品则能杀灭头屑上的真菌。在药品市场，很多受头屑困扰的消费者对该产品自然青睐有加。通过明确品牌方向，"采乐"获得了一个新的目标市场。

3. 品牌使命与文化

"现代管理学之父"彼得·德鲁克对管理的描述和界定始于使命，他说"定义企业的目的和使命，是一项艰巨、痛苦并带有风险的工作。企业遭到挫折和失败的最重要原因，也许就是缺乏对企业的目的和使命给予足够的思考"。

从本质上说，定位理论是通过打造差异化品牌来驱动社会分工的一种机制，让企业或品牌各就其位，承担某种社会功能，更好地解决社会问题。

多年来，华为的使命刷新了三次，但关键词没变，都是"连接"。华为刷新了使命——构建万物互联的智能世界。使命表述为"把数字世界带给每个人、每个家庭和每个组织，构建万物互联的智能世界"。这样的使命，确保了华为的战略定位一直没有偏离主航道。

4. 品牌诊断梳理

在品牌价值传递的诊断中，主要需研究和明确三大问题。

（1）品牌是否满足了最基本的需求。

这是一个品牌得以存在的基础，也是产品或服务存在的基础。比如要诊断一个饮料品牌的基本需求满足状况，不仅需要诊断其口味、口感、营养性、解渴效果、新鲜度等产品要素，还需要诊断产品包装的美感、购买的方便性等满足消费者时间、体力及精神方面的因素。这些诊断要素的设定对不同的产品（品牌）各不相同，在实际操作中需要根据具体产品而定，对汽车品牌就会出现与饮料品牌完全不同的诊断要素，如安全性、载重量、马力、速度、可靠性、耐久性、舒适感等。

（2）是否具有最优的性价比。

消费者购买产品都追求最适合的质量和最低的价格，以获得最大的剩余价值（消费利润），这就是性价比。需要说明的是，性价比的诊断不是直观地对产品技术等硬性质量指标和市场价格的实际值来展开对比，而是从消费者角度来获取他们对产品的质量与价格的感觉值。因为消费者在评判一个产品（品牌）的性价比是否最优时，会综合考虑与产品（品牌）相关的多种因素，而得出直观的印象，这个印象即消费者的真实感知与反馈。

（3）是否实现了卓有成效的价值沟通。

价值传递诊断的第三个内容就是需要检核产品（品牌）是否与消费者实现了有效果的沟通，具有了迎合消费者需求的使用价值，也提炼出了产品核心卖点和各种优势，如果出现了与消费者的沟通裂痕，价值的传递受到阻碍，价值的实现就大打折扣。因此，必须把握以下几方面：

① 在诸多的价值要素中，你的品牌是否抓住了消费者最关注的那几个要素。

② 你的价值传递是否选择了最合适的广告传播媒介和方法。

③ 你的品牌的核心利益点（使用价值）在目标消费者中的熟悉程度、吸引程度、可信程度如何等。

二、品牌定位撰写形式及技巧

1. 品牌现状分析

品牌现状是进行品牌定位的基础，在进行品牌现状的描述时，可通过查阅大量资料、要闻等信息，对现有品牌进行全面、深入的了解，随后再进行现状和发展的描述。

（1）趋势性描述。这是最常见的品牌现状描述方式，就是用精练、概括的量化性词语进行总结，将品牌的动态表述出来。

（2）类别化描述。这是指将产业、行业的动态变革融入其中，将品牌进行类别化分类，如按照"吃、穿、住、行"分类，按照"家电类、家具类、数码类、装饰类"等分类，对其行业、品牌、产品的类型发展加以总结概括。

品牌现状的撰写并不是只能使用一种描述方式，可以根据需要将两种或多种不同的描述方式结合起来，这样写出的品牌现状效果会更好，分析的内容也会更加全面。

2. 品牌定位的方法

品牌定位和市场定位密切相关，品牌定位是市场定位的核心，是市场定位的扩展和延伸，是实现市场定位的手段，因此，品牌定位的过程也就是市场定位的过程，其核心是STP，即细分市场（Segmenting）、选择目标市场（Targeting）和品牌的具体定位（Positioning），它们之间的关系可用表3-2表示。

表 3-2　细分市场、选择目标市场和品牌的具体定位的关系

细分市场	选择目标市场	品牌的具体定位
1. 确定细分变数和细分市场 2. 勾勒细分市场的轮廓	1. 评估每个细分市场的吸引力 2. 选择目标细节市场	1. 为每一个目标细分市场确定品牌可能的位置形象 2. 选择确定品牌的市场位置形象，并将其信号化

（1）细分市场。

市场细分理论是20世纪50年代由美国营销专家温德尔·斯密提出的，有人称之为营销学中继"消费者为中心观念"之后的又一次革命。市场细分是指企业根据自己的条件和营销意图把消费者按不同标准分为一个个较小的、具有某些相似特点的子市场的做法。企业进行市场细分是因为在现代市场条件下，消费者的需求是多样化的，而且人数众多，分布广泛，任何企业都不可能以自己有限的资源满足市场上所有消费者的各种要求。通过市场细分，向市场上的特定消费群提供自己具有优势的产品或服务已是现代营销最基本的前提。

消费者人数众多，需要各异，但企业可以根据需要按照一定的标准进行区分，确定自己的目标人群。市场细分的主要依据主要有地理标准、人口标准、心理标准和行为标准，根据这些标准进行的市场细分分别是地理细分、人口细分、心理细分和行为细分。

① 地理细分。

地理细分就是将市场分为不同的地理单位，地理标准可以选择国家、省、地区、县、市或居民区等。地理细分是企业经常采用的一种细分标准。一方面，由于不同地区的消费者具有不同的生活方式、宗教信仰、风俗习惯等偏好，因而需求也是不同的。比如欧洲和亚洲的消费者由于肤质、生活条件的不同，对护肤品、化妆品的需求有很大差别，因此，当羽西在中国打出"特别为东方女性研制的化妆品"口号时，得到了中国女性的青睐。另一方面，现代企业尤其是规模庞大的跨国企业，在进行跨国或跨区域营销时，地理的差异对营销的成败更显得至关重要。正所谓："橘生淮南则为橘，生于淮北则为枳。"同时，小规模的厂商为了集中资源占领市场，也往往对一片小的区域再进行细分。

② 人口细分。

人口细分是根据消费者的年龄、性别、家庭规模、家庭生命周期、收入、职业、受教育程度、宗教信仰、种族以及国籍等因素将市场分为若干群体。

由于消费者的需求结构与偏好，产品品牌的使用率与人口密切相关，同时，人口因素比其他因素更易于量化，因此，人口细分是细分市场中使用最广泛的一种细分方法。

年龄、性别、收入是人口细分最常用的指标。消费者购买量的大小随着年龄的增长而改变。青年人市场和中老年人市场有明显的不同，青年人花钱大方，追求时尚和新潮刺激；而中老年人的要求则相对保守稳健，更追求实用、功效，讲究物美价廉。因此，企业在提供产品或服务、制定营销策略时对这两个市场应有不同的考虑。

性别细分在服装、化妆品、香烟、杂志中使用得较为广泛。男性市场和女性市场的需求特点有很大不同，比如女士香烟和男士香烟的诉求点截然不同。万宝路男士香烟强调男性的健壮、潇洒一如西部牛仔，而库尔女士香烟则突出女性的神秘、优雅。

根据收入可以把消费者分为高收入阶层、白领阶层、工薪阶层、低收入阶层等。高收入阶层和白领阶层更关注商品的质量、品牌、服务以及产品附加值等因素，而低收入阶层则更关心价格和实用性。比如轿车企业、房地产公司针对不同的收入人群提供不同的产品和服务。

当然，许多企业在进行人口细分时，往往不仅仅依照一个因素，而是使用两个或两个以上因素的组合。

③ 心理细分。

心理细分是根据消费者所处的社会阶层、生活方式及个性特征对市场加以细分，在同一地理细分市场中的人可能显示出迥然不同的心理特征，主要考虑的因素如社会阶层、生活方式、个性等。

④ 行为细分。

行为细分是指企业按照消费者购买或使用某种产品的时机、消费者所追求的利益、使用者情况、消费者对某种产品的使用率、消费者对品牌的忠诚程度、消费者待购阶段和消费者对产品的态度等行为变量来细分消费者市场。

按消费者进入市场的程度，可将一种产品的消费者区分为经常购买者、初次购买者、潜在购买者等不同群体。

按消费数量来细分市场，可将许多产品的经常购买者进一步细分为大量用户、中量用户、少量用户三个消费群体。

根据对品牌的偏好状况，可将一种产品的消费者划分为单一品牌忠诚者、几种品牌忠诚者、无品牌偏好者。

企业根据所提供产品或服务的特点选择一定的细节标准，并按此标准进行调查和分析，最终要对感兴趣的细分市场进行描述和概括。有时，分别使用上述四种细分标准无法概括出细分市场时，就必须考虑综合使用上述四个标准，资料越详细越有利于目标市场的选择。最终概括出来的细分市场至少应符合以下要求：

细分后的市场必须是具体、明确的。

细分后的市场必须是有潜力的市场，而且有进入的可能性，这样对企业才具有意义，如果市场潜力很小，或者进入的成本太高，企业就没有必要考虑这样的市场。

（2）选择目标市场。

在市场细分的基础上对细分出来的子市场进行评估以确定品牌应定位的目标市场。选择目标市场的程序是：第一，对细分市场进行评估，以确定目标市场；第二，选择细分市场的进入方式。

① 评估细分市场。

企业评估细分市场的核心是确定细分市场的实际容量，评估时应考虑三个方面的因素：细分市场的规模、细分市场的内部结构吸引力和企业的资源条件。

潜在的细分市场要具有适度需求规模和规律性的发展趋势。潜在的需求规模是由潜在消费者的数量、购买能力、需求弹性等因素决定的。一般来说，潜在需求规模越大，细分市场的实际容量也越小。但是，对企业而言，市场容量并非越大越好，"适度"是一个相对概念。对小企业而言，市场规模越大需要投入的资源越多，而且对大企业的吸引力就越大，竞争也就越激烈，因此，选择不被大企业看重的较小细分市场反而是上策。

细分市场内部结构吸引力取决于该细分市场潜在的竞争力，竞争者越多，竞争越激烈，该细分市场的吸引力就越小。有五种力量决定了细分市场的竞争状况，即同行业的竞争品牌、潜在的新参加的竞争品牌、替代品牌、品牌产品购买者和供应商，这五种力量从供给方面决定细分市场的潜在需求规模，从而影响到市场实际容量。如果细分市场竞争品牌众多，且实力强大，或者进入壁垒、退出壁垒较高，且已存在替代品牌，则该市场就会失去吸引力。如我国胶卷市场，柯达、富士两大国际品牌虎视眈眈，实力雄厚，占据市场的绝大多数利润，乐凯在民族产业中的口号下力求扩大市场份额，中小企业要进入这样一个市场，成功的可能性很小，如果该细分市场中购买者的议价能力很强或者原材料和设备供应商招商高价格的能力很强，则该细分市场的吸引力也会大大下降。

决定细分市场实际容量的最后一个因素是企业的资源条件，也是关键性的一个因素。企业的品牌经营是一个系统工程，有长期目标和短期目标，企业行为是计划的战略行为，每一步发展都是为了实现其长远目标服务，进入一个子市场只是企业品牌发展的一步。因此，虽然某些细分市场具有较大的吸引力，有理想的需求规模，但如果和企业的长期发展不一致，企业也应放弃进入。而且，即使和企业目标相符，但企业的技术资源、财力、人力资源有限，不能保证该细分市场的成功，则企业也应果断舍弃。

因此，对细分市场的评估应从上述三个方面综合考虑，全面权衡，这样评估出来的内容才有意义。

② 选择细分市场的进入方式。

通过评估，品牌经营者会发现一个或几个值得进入的细分市场，这也就是品牌经营者所选择的目标市场，接下来要考虑的就是进入目标市场的方式，即企业如何进入的问题，下面提供五种市场进入方式以供参考。

a. 集中进入方式。

企业集中所有的力量在一个目标市场上进行品牌经营，满足该市场的需求，在该品牌获得成功后再进行品牌延伸。这是中小企业在资源有限的情况下进入市场的常见方式。许多保健品企业在进入市场时常采用一个主打品牌进行集中营销的策略。比如，太太集团以"太太口服液"针对年轻女性养颜补血的心理进入市场获得了成功，现在又推出了"静心口服液"进入中年女性市场，也同样取得了成功。集中进入方式有利于节约成本，以有限的投入突出品牌形象，但风险也比较大。

b. 有选择的专门化。

品牌经营者选择了若干个目标市场，在几个市场上同时进行品牌营销，这些市场之间或许很少或根本没有联系，但企业在每个市场上都能获利。比如宝洁公司在洗发水市场、牙膏市场、洗衣粉市场上同时开展营销活动且都取得了成功。这种进入方式有利于分散风险，企业即使在某一市场失利也不会全盘皆输。

c. 专门化进入。

品牌厂商集中资源生产一种产品提供给各类顾客或者专门为满足某个顾客群的各种需要服务的营销方式。例如，只生产"太阳能"热水器想供给所有消费者；或者为大学实验室提供所需要的一系列产品，包括烧瓶、试剂、显微镜、紫光灯等。

d. 无差异进入。

品牌经营者对各细分市场之间的差异忽略不计，只注重各细分市场之间的共同特征，推出一个品牌，采用一种营销组合来满足整个市场上大多数消费者的需求。无差异进入往往采用大规模配销和轰炸式广告的办法，以达到快速树立品牌形象的效果。如20世纪20年代美国福特汽车公司推出福特牌T型轿车时，公司宣布：本公司的产品可满足所有顾客的要求，只要他想要的是黑色T型轿车。

无差异进入的策略能降低企业生产经营成本和广告费用，不需要进行细分市场的调研和评估。但是风险也比较大，毕竟在现代要求日益多样化、个性化的社会，以一种产品、一个品牌满足大部分需求的可能性很小。

e. 差异性进入。

品牌经营者有多个细分子市场为目标市场，分别设计不同的产品，提供不同的营销组合以满足各子市场不同的需求，这是大企业经常采用的进入方式。如海尔集团仅冰箱一种产品就区分出"大王子""双王子""小王子""海尔大地风"等几个设计、型号各异的品牌，以满足家庭、宾馆、餐厅、农村地区等不同细分市场对冰箱的需求。

差异性进入由于针对特定目标市场的需求，因而成功的概率更高，能取得更大的市场占有率，但其营销成本也比无差异进入要高。

五种市场进入方式各有优缺点，企业在选择时应考虑自身的资源条件，结合产品的特点，选择最适宜的方式进入。

（3）品牌的具体定位。

选择目标市场和进入目标市场的过程，同时也是品牌定位的过程。正如前面所讲，品牌定位的核心是展示其竞争优势，是通过一定的策略把竞争优势传达给消费者。因此，对品牌经营者而言在确定目标后最重要的是选择正确的品牌定位策略，建立他所希望的、对该目标市场内大多数消费者有吸引力的竞争优势。

① 品牌定位的步骤。

品牌必须将自己定位于满足消费者需求的立场上，最终借助传播让品牌在消费者心中获得一个有利的位置。要达到这一目的，首先必须考虑目标消费者的需要。借助于消费者行为调查，可以了解目标对象的生活形态或心理层面的情况。这一切，都是为了找到切中消费者需要的品牌利益点。而思考的焦点要从产品属性转向消费者利益。消费者利益的定位是站在消费者的立场上来看的，它是消费者期望从品牌中得到什么样的价值满足。所以用于定位的利益点选择除了产品利益外，还有心理，即象征意义上的利益，这使得产品转化为品牌。想要尽可能满足消费者的所有愿望是愚蠢的，每一个品牌必须挖掘消费者感兴趣的某一点，而一旦消费者产生这一方面的需求，首先就会立即想到它。

市场实践证明，任何一个品牌都不可能为全体顾客服务，细分市场并正确定位，是品牌赢得竞争的必然选择。只有品牌定位明确，个性鲜明，才会有明确的目标消费层。唯有定位明确，消费者才会感到商品有特色，有别于同类产品，形成稳定的消费群体。而且，唯有定位明确的品牌，才会形成一定的品味，成为某一层次消费者文化品味的象征，从而得到消费者的认可，让消费者得到情感和理性的满足感。要想在竞争中脱颖而出，唯一的选择就是差异化，而定位正是在战略上达到差异化最有效的手段之一。

② 品牌定位的常用策略。

品牌定位具有一定的技巧和规律。品牌定位策略、技巧可以从需求层次定位、需求细分定位等方面认识。就需求层次定位而言，是遵循消费者需求层次规律，从消费者的需求特点入手进行品牌定位。它是在充分调查、了解消费者内心需求的基础上确定品牌定位的。需求细分定位法是针对传统的品牌定位模式提出的。

传统的品牌定位模式重视产品本身的功能和特点以建立独特的差异化优势；需求细分定位则更多地关注消费者的潜在需求，善于发现尚未被满足的消费者需求，以此获得不同于竞争对手的差别利益。还有一种策略是在他人已有品牌概念或资源的基础上发展自己的个性品牌，既遏制了竞争对手，又拓展了自己的产品市场空间，这种策略被称为"借梯定位法则"。以娃哈哈混合果汁饮料为例：养生堂推出了农夫果汁饮料，以三种水果的混合汁为差异，以"摇一摇"为亮点，吸引了消费者购买。娃哈哈公司则在三种水果的基础上生产"四种水果加钙"的混合果汁饮料，轻易地占领了同类市场。

③ 多维度品牌定位。

a. 利益维度品牌定位。利益维度品牌定位是根据产品能为消费者提供的利益、解决问题的程度来定位。一般品牌产品会具有多重功效，定位时向顾客传达单一功效还是多种功效并没有绝对的定论。由于顾客能记住的信息是有限的，往往容易对某一强烈诉求产生较深的印象，因此，品牌向顾客承诺一个功效点的单一诉求时，通常更能突出品牌个性，成功定位。

b. 情感维度品牌定位。情感维度品牌定位是将人类的爱情、关怀、牵挂、思念、温暖、怀旧等情感内涵融入品牌，使顾客在购买、使用产品的过程中获得这些情感体验，从而唤起顾客内心深处的认同和共鸣，最终收获对品牌的喜爱和忠诚。

c. 目标受众维度品牌定位。目标受众维度品牌定位直接以产品的目标受众为诉求对象，突出产品专为该类目标受众服务的特点，来获得目标受众群体的认同。把品牌与目标受众结合起来，有利于增强目标受众的归属感，使其产生"这是我自己的品牌"的感觉。

d. 竞争对手维度品牌定位。竞争对手维度品牌定位是指通过与竞争对手的客观比较来定位自己的品牌，也可称为排挤竞争对手的品牌定位。企业设法改变竞争对手在顾客心目中的现有形象，找出其缺点或弱点，与自己的品牌进行对比，从而确立自己的市场地位。

e. 文化维度品牌定位。文化维度品牌定位是将文化内涵融入品牌，形成文化上的品牌识别，大大提高品牌的品位，使品牌的形象更独具特色。例如，京都念慈菴的品牌 Logo 是一幅"孝亲图"，弘扬孝敬父母的传统美德；上海民族乐器一厂的著名品牌"敦煌牌"，将民族乐器制作与敦煌文化相融，定位于"国潮有韵"的民乐艺术。

f. 档次维度品牌定位。不同档次的品牌带给顾客不同的心理感受和体验。在实际操作中常见的是高档次品牌定位策略。高档次的品牌传达了产品高品质的信息，往往通过高价位来体现其价值，并被赋予很强的表现意义和象征意义。如某些高端品牌的手表表达出"高贵、成就、完美、优雅"的品牌形象，给予顾客高水平的精神体验。

g. 概念维度品牌定位。概念维度品牌定位就是使产品、品牌在顾客心中占据一个新的位置，形成一个新的概念，甚至造成一种思维定式，以获得顾客的认同，使顾客产生购买欲望。该类产品可以是老产品，也可以是新产品。例如，红牛定位在"能量与活力"上，主打功能概念，不断传播"有能量，无限量""困了，累了，喝红牛""我的能量，我的梦想"等品牌理念。

h. 企业理念维度品牌定位。企业理念维度品牌定位就是企业用自己具有鲜明特点的经营理念和企业精神作为品牌的定位诉求，体现企业的本质。一个企业如果具有正确的宗旨、良好的精神面貌和完善的经营哲学，那么，企业采用理念定位策略就容易树立起令公众产生好感的企业形象，借此提高品牌价值和品牌形象。例如，飞利浦的"精于心，简于形"，招商银行的"因您而变"等，都是该维度的品牌定位。

i. 其他维度品牌定位。除了以上维度外，还可以利用比附定位、独特销售主张（Unique Selling Proposition，USP）定位、抢先定位、首席定位、质量/价格定位、自我表现定位、产品类别定位等多种维度、方法来定位品牌。

比附定位是指希望借助知名品牌的光环来提升本品牌的形象；USP 定位是指在对产品和目标消费者进行研究的基础上寻找产品特点中最符合消费者需要，而竞争对手不具备的最为独特的部分；抢先定位是指发现并占领顾客心中一个富有价值却尚无人占据的区域，使其在受众心中占据重要位置；首席定位强调品牌在同行业或同类中的领导性、专业性地位和独到特色；质量/价格定位即企业将质量和价格结合起来，构筑品牌识别力，往往表现为宣传产品物美价廉和物超所值；自我表现定位是通过表现品牌的某种独特形象和内涵，让品牌成为顾客表达个人价值观、审美情趣、自我个性、生活品位、心理期待的一种载体和渠道，使顾客获得某种自我满足；产品类别定位是指与知名而又司空见惯的产品做出明显的区别，或将自己的品牌定位为与之不同的品类。

三、消费者分析

1. 消费者画像

互联网的兴起与广泛使用使各行各业逐渐进入数字化时代。科技的发展使多数企业能从软件后台获得消费者的大部分信息,消费者信息逐渐透明化。而"消费者画像"起源于企业通过大数据分析建立一系列模型用于精准分析用户偏好,从而达到个性化营销的目的。

用户画像的目的是帮助企业描绘虚拟用户特征图,通过线上线下获取数据源,分析用户基本资料等信息,根据其消费习惯、生活习惯及其他数据对企业目标群体进行分类,多层次、多角度剖析用户行为,并掌握用户行为的方向。不同类型的消费者有不同的需求,以消费者的购买行为为研究对象,划分消费者类别。因为各个产品定位不同,所以对于消费者画像的特征选择也有所不同,企业可以选择单一的某项特征,也可以选择多样综合特征,通常企业较多使用综合性特征,精确地区分营销目标群体,提供异质性服务,达到事半功倍的效果。

消费者画像内容总结如图3-1和表3-3所示。

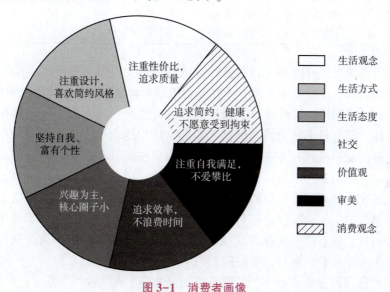

图3-1 消费者画像

表3-3 消费者属性

消费者属性	属性具体表现
基础属性	①性别:男、女。 ②年龄:18岁以下、18~24岁、25~29岁、30~34岁、35~39岁、40~49岁、50岁及以上。 ③职业:公务员、医护人员、白领、教职工、蓝领/服务业、学生、媒体从业者、科研人员、金融从业者等。 ④婚恋阶段:单身、恋爱、筹备婚礼、已婚未育、已婚已育。 ⑤地域:一级城市、二级城市、三级城市等。 ⑥月均消费水平:300元以下、300~499元、500~699元等。 ⑦天气偏好:阴天、晴天、雪天等。

续表

消费者属性	属性具体表现
产品偏好属性	①款式：基本款、创意款等。 ②适用场景：日用、商用、送礼等。 ③品质：高、中、低。 ④风格：时尚、复古、个性等。 ⑤工艺：手工、机器加工等。 ⑥口味：酸、甜、苦、辣、咸等。 ⑦图案：花色、纯色、卡通、水墨等。 ⑧功能：功能A、功能B、功能C等。 ⑨材质：木质、玻璃制品、硅胶、石材、金属等。 ⑩适用空间：室内、户外、卧室、车载等。 ⑪价格：高、中、低。
消费行为习惯属性	①品牌偏好：高中低档。 ②支付偏好：日用、商用、送礼等。 ③购买频次：高、中、低。 ④消费行为：浏览、加购、购买。 ⑤客户活跃：潜在、新增、老客户、流失和回流客户

使用消费者画像可以有效锁定和服务目标消费群体，可以为企业组织生产服务提供参考，也可以实现零售终端的精准交付，提高零售终端的科学凝固性，降低决策风险。

在传统的业务模型中，客户是一个群体。广泛应用画像技术后，客户群将转变为具有不同特征的群体。随着科学技术的发展，人们的生活中越来越多地使用互联网。许多人拥有自己的社交软件账户或第三方账户，企业通过用户注册基本信息及浏览记录等数据分析用户喜好与需求，针对客户不同特征提出差异化建议。微信广告就是一种典型的情况，通过进一步优化程序，提高社交互动的准确率，针对用户精准推送在较大程度上降低了企业的广告投入和销售成本。同时，根据目标用户群体不同，品牌定位也更加清晰，树立品牌形象亦更有针对性。随着用户画像和其他新媒体的发展，为准确的广告投放打下了重要基础。同时随着个性化推荐的流行，更有助于产生更好的客户体验。

结合以上消费者画像概念界定，对消费者画像的基本内涵做如下概括：

（1）消费者画像依托产品和市场，以真实的用户信息为基础，构建出虚构客户（人物）的数学模型。

（2）消费者画像关注实际消费群体本身，依托消费群体细分，是消费群体典型信息的集合表现。

（3）消费者画像内容具有客观性，通过数学模型来体现消费者的购买行为特征。

（4）消费者画像需要大量数据，在大数据背景下的广泛应用具有可实现性。

2. 消费者画像的七要素

用户画像是真实用户的虚拟代表，首先它是基于真实的，但它不是一个具体的人，而是根据目标的行为观点的差异区分为不同类型，迅速组织在一起，然后把新得出的类型提炼出来，形成一个类型的用户画像。一个产品需要4~8种类型的用户画像。

P代表基本性（Primary）：指该用户角色是否基于对真实用户的情景访谈；消费者画像

构建基于用户的真实信息数据，消费者的信息数据从各个不同的角度形成若干标签，对这些标签进行聚类分析形成数字化的组成要素，每个组成要素也称为类别，对这些类别进行虚拟化，形成消费者画像。虚拟表示的消费者画像，其每一个组成要素都可以还原或者追溯到消费者信息数据。

E 代表同理性（Empathy）：指用户角色中包含姓名、照片和产品相关的描述，该用户角色是否引起同理心；消费者画像是一种虚拟表示，需要用文字、图片等来描述其包含的相关内容，唤起使用者的同理心。用表现形式上的丰富化、内容上的可信来达成效果。

R 代表真实性（Realistic）：指对那些每天与顾客打交道的人来说，用户角色是否看起来像真实人物；消费者画像创建出来后，一线业务工作人员觉得似曾相见，画像的描述令人信服。这一点非常重要，因为通常情况下，在对消费者画像进行验证的阶段，是由一线业务工作人员对其真实性进行判断。

S 代表独特性（Singular）：每个用户是否是独特的，彼此很少有相似性；对消费者信息数据进行聚类分析后生成若干个消费者画像，每个画像各具特色。如果过于相似，目标消费群体的特征内容就容易产生混淆，给消费者画像的使用者带来困扰。所以，每个画像都对应着一类消费者独特的消费行为、习惯和偏好。

O 代表目标性（Objectives）：该用户角色是否包含与产品相关的高层次目标，是否包含关键词来描述该目标；消费者与产品处于一种什么样的关系，对营销来说至关重要，因此在消费者画像中的内容表述涵盖这种关系分析，就成为消费者画像的目标，特别是核心市场的消费群体对于产品的态度或产品的使用行为等。

N 代表数量性（Number）：用户角色的数量是否足够少，以便设计团队能记住每个用户角色的姓名，以及其中的一个主要用户角色；消费者画像设置的个数并不是越多越好，而是以方便营销团队或管理者能记住每个用户角色的要求为准，同一个产品或者项目中可以设置一个或者多个。

A 代表应用性（Applicable）：设计团队是否能使用用户角色作为一种实用工具进行设计决策。构建消费者画像是为了体现消费者画像的价值，发挥其在业务场景中所具有的通用的应用特性，在决策阶段体现其工具作用。

3. 消费者画像方法及技巧

（1）消费者画像构建方法与过程概要。

随着互联网等新技术的发展和社会环境的变化，关于消费者画像方面的研究成果不断更新、升级，在构建消费者画像的方法上，目前已形成基于故事场景虚构用户为导向、产品目标为导向和用户数据为导向的构建方法。消费者画像构建过程分为三个阶段：一是从数据源获取数据，二是建立画像模型，三是可视化图像绘制。

（2）消费者画像数据采集。

实现消费者画像的首要工作就是采集数据，数据采集的完整性直接影响消费者画像构建的精准性。数据采集的途径主要有：问卷调查和访谈；现有数据库访问；通过电商平台后台进行数据爬取；特定软件采集。

通过问卷调查和访谈等传统方式获取数据，为规避随意回答、问卷不符合要求的问题，有的要对数据局限归一化处理，有的要对调查问卷的数据进行质量分析，不符合要求的数据要予以剔除。与传统方式获取相比，数据爬取能够有效改善数据获取的难度，因为这些数据是通过程序或数据采集器由计算机自动获取的。

目前，采集的数据一般分为两大类，即用户维度（也称消费者维度）数据和领域维度数据。用户维度数据以基本属性的数据为主，通常是指人口统计学特征的数据，需要注意的是涉及个人隐私的一些数据在获取时必须考虑其合法性，如姓名、身份证号码和个人收入等，如果调查对象拒绝或者涉嫌违法则不能采集。基本属性的数据一般可以从用户的注册信息中直接获取，包括消费者年龄、性别、文化水平、职业等，而且这些数据是相对稳定的。领域维度数据一般包括消费者的行为属性、心理特性、兴趣属性、情景属性等方面的数据，具体领域不同时，这些数据将对应性地有所调整。

① 数据挖掘。

其主要工作是对所分析的问题进行用户建模与挖掘，该阶段常用数理统计、数据挖掘以及机器学习等方法，其中最常见的有聚类、神经网络、向量空间模型和粒计算等，如使用 K-Means 算法进行用户聚类，融合聚类结果采用 KNN 分类算法进行产品个性化推荐。或利用 Facebook 用户的交互记录和用户交互网络的特征，使用 K-Means, SOM 和 DBSCAN 聚类算法实验，对在社交网络中发现的消费者画像进行分析，发现了三种不同的群体画像：查看者、参与者和内容生产者。

② 画像生成与可视化。

通过数据挖掘构建起画像，得到用户特征，可视化将有助于画像的展示和应用。现在主要的方法包括标签云（词云）、统计图表、个性化图形和可视化综合面板等。文本型数据和画像标签可以由图标图形较好地呈现，结构化数据可以由几何图形较好地展示，柱状图、茎叶图、箱线图、饼图等是教育领域常用的数据展示方式。

（3）消费者的基本属性标签。

消费者的基本属性标签由年龄、性别、职业等指标构成，主要是从消费者角度出发提取，性别、年龄等基本特征对消费需求会有一定的影响，收入、职业、学历等对消费习惯会有一定影响。考虑到这些因素的不同和变化，结合具体消费的特殊性要有所调整，消费者画像的基本属性如表 3-4 所示。

表 3-4　消费者画像的基本属性

一级指标	二级指标	三级指标
基本属性	基本信息	性别；年龄；职业；受教育程度
	社会信息	个人月收入；家庭月收入；家庭成员数量

① 消费者的行为属性标签。

消费者的行为属性因素主要包括从便利（Convenience）角度出发提取，一般包括购买途径、产地选择、购买方式等；从成本（Cost）角度出发提取，一般包括购买周期、每次购买数量、承担的消费水平等；从沟通（Communication）角度出发提取，包括哪种宣传方式对消费者购买影响最大等，具体如表 3-5 所示。

表 3-5　消费者的行为属性

一级指标	二级指标	三级指标
行为属性	便利因素	购买途径；产地选择；购买方式
	成本因素	购买周期；每次购买数量；承担的消费水平
	沟通因素	影响最大的宣传方式

② 消费者的心理属性标签。

消费者的心理属性因素主要表现在消费者购买偏好上。一般情况下，可以选取最注重的特质、最喜欢的产品类型、最主要的消费理由等指标，如表 3-6 所示。

表 3-6　消费者的心理属性

一级指标	二级指标	三级指标
心理属性	购买偏好	最注重的特质；最喜欢的产品类型；最主要的消费理由

在产品及消费分析任务中，还需要再次明确产品特征，总结产品"卖点"，需要大量、广泛收集资料，并一步步分析总结，有针对性地明确写出结论，为后续策略策划提供帮助。

任务实施

任务编号：3-1（任务实施）		任务名称：产品及消费分析
成员人数	（　　　）人	
前续成果回顾	1. 提纲设计成果：_____ 2. IP 形象设计成果：_____ 3. 引言创意成果：_____ 4. 提要设计成果：_____	
任务资讯	1. 产品及消费者分析内容和路径 2. 产品、品牌、消费者及企业自身资讯 3. 相关广告营销策划案国家级比赛获奖作品中产品及消费分析的撰写	
任务分工	内容	完成人
	1. 学习产品及消费分析相关知识	全体成员
	2. 查找和搜集产品及消费分析资料，回看命题策略单	全体成员
	3. 研讨产品特色、特征	全体成员
	4. 研讨消费者画像及呈现方法	全体成员
	5. 进行消费洞察	全体成员
	6. 撰写产品及消费分析报告	
	7. 对前续策划案命题及 IP 形象、引言、提要进行完善修正	
资讯获取学习笔记	1. 内容及来源：_____ 2. 学习启示：_____	
任务决策	产品及消费者分析报告简介：_____	

评价反馈

评价方式包括自我评价、团队互评、教师评价。成果完成后请进行自评、互评和教师评价，评价内容与标准参考表 3-7。

表 3-7　评价反馈表

任务编号：3-1（评价反馈）		任务名称：产品及消费分析	
评价项目	评价内容		等级
职业素养	出勤：团队中迟到、早退、旷课情况		□A □B □C
	团队合作：效率高、分配合理、组织有序		□A □B □C
	工匠精神：精益求精		□A □B □C
	社会责任：具有社会意识、法律意识		□A □B □C
营销理论知识应用	1. 营销知识应用得当、理解有深度		□A □B □C
	2. 具体应用了哪些营销理论：＿＿＿＿＿＿＿＿		□A □B □C
产品分析	1. 产品（品牌）特征包括：＿＿＿＿＿＿＿＿		□A □B □C
	2. 产品（品牌）特色是：＿＿＿＿＿＿＿＿		□A □B □C
消费分析	1. 消费者画像精度度高、表述和呈现方式选择恰当		□A □B □C
	2. 消费洞察深入度高、挖掘消费需求能力强		□A □B □C
成果表现	1. 文字表达流畅、简洁、清晰		□A □B □C
	2. 布局设计合理，图表应用得当，版面表现力强		□A □B □C
成果自查	是否符合广告法：	□是	□否
	是否符合社会公德：	□是	□否

任务拓展

我国广告法制定及修改修正时间

　　1994 年 10 月 27 日，第八届全国人民代表大会常务委员会第十次会议通过，2015 年 4 月 24 日，第十二届全国人民代表大会常务委员会第十四次会议修订，根据 2018 年 10 月 26 日第十三届全国人民代表大会常务委员会第六次会议《关于修改〈中华人民共和国野生动物保护法〉等十五部法律的决定》第一次修正，根据 2021 年 4 月 29 日第十三届全国人民代表大会常务委员会第二十八次会议《关于修改〈中华人民共和国道路交通安全法〉等八部法律的决定》第二次修正。

任务二 竞争分析

案例导入

云南白药——《致咬牙前行的你》策划案作品竞争分析

《致咬牙前行的你》是云南白药口腔健康系列产品活性肽 BIO 牙膏的策划案作品,其竞品分析成果如表 3-8 所示。

表 3-8 云南白药牙膏竞品分析成果

品牌	纳爱斯	黑人(好来)	佳洁士	高露洁
产品				
品牌记忆点	环境友好,安全健康	国产,黑人微笑经典 Logo	品牌 Logo "Crest",简洁的包装,差距大的价格	"没有蛀牙"的口号,中高档的产品定位
主要卖点	温和亮白去渍,稳固牙基	借助天然薄荷与独家香料配方打造清新口腔	亮白防蛀,去除牙垢	去渍亮白,全效防蛀
营销举措	通过创意表现,搭建与年轻群体的沟通桥梁,传递纳爱斯"健康时尚"的口腔护理品牌形象	改名升级品牌,制造个性化口腔护理需求,研发制造强硬技术壁垒	"先高开,后低走"的价格策略,利用明星效应、品牌代言人、品牌大使等	精准的圈层传播,全新的品牌定位和新的代言人,综艺 IP 联名营销
核心点	稳固牙基	清新口气	高效防蛀	全效防蛀
总结	①云南白药应该借助自己长期积累的品质国货形象,加强与消费者的情感联系,融合新元素为品牌注入新活力,满足消费者的情感需求。②牙膏市场同质化严重,云南白药应该寻找新颖的营销策略点,采取多渠道全覆盖的方式,进一步开拓年轻市场			

思考:其竞争分析包括哪些内容?

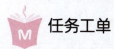

任务工单

任务编号:3-2(任务工单)		任务名称:竞争分析	
任务发起:企业营销部		前续任务:产品及消费分析	
任务目标及要求	完成策划对象竞争状况分析,撰写竞争报告 具体要求如下:		

续表

任务目标及要求	1. 分析竞争对手 2. 分析竞品、竞牌 3. 竞争报告排版后，以 PPT 格式提交，页数不限 4. 报告要言简意赅，重点突出，鲜明且全面展示竞争对手及竞品、竞牌特点，附有总结性文字
优秀作品赏析	作品及对应命题策略单 *请扫码获取作品及对应命题策略单
任务命题策略单	命题策略单 *请扫码回读策略单

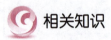 相关知识

商场如战场，广告营销策划作为企业经营业务的一部分，根本目的是提升企业自身在市场中的竞争力。因此，企业不但要"知己"，更要"知彼"，方能"百战不殆"。

一、竞争对手界定

1. 竞争的四个层次

按照竞争程度，将竞争分为四个层次：形式竞争、品类竞争、属类竞争、预算竞争，如图 3-2 所示。

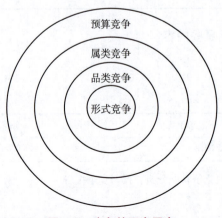

图 3-2 竞争的四个层次

第一种竞争是产品形式竞争（Product Form），这是最狭义的一种竞争，它反映了企业竞争主要是产品品牌竞争的观点。这些品牌属同类产品，具有相同的产品特征，面对同样的细分市场。图3-3以百事可乐为例来说明竞争的四个层面。

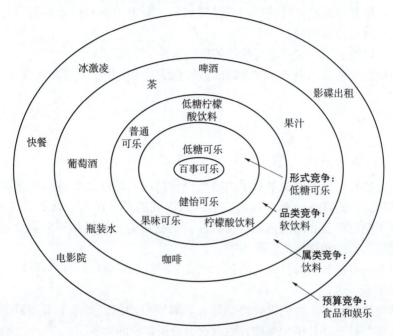

图 3-3　百事可乐竞争的四个层面

2. 界定竞争对手的四大标准

有四种界定竞争对手的标准：顾客导向、营销导向、资源导向和地理区隔。

顾客导向：顾客是谁——类似预算的竞争；顾客什么时间使用产品和服务——时间和注意力的竞争；顾客为什么使用该产品和服务——需求满足方式的竞争。

营销导向：广告和促销、沟通策略、媒体策略、分销策略、价格策略。

资源导向：原材料、人力资源、财务资源。

地理区隔：地理分布。

3. 界定竞争对手的五种基本方法

界定竞争对手有五种基本方法，利用这些方法可以有效地找到竞争对手。

（1）根据已有分类方法界定竞争对手。

界定竞争对手最简单的方法是采用已有的分类方法，这些分类方法的划分依据是产品形式或产品品类，如标准工业编码。

（2）根据产品的可替代性界定竞争对手。

通过考察与当前产品具有一样功能的替代产品，企业可以找出自己的潜在竞争对手，从而提早对这些对手的产品和顾客给予足够重视。

（3）根据管理者的判断界定竞争对手。

管理者可根据自己的经验、销售报告、分销商或其他渠道来判断企业当前和未来的竞争对手。

（4）根据顾客购买信息数据界定竞争对手。

根据顾客购买产品的数量和品牌转换的数量也可界定竞争对手。

(5) 根据顾客的意见界定竞争对手。

整体相似：产品或品牌之间的相似性测量常用坐标图来表示，称为感知图。

部分相似：给顾客列出大量的产品或品牌名称，要求顾客对这些名称进行分组，分出的每组产品是可以互相替抵的。

产品删除：可按照顾客对产品无效性的反应来界定市场。

总之，明确自身的市场表现，就要精准做好竞争对手分析，要清楚地界定竞争对手。

二、竞品分析

1. 竞品分析内容及维度

竞品分析主要是对导入期竞争对手的市场经营情况与策略进行深入的调研分析。市场营销和战略管理方面的竞品分析是指对现有的或潜在的竞争产品的优势和劣势进行评价。这个分析提供了制定产品战略的依据，将竞品分析获得的相关竞品特征整合到有效的产品战略制定、实施、监控和调整的框架当中。

竞品分析的内容包含两部分：竞品各个维度下的特性罗列以及分析评价。

(1) 特性罗列。

从产品功能维度而言，我们需要将竞品 A 具有哪些功能、竞品 B 具有哪些功能一一呈现出来。这一部分是竞品分析的基础，或者称为分析评价的对象。

(2) 分析评价。

以交互设计的竞品分析为例，依照一定的可用性评价指标，对界面布局、交互方式、动画效果等进行分析评价。

2. 竞品分析的框架

竞品分析的框架包含三部分内容：竞品选择、分析维度和分析准则。

(1) 竞品选择。

竞品选择的范围并不局限于具有直接竞争关系的产品，以 iPad 版即时通信应用为例，除了 QQ、MSN 等产品以外，我们还需要选择一些国外的，如 IM+、AIM、IMO 等优秀且受众群体较大的产品。

(2) 分析维度。

通常在进行竞品分析时，我们可能会选择以下几个维度：战略定位、营利模式、用户群体、产品功能、产品界面（交互方式、视觉表现）等。

竞品分析是每一个互联网从业人员都需要做的一项基本工作，不同的职能区分，侧重点会不一样。如运营人员可能更加侧重产品的战略定位、营利模式、推广方式，产品策划人员更侧重于产品定位、目标用户、产品功能。交互设计师更侧重于产品界面、具体的交互形式。当然这些维度是有机联系的，不可以孤立对待。

(3) 分析准则。

以交互设计的竞品分析为例，其需要参照"可用性准则"来进行分析，可用性准则有很多不同版本，当前较为常用的 10 项可用性准则为：第一，一致性和标准性；第二，通过有效的反馈信息提供显著的系统状态；第三，方便快捷地使用；第四，预防出错；第五，协助用户认识、分析和改正错误；第六，识别而不是回忆；第七，符合用户的真实世界；

第八,用户自由控制权;第九,美观、精简的设计;第十,帮助和说明。

3. 竞品分析方法

(1) 客观分析。

即从竞争对手或市场相关产品中,圈定一些需要考察的角度,得出真实的情况,此时,不需要加入任何个人的判断,应该用事实说话,主要分析市场布局状况、产品数量、销售情况、操作情况、产品的详细功能等。

(2) 主观分析。

这是一种接近于用户流程模拟的结论,比如可以根据事实或者个人情感,列出对方门店的优缺点与自己所销商品的情况,或者竞争对手的产品与自己产品的优势与不足。这种分析主要包括用户流程分析、产品的优势与不足等。

(3) 竞争对手的销售商品类别分析。

竞争对手和周边门店的商品类别销售数据对商品的销售有非常重要的参考价值。比如一家做时尚休闲服饰品牌的商店,商品类别非常广泛,而隔壁有一个定位与自己完全相符的专业牛仔品牌专卖店。这时自己的牛仔服饰销售数量肯定会受到冲击,那么在订货管理中就要避开与之相近的牛仔款式,而应挑选与之有一定差异的牛仔款式,并减少牛仔服饰的订货数量。

又如自己的同类竞争品牌,其衬衫销量较好,而自己则是T恤销量较好,这样自己应把订货管理的重点放到T恤上,同时研究该品牌衬衫的特点,在自己的衬衫品类中加以区别。当然,这里所说的订货管理的订货量减少是指订货数量,而不是指款式数量,如果减少了款式数量就会让整体的陈列和搭配不合理,从而影响整体门店陈列形象。只有充分发挥自身品牌的优势,避开对手的强势项,才能在激烈的市场竞争中处于更有利的地位。

(4) 竞争对手的促销调查与分析。

竞争对手和周边门店的促销对自己的销售情况具有非常大的影响,这一点在现今的百货商场销售中显得尤为突出。曾经有两个相邻的定位相似的百货商场,在节日的促销战中,A商场制定了"满400减160,满800减320"的活动,B商场得到这一情报以后马上制定对策——"满400减160,满600减180,满800减320"。这两个看似相同的促销活动,却让B商场在此次活动中大获全胜,因为虽然其活动力度完全相同,但由于此时商场内的服装大部分吊牌价格在600~700元,这让B商场的活动更有优势。这不得不说是对竞争对手促销方案的调查而起的作用。

所以,在经营过程中,对于促销手段应该进行合理的分析,同时应该注意扬长避短,发挥自己的优势,最终达到最佳效果。以上商场促销的案例就充分说明了这点,不仅要注意分析竞争对手的促销手段,还要分析自身的产品及价格体系,同时还要考虑消费者的购买行为及消费习惯,只有将各种数据进行有效的综合分析,才能达到最终的活动效果,赢得市场先机。

对于竞争品牌的调查和研究,是为了自己更好地找到市场切入点,而不是竞争对手做什么自己就做什么,最终走向价格战的误区。所以,不能只是天天待在门店里面,要走出去,观察当地的整体市场,多了解对手的数据和情报,并将所收集到的信息记录归档。在收集和整理出的数据和信息中,切忌把自己的优势与对手的弱势进行比较和参考,这样只会让自己为自己辩解。分析对手的信息和数据要持之以恒,往往越是难以调研到的数据就越有价值。及时地了解对手的销售数据和销售特点,可以有效提升门店在当地的竞争优势。

 任务实施

任务编号：3-2（任务实施）		任务名称：竞争分析	
成员人数	（　　）人		
前续成果回顾	1. 产品分析报告简介：_____ 2. 消费分析报告简介：_____		
任务资讯	1. 竞争分析相关知识 2. 竞争对手、竞品、竞牌资讯及企业自身资讯 3. 相关广告营销策划案国家级比赛获奖作品竞争分析报告		
任务分工	内容		完成人
	1. 学习竞争分析相关知识		全体成员
	2. 设计竞争分析报告内容框架		
	3. 通过调研，找出可能的竞争对手、竞品、竞牌		
	4. 依据策划主题，明确竞争对手、竞品、竞牌		
	5. 撰写竞争分析报告		
	6. 对前续策划案命题及 IP 形象、引言、提要进行进一步完善修正		
资讯获取 学习笔记	1. 内容及来源：_____ 2. 学习启示：_____		
任务决策	竞争分析报告简介：_____		

 评价反馈

评价方式包括自我评价、团队互评、教师评价。成果完成后请进行自评、互评和教师评价，评价内容与标准参考表3-9。

表 3-9　评价反馈表

任务编号：3-2（评价反馈）		任务名称：竞争分析
评价项目	评价内容	等级
职业素养	出勤：团队中迟到、早退、旷课情况	□A □B □C
	团队合作：效率高、分配合理、组织有序	□A □B □C
	工匠精神：精益求精	□A □B □C
	社会责任：具有社会意识、法律意识	□A □B □C
竞争对手界定	1. 竞争对手识别全面、翔实	□A □B □C
	2. 竞争对手界定有针对性	□A □B □C

竞品（竞牌）分析	1. 竞品（竞牌）选择科学，符合命题策划方向	□A □B □C
	2. 所选分析内容细致，有利于后期策略制定	□A □B □C
成果表现	1. 分析中每部分是否进行总结：	□是 □否
	2. 文字表达流畅、简洁、清晰	□A □B □C
	3. 排版布局设计合理，图表应用得当，版面表现力强	□A □B □C
成果自查	是否符合广告法：	□是 □否
	是否符合社会公德：	□是 □否

任务拓展

抖音集团 2022 企业社会责任报告
——1.8 万位创作者为公益发声

2023 年 3 月，抖音集团发布了 2022 年企业社会责任报告（以下简称"报告"）。报告呈现了抖音集团在乡村发展、公益平台建设、古籍保护、内容治理、数字包容、应急救助等方面的一系列举措。其中，在公益平台建设方面，抖音平台 2022 年共发布公益视频 48.9 万条，播放量达 112 亿次，有 1.8 万位创作者为公益发声。一句大众熟知的"格力电器，掌握核心科技"，就让很多人知道了格力空调。这不仅是格力的广告标语，也是它的底气来源和实力所在。

2022 年 9 月，中华慈善日来临之际，字节跳动公益平台发起"DOU 爱公益日"主题活动，发挥平台力量，倡导用户与爱心企业"开心做好事"。9 月 1—7 日，活动带动用户通过直接捐赠、完成公益任务解锁配捐、爱心企业捐赠等，累计为公益机构筹款 5 660 万元。在整个 9 月公益主题月，共有 317 家公益机构带动 380 个公益项目参与活动，210 多个百万粉丝达人助力公益内容投稿，公益投稿作品累计超过 1.15 万条；平台共开展超过 3 200 场公益直播，引发 2 400 万余人次参与互动。

"正直向善、科技创新、创造价值、担当责任、合作共赢"是抖音集团的社会责任理念。2022 年，抖音集团在原有社会责任战略基础上，对发展方向和内涵做出进一步优化，形成"推动数字包容""丰富文化生活""增进社会福祉""应对气候变化"四大行动方向。

思考：谈谈你对社会责任的思考，以及在营销策划中如何体现。

任务三 环境分析

 案例导入

银鹭好粥道策划案作品《时代"粥"刊》环境分析

《时代"粥"刊》是银鹭企业银鹭好粥道系列八宝粥产品策划案。以"五谷营养好粥道"为创作主题,主打"健康的、营养的、温暖关爱的、活力的、美好生活的",面向"18~24岁校园或者初入职场的年轻用户在忙碌间隙或者不想做饭的时候作为平价代餐/点心食用"群体。

作品通过消费画像、消费洞察,品牌背景和产品特点分析、PEST分析、竞品分析后,分析总结出优势、劣势、机会和威胁,详见表3-10。

1. SWOT分析

表3-10 SWOT分析

优势(Strengths): ①银鹭企业拥有优秀的品牌形象及良好的声誉,企业知名度高。 ②口味选择多样,消费者可选择空间较大。 ③价格适中,消费者乐于接受。 ④产品口感良好,深受消费者喜爱	劣势(Weakness): ①难以培养忠诚消费者,消费者易流失。 ②产品包装缺乏设计感,难以吸引新一代消费者注意力。 ③品牌代言人对新一代消费者而言不具备吸引力
机会(Opportunity): ①大众对"营养健康"的食品需求增大。 ②新一代年轻人的速食粥市场前景广阔	威胁(Threat): ①行业饱和,产品同质化严重,市场竞争激烈。 ②替代品(如面包、速食面等)影响消费者的选择

2. 战略建议

战略建议如表3-11所示。

表3-11 战略建议

SO战略: 大力推行产品年轻化战略,重视Z世代消费市场	WT战略: 建立消费者私域网络,加强消费者的凝聚性
WO战略: ①调整产品包装,引入年轻化设计元素。 ②发掘产品KOL,选择更受年轻人喜爱的公众人物	ST战略: ①加大品牌宣传力度,定期进行品牌联动等活动,为品牌引流。 ②适时重新赋予五款口味新品牌定义,避免消费者产生厌倦感

思考:在该SWOT分析总结中,战略分析的目的是什么?

任务工单

任务编号：3-3（任务工单）	任务名称：环境分析
任务发起：企业营销部	前续任务：竞争分析

任务目标及要求	完成环境分析，形成分析报告 具体要求如下： 1. 用 PEST 分析法，分析策划对象所属行业，形成 PEST 分析报告 2. 用 SWOT 分析法，分析策划对象所处环境，形成 SWOT 分析报告 3. 对 PEST、SWOT 分析报告进行总结，提出策略建议 4. 整理报告，以 PPT 形式或通过 PS 排版提交
优秀作品赏析	作品及对应命题策略单 ＊请扫码获取作品及对应命题策略单
任务参考策略单	命题策略单 ＊请扫码阅读策略单

相关知识

同学们，在掌握了上一个任务的撰写内容后，我们将继续展开企业/产品所处环境的描述和分析工作，以期为进行更严谨、更合理的营销分析和策划制定工作打好基础，理解相关行业所处环境和发展的关系及行业发展趋向。同时，提炼出宏观分析中环境分析和行业分析的撰写技巧，为撰写广告营销策划案做好前期准备工作。

一、企业与环境

企业与环境分析是指通过对影响企业经营的各种内外因素和作用的评估、平衡，以辩证、系统的观点，审时度势，趋利避害，适时采取对策，做出适应环境的动态抉择，以维持企业生存，促进企业发展。任何企业的经营活动，都是在市场中进行的，而市场又受国家的政治、经济、技术、社会文化的限定与影响。所以，企业从事经营活动，必须从环境的研究与分析开始。

企业与环境之间存在密切的联系。一方面，环境是企业赖以生存的基础。企业经营的一切要素都要从外部环境中获取，如人力、材料、能源、资金、技术、信息等，没有这些要素，企业就无法进行生产经营活动。另一方面，企业的产品也必须通过外部市场进行营销，没有市场，企业的产品就无法得到社会承认，企业也就无法生存和发展。另一方面，环境既能给企业带来机遇，也会造成威胁。问题在于企业如何去认识环境、把握机遇、避开威胁，在局部与整体的基本架构之下维持相互依存和互动的动态平衡关系。

二、环境分析

1. 企业外部环境分析

宏观环境一般包括四类因素，即政治、经济、技术、社会文化，简称PEST（Political，Economic，Social，Technological），是指影响一切行业和企业的各种宏观力量。对宏观环境因素做分析，不同行业和企业根据自身特点和经营需要，分析的具体内容会有差异，但一般都应对政治、经济、技术和社会文化这四大类影响企业的主要外部环境因素进行分析，如图3-4所示。

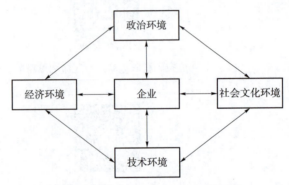

图3-4 影响企业的主要外部环境因素

（1）政治环境。是指那些影响和制约企业的政治要素和法律系统及其运行状态。具体包括国家政治制度、政治军事形势、方针政策、法律法令法规及执法体系等因素。国家的政策法规对企业生产经营活动具有控制、调节作用，相同的政策法规可能给不同的企业带来不同的机会。

（2）经济环境。是指构成企业生存和发展的社会经济状况及国家的经济政策。具体包括社会经济制度、经济结构、宏观经济政策、经济发展水平以及未来的经济走势等。衡量经济环境的指标有：国民生产总值、国民收入、就业水平、物价水平、消费支出分配规模、国际收支状况，以及利率、通货供应量、政府支出、汇率等国家财政货币政策。

（3）技术环境。是指与本企业有关的科学技术现有水平、发展趋势和发展速度，以及国家科技体制、科技政策等。在知识经济兴起和科技迅速发展的情况下，技术环境对企业的影响可能是创造性的，也可能是破坏性的，企业必须预见这些新技术带来的变化，采取相应的措施予以应对。

（4）社会文化环境。是指企业所处地区的社会结构、风俗习惯、宗教信仰、价值观念、行为规范、生活方式、文化水平、人口规模与地理分布等因素的形成与变动。社会文化环境对企业的生产经营具有潜移默化的影响，如文化水平会影响人们的需求层次；人口规模与地理分布会影响产品的社会需求与消费等。

法律驿站

请阅读新版《中华人民共和国广告法》与相关法律法规,扫码欣赏如下国外广告创意作品,判断这则广告在我国是否适宜。

请扫码获取

2. 企业内部环境分析

企业内部环境包括企业的物质环境和文化环境。它反映了企业所拥有的客观物质条件和工作状况以及企业的综合能力,是企业系统运转的内部基础。因此,企业内部环境分析也可称为企业内部条件分析,其目的在于掌握企业实力现状,确定企业战略。如果说外部环境给企业提供了可以利用的机会,那么内部条件则是抓住和利用这种机会的关键。只有在内外环境都适宜的情况下,企业才能健康发展。影响企业的主要内部环境因素如图3-5所示。

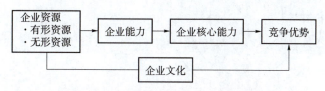

图3-5 影响企业的主要内部环境因素

(1)企业资源分析。

企业的任何活动都需要借助一定的资源来进行,企业资源的拥有和利用情况决定其活动的效率和规模。企业资源包括人、财、物、技术、信息等,可分为有形资源和无形资源两大类。

人力资源包括人员的数量、素质和使用状况。人力资源分析的具体内容有各类人员(包括生产操作人员、技术人员、管理人员)的数量、技术水平、知识结构、能力结构、年龄结构、专业结构。

财力资源是一种能够获取和改善企业其他资源的资源。财力资源分析包括企业资金的拥有情况、构成情况、筹措渠道和利用情况等。

物力资源包括各种有形资产。物力资源分析就是要研究企业生产经营活动需要的物质条件的拥有情况以及利用程度。

技术资源主要分析企业的技术现状,包括设备和各种工艺装备的水平、测试及计量仪器的水平、技术人员和技术工人的水平及其能级结构等。

信息资源包括的内容很多,如各种情报资料、统计数据、规章制度、计划指令,等等。信息资源分析现有信息渠道是否合理、畅通,各种相关信息是否掌握充分,企业组织现状、企业组织及其管理存在的问题及原因等。

(2)企业文化分析。

企业文化分析主要是分析企业文化的现状、特点以及它对企业活动的影响。企业文化是企业战略制定与成功实施的重要条件和手段,它与企业内部物质条件共同组成了企业的内部约束力量,是企业环境分析的重要内容。

企业文化是企业在运行过程中形成的,并为全体成员普遍接受和共同奉行的价值观、信念、行为准则及具有相应特色的行为方式、物质表现的总称。若把一个企业看作一个整体的"人",那么企业文化就反映了这个"企业人"所具有的整体修养水平和处世行为特点。

企业文化结构如图3-6所示,它包括三个层次:物质层、制度层和精神层。物质层是企业文化结构的表层,通过呈物质形态的产品形象、厂容厂貌、企业标志、员工服饰、企业环境等表现出来,通常称为企业形象。制度层是指具有本企业文化特色的各种规章制度、道德规范和行为准则的总称,它通过领导体制、规章制度、员工行为方式等反映出来。精神层是企业文化的深层次,是存在于企业成员思想中的意识形态,包括企业经营哲学、理想信念、价值观念和管理思维方式等,通常称为企业精神。

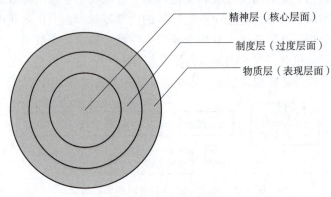

图3-6 企业文化结构

3. SWOT分析法

在现在的战略规划分析里,SWOT分析应该算是一个众所周知的工具,包括分析企业的优势、劣势、机会和威胁。因此,SWOT分析法实际上是将对企业内外部条件各方面内容进行综合和概括,进而分析组织的优劣势、面临的机会和威胁的一种方法,可以帮助企业把资源和行动聚集在自己的强项和有最多机会的地方。

(1) SWOT模型含义介绍。

优劣势分析主要是着眼于企业自身的实力及其与竞争对手的比较,而机会和威胁分析将注意力放在外部环境的变化及对企业的可能影响上。在分析时,应把所有的内部因素(即优劣势)集中在一起,然后用外部的力量来对这些因素进行评估。

(2) 机会与威胁分析。

随着经济、科技等诸多方面的迅速发展,特别是世界经济全球化、一体化过程的加快,全球信息网络的建立和消费需求的多样化,企业所处的环境更为开放和动荡。这种变化几乎对所有企业都产生了深刻的影响。正因为如此,环境分析成为一种日益重要的企业职能。

环境发展趋势分为两大类:一类表示环境威胁,另一类表示环境机会。环境威胁指的是环境中一种不利的发展趋势所形成的挑战,如果不采取果断的战略行为,这种不利趋势将导致公司的竞争地位受到削弱;环境机会就是对公司行为富有吸引力的领域,在这一领域中，该公司将拥有竞争优势。

（3）优势与劣势分析。

识别环境中有吸引力的机会是一回事，拥有在机会中成功所必需的竞争能力是另一回事。当两个企业处在同一市场或者说它们都有能力向同一顾客群体提供产品和服务时，如果其中一个企业有更高的营利率或营利潜力，那么，我们就认为这个企业比另外一个企业更具有竞争优势。换句话说，所谓竞争优势，是指一个企业超越其竞争对手的能力，这种能力有助于实现企业的主要目标——营利。但值得注意的是：竞争优势并不一定完全体现在较高的营利率上，因为有时企业更希望增加市场份额，或者多奖励管理人员或雇员。

竞争优势可以指消费者眼中一个企业或它的产品有别于其竞争对手的任何优越的东西，可以是产品线的宽度、产品的大小、质量、可靠性、适用性、风格和形象以及服务的及时、态度的热情等。虽然竞争优势实际上指的是一个企业比其竞争对手有较强的综合优势，但是明确企业究竟在哪一个方面具有优势更有意义，因为只有这样，才可以扬长避短，或者以实击虚。

因为企业是一个整体，而且竞争性优势来源十分广泛，所以，在做优势与劣势分析时必须从整个价值链的每个环节上，将企业与竞争对手做详细的对比。如产品是否新颖，制造工艺是否复杂，销售渠道是否畅通，以及价格是否具有竞争性等。

企业在维持竞争优势的过程中，必须深刻认识自身的资源和能力，采取适当的措施。因为一个企业一旦在某一方面具有了竞争优势，势必会吸引竞争对手的注意。一般来说，企业经过一段时期的努力，建立起某种竞争优势；然后就处于维持这种竞争优势的态势，竞争对手开始逐渐做出反应；而后，如果竞争对手直接进攻企业的优势所在，或采取其他更为有力的策略，就会使这种优势受到削弱。

三、行业分析

企业是在一定行业中进行生产经营活动的，研究企业外部环境必须掌握行业特点。行业分析主要包括行业概貌分析和行业竞争结构分析等方面。

行业概貌分析主要分析该行业所处的发展阶段、行业在社会经济中的地位、行业的产品和技术特征等。

行业竞争结构分析主要分析该行业的竞争态势。任何企业在本行业中，都要面临以下五个方面的竞争压力：潜在进入者、替代品生产者、购买者、供应方、行业中现有企业之间的竞争，如图3-7所示。

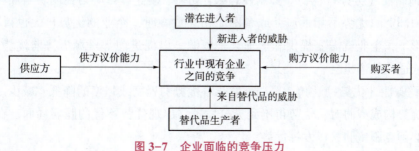

图3-7　企业面临的竞争压力

（1）潜在进入者的威胁。潜在竞争者进入后，将通过与现有企业瓜分原有市场、激发新一轮竞争，对现有企业形成巨大的威胁。这种进入威胁主要取决于行业的吸引力和进入障碍的大小。行业发展快、利润高，进入障碍小，潜在竞争的威胁就大。

（2）替代品生产者的威胁。替代品是指与本行业产品具有相同或相似功能的其他产品，如洗衣粉可以部分代替肥皂。替代品产生威胁的根本原因往往是它在某些方面具有超过原产品的优势，如价格低、质量高、性能好、功能新等。若替代品的营利能力强，对现有产品的压力就大，会使本行业的企业在竞争中处于不利地位。

（3）购买者的压力。购买者对本行业的竞争压力表现为购买要求提高，如要求低价、高质、优服务等；还表现为购买者利用现有企业之间的竞争对生产厂家施加压力。影响购买者议价的基本因素有：顾客的购买批量、对产品的依赖程度、改变厂家时的成本高低以及掌握信息的多少等。

（4）供应方的压力。企业从事生产经营所需各种资源一般都要从供应方处获得，供应方一般都要从价格、质量、服务等方面入手，以谋取更多的利益，从而给企业带来压力。

（5）行业中现有企业之间的竞争。这是通常意义下的竞争，主要竞争方式为价格竞争、广告战、新产品引进等。这种竞争的激烈程度取决于多种因素，如竞争者的多少及其力量的对比、行业发展的快慢、利润率的高低、行业生产能力与需求的对比、行业进入或退出障碍的大小等。当行业发展缓慢、竞争者多、产品同质性高、生产能力过剩、行业进入障碍低而退出障碍高时，竞争就会比较激烈。

四、运用工具分析的方法及撰写形式

1. 运用 SWOT 分析模型的方法

在适应性分析过程中，企业高层管理人员应在确定内外部各种变量的基础上，采用杠杆效应、抑制性、脆弱性和问题性四个基本概念进行这一模式的分析。

（1）杠杆效应（优势+机会）。杠杆效应产生于内部优势与外部机会相互一致和适应时。在这种情形下，企业可以用自身内部优势撬起外部机会，使机会与优势充分结合发挥出来。然而，机会往往是转瞬即逝的，因此，企业必须敏锐地捕捉机会，把握时机，以寻求更大的发展。

（2）抑制性（劣势+机会）。抑制性意味着妨碍、阻止、影响与控制。当环境提供的机会与企业内部资源优势不相适应，或者不能相互重叠时，企业的优势再大也得不到发挥。在这种情形下，企业就需要提供和追加某种资源，以促进内部资源劣势向优势方面转化，从而迎合或适应外部机会。

（3）脆弱性（优势+威胁）。脆弱性意味着优势的程度或强度的降低、减少。当环境状况对公司优势构成威胁时，优势得不到充分发挥，出现优势不优的脆弱局面。在这种情形下，企业必须克服威胁，以发挥优势。

（4）问题性（劣势+威胁）。当企业内部劣势与企业外部威胁相遇时，企业就面临着严峻挑战，如果处理不当，可能直接威胁到企业的生死存亡。

SWOT 分析内容指引如表 3-12 所示。

表 3-12　SWOT 分析内容指引

潜在资源力量	潜在资源弱点	公司潜在机会	外部潜在机会
●有力的战略 ●有利的金融环境 ●有利的品牌形象和美誉 ●被广泛认可的市场领导地位 ●专利技术 ●成本优势 ●强势广告 ●产品创新技能 ●优质客户服务 ●优秀产品质量 ●战略联盟与并购	●没有明确的战略导向 ●陈旧的设备 ●超额负债与恐怖的资产负债表 ●超越竞争对手的高额成本 ●缺少关键技能和资格能力 ●利润的损失部分 ●内在的运作困境 ●落后的 R&D（科学研究与试验发展）能力 ●过分狭窄的产品组合 ●市场规划能力的缺乏	●服务独特的客户群体 ●新的地理区域的扩张 ●产品组合的扩张 ●核心技能向产品的转化 ●垂直整合的战略形势 ●分享竞争对手的战略资源 ●竞争对手的支持 ●战略联盟与并购带来的超额覆盖 ●新技术开发通路 ●品牌形象拓展的通路	●强势竞争者的进入 ●替代品引起的销售下降 ●市场增长的减缓 ●交换率和贸易政策的不利影响 ●由新规则引起的成本增加 ●商业周期的影响 ●客户和供应商的杠杆作用的加强 ●消费者的购买需求的下降 ●人口与环境的变化

（5）将结果在 SWOT 分析图（见图 3-8）上定位。

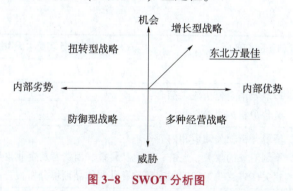

图 3-8　SWOT 分析图

或者用 SWOT 分析表（见图 3-9），将刚才的优势和劣势按机会和威胁分别填入表格。

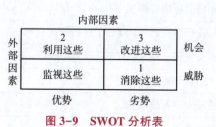

图 3-9　SWOT 分析表

2. PEST 分析内容

PEST 分析内容如表 3-13 所示。

表 3-13 PEST 分析内容

政治（包括法律）	经济	社会	技术
环保制度 税收政策 国际贸易章程与限制 合同执行法 消费者保护法 雇用法律 政府组织/态度 竞争规则 政治稳定性 安全规定	经济增长 利率与货币政策 政府开支 失业政策 征税 汇率 通货膨胀率 商业周期的所处阶段 消费者信心	收入分布 人口统计 人口增长率与年龄分布 劳动力与社会流动性 生活方式变革 职业与休闲态度 企业家精神 教育 潮流与风尚 健康意识 社会福利及安全感 生活条件	政府研究开支 产业技术关注 新型发明 技术发展 技术转让率 技术更新速度 技术生命周期 能源利用与成本 信息技术变革 互联网的变革 移动技术变革

环境分析是了解、掌握、明确企业或产品市场发展趋势和所处优劣势的途径，对策划案中营销策略的制定、作品创意起着关键的指导作用。

任务实施

任务编号：3-3（任务实施）		任务名称：环境分析	
成员人数	（　　）人		
前续成果回顾	1. 产品及消费分析成果简介：_____ 2. 竞争分析成果简介：_____		
任务资讯	1. 环境分析相关知识和内容 2. 策划对象的政策、经济、文化、科技、消费者及企业自身资讯 3. 相关广告营销策划案国家级比赛获奖作品环境分析报告		
任务分工	内容		完成人
	1. 学习环境分析相关知识		全体成员
	2. 设计环境分析报告框架		
	3. 查找相关行业资讯，用 PEST 进行行业分析		
	4. 查找相关资讯，用 SWOT 进行环境分析		
	5. 撰写 PEST、SWOT 分析报告		
	6. 对分析报告进行排版设计		
资讯获取 学习笔记	1. 内容及来源：_____ 2. 学习启示：_____		
任务决策	分析报告成果简介：_____		

 **评价反馈**

评价方式包括自我评价、团队互评、教师评价。成果完成后请进行自评、互评和教师评价，评价内容与标准参考表3-14。

表3-14 评价反馈表

任务编号：3-3（评价反馈）		任务名称：环境分析
评价项目	评价内容	等级
职业素养	出勤：团队中迟到、早退、旷课情况	□A □B □C
	团队合作：效率高、分配合理、组织有序	□A □B □C
	工匠精神：精益求精	□A □B □C
	社会责任：具有社会意识、法律意识	□A □B □C
营销理论知识应用	1. 营销知识应用得当、理解有深度	□A □B □C
	2. 具体应用的营销理论：_____	□A □B □C
行业分析	分析方法应用得当，资料搜集翔实	□A □B □C
环境分析	分析方法应用得当，资料搜集翔实	□A □B □C
成果表现	1. 分析中每部分是否进行总结：	□是 □否
	2. 文字表达流畅、简洁、清晰	□A □B □C
	3. 排版布局设计合理，图表应用得当，版面表现力强	□A □B □C
成果自查	是否符合广告法：	□是 □否
	是否符合社会公德：	□是 □否

 任务拓展

互联网+创新的力量

——揭秘新东方的重生

众所周知，"双减"政策的实施对于新东方教育集团来说是一项挑战，因此一直在探索转型的新东方，从成立素质教育成长中心到尝试直播带货。于是，东方甄选品牌由此诞生。

知识的力量：知识是东方甄选的看家本事，东方甄选最初就是凭借知识带货出圈。在东方甄选直播间出圈之前，"买买买，3、2、1上链接"是大多数带货直播间的常态，快节奏的网络生活促使主播为消费者营造紧张的抢购氛围，靠低价取胜。

不同于其他以销售为主导的直播间，东方甄选利用自身资源优势，将课堂搬入直播间，将文学大家请进直播间，开启"知识带货"的先河。东方甄选的主播老师们介绍的不只是产品，更是产品背后的故事，是更深层次的文化底蕴和人生感悟。

互联网平台的融合：在Web3.0时代，营销即传播，传播即营销。尤其是在互联网背景下兴起的直播带货行业，营销性质的卖货内容通过网络传播给大众，更加展现着渠道与媒介间的融合。此外，东方甄选在各大社交平台和电商平台也都运营着自己的官方账号。营销渠道和传播媒介的契合，使东方甄选在卖货的同时传递品牌理念，又通过媒介渠道发生更深更远的传播，反过来进一步促进销售增长，实现了营销和传播的良性循环。

思考：通过新东方的重生，请讨论环境分析在营销决策中所起的作用。

项目四

营销策略提案策划

营销策略提案也可以称为营销策略方案,但其与传统的营销策略方案有不小的差别。营销策略提案是偏向于执行的方案,例如方案中各类广告作品都需要制作完成,不仅需要传统策划案中的文字描述,而且方案一般是以演示文稿的形式来展示,其版式本身也是一种创意和策划。

本项目是广告营销策划案策划的核心部分,是在项目三产品及消费者分析、竞争分析、环境分析的基础上,开始探究营销策略提案的主体结构及推演逻辑,熟悉营销策略提案的内容构思与创意,完成营销策略提案策划与撰写。

学生应具备营销热点掌控、资讯搜集筛选、相关软文撰写、平面视频营销作品创意、视觉审美现状及趋势掌握、营销基本理论知识应用等能力。

 项目描述

通过对优秀作品营销策略提案部分的拆解分析,总结营销策略提案撰写的一般逻辑;通过对营销策略前沿资讯的收集、整理、分析,把控当前营销活动策略类型和热点,树立营销策略创新创意意识,设计并撰写出规范的具有较好基础的营销策略提案。

本项目需要完成广告营销策划案中营销策略提案部分的策划与撰写任务,具体包括营销策略简案、营销策略详案、草图设计三个任务。

```
                            ┌── 任务一  营销策略简案
                            │
项目四  营销策略提案策划 ────┼── 任务二  营销策略详案
                            │
                            └── 任务三  草图设计
```

学习目标

知识目标

1. 掌握营销策略提案的基本架构；
2. 熟悉营销渠道及其特点、目标群体、营销效果等内容；
3. 熟练进行营销前沿趋势、营销热点资讯的收集、整理与分析；
4. 掌握广告软文撰写、广告视频脚本撰写、平面广告创意草图设计的方法。

技能目标

1. 能够策划并撰写营销策略简案；
2. 能够策划并撰写营销策略详案；
3. 能够策划平面类、视频类、广播类、文案类、互动类等广告作品，写出创意说明，并能设计草图。

素养目标

1. 树立"大营销"思维，理解科学思维、闭环思维、树根思维；
2. 树立社会营销观念，培养社会责任意识；
3. 培养"敬业、精益、专注、创新"的工匠精神。

任务一　营销策略简案

案例导入

两份作品营销策略简案的异同

达利食品集团"可比克"与达利园品牌营销策划策略单。

请扫码获取

达利食品集团"可比克"品牌与达利园品牌营销策略简案如下：

"可比克"广告营销策划案作品《我太脆了，又被切了》营销策略简案如表4-1所示。

表4-1　《我太脆了，又被切了》营销策略简案

活动分期	第一阶段 （12.27—01.12）	第二阶段 （02.01—02.08）	第三阶段 （03.01—04.25）	第四阶段 （05.01—06.07）
主题	和你一起咔嚓照	和你一起咔嚓香	和你一起咔嚓乐	和你一起咔嚓掉
目标	提高产品知名度	提高产品销售额	提高产品复购率	提高品牌形象与好感度
营销方式	奖励营销	互动营销+病毒营销+奖励营销	奖励营销	情感营销
内容	线上话题宣传+线下商场合照换取薯片礼包	线上H5趣味游戏+支付宝薯片优惠券领取	线上推广宣传+线下集卡兑换薯片礼包	线上H5小游戏+线下联合情绪解压馆举办主题体验

达利园广告营销策划案作品《疯狂的达利》营销策略简案如表4-2所示。

表4-2　达利园广告营销策划案作品《疯狂的达利》营销策略简案

传播阶段	预热期 ——炒热改名话题	爆发期 ——惊喜二创Logo	延热期 ——改名事件后续
阶段目标	利用趣味海报及微博猜谜吸引注意，增加改名营销热度	设计Logo恶搞环节，丰富改名营销内容	趣味挑战+跨界联动，官方解梗分析改名营销真实原因
活动内容	设置悬念 地铁吸睛海报 公开线索 微博猜谜互动	趣味二创 山寨化Logo、报纸宣传 紧跟热潮 网友恶搞，KOL分享	趣味挑战 改名底气在哪，有形才疯狂 跨界联动 不管改什么名，我爱你每一面

续表

活动内容	揭晓谜底 开启改名营销	借助公众号 深入分析，专业解梗	官方解梗 不改名，但疯狂的多面将继续
传播渠道	地铁海报+微博互动+微博揭晓	线下商品投放+报纸宣传+各大平台KOL+微信公众号	微博挑战+跨界海报+线下快闪+新闻稿宣传

思考：两篇简案作品设计框架有哪些共同之处？如何理解营销策略简案？

任务工单

任务编号：4-1（任务工单）	任务名称：营销策略简案
任务发起：企业营销部	前续任务：项目三 任务一、二、三

任务目标及要求	具体要求如下： 1. 在市场分析结论基础之上，策划营销策略，设计营销策略简案 2. 简案内容包括营销活动规划，其中有营销活动规划的内容要求、形式和技巧，明确活动中每个时期的目标、具体策略、执行媒介及方法，总结出营销活动规划构架和思路 可具体划分为活动阶段划分，活动时间、主题、目标，活动主要内容；简要的媒体计划及预算 3. 每个团队至少撰写完成3份不同的营销策略简案 4. 通过评价反馈机制，决策出3份中最优成果作为本次任务的最终成果 5. 成果以表格形式展示
优秀作品赏析	作品及对应命题策略单 ＊请扫码获取作品及对应命题策略单
任务命题策略单	命题策略单 ＊请扫码回读策略单

相关知识

营销策略简案是营销策略提案的总体规划部分，是把策划案总主题、总目标（即项目一中的任务二：命名及提纲写作）按照持续时间进行细分，分成多个细分活动阶段，规划出每个阶段的活动主题、目标、营销方式、活动内容、媒介计划等，形成简要的营销策略规划方案。

撰写营销策略简案，需要系统思维，统筹规划，一般认为活动阶段划分得越细越多效果越好，但要紧密围绕策划案总主题、总目标形成一个闭环系统。

一、营销策略规划

1. 内涵

营销策略规划就是以时间为序，按照策划总主题分成多个细分活动阶段，对这些细分活动阶段进行的系统规划行为。

营销策略是为实现一定营销目标而策划的具体策略组合，是接触受众、影响受众的方法、手段。

2. 营销策略规划分类

按规划执行阶段，可分为预热期规划、爆发期规划、延热期（持续期）规划。在实际规划设计时还可以把每个规划执行细分为若干个小执行阶段。如预热期规划可以把预热期再细分为预热初期、预热中期、预热后期，或者预热期第一阶段、预热期第二阶段、预热期第三阶段……细分更有利于提升活动效果和厘清每个阶段活动组合的逻辑关系。这也是营销策略简案设计的难点。

按每个具体策略持续时间，可分为短期规划、中期规划和长期规划。短期规划一般可以是一个月到三个月以内的活动行为，中期规划一般可以是活动行为持续三个月以上至一年，长期规划一般可以是活动持续一年以上或更多年。如在预热期某一具体活动，它的持续时间自预热期开始，一直延续到持续期，甚至更久。

按媒介分，可分为线上媒介规划、线下媒介规划、线上/线下结合媒介规划。一般在策划案中的媒介都选择线上/线下结合媒介规划形式，除非企业有特殊要求。

3. 框架设计

如何进行营销策略简案框架设计呢？

一份广告营销策划案中策划的活动时间一般最长三个月到半年时间，在企业营销规划中属于短期行为，但不排除策划案中某项具体活动的可持续时间为一年或几年。

在企业年度营销计划中，一般都选择在一年中的营销日（春节、时令、其他节假日）开展营销活动，每个营销日都会进行广告营销策划，所以多数策划案中策划的各阶段时间总长度不超过三个月。

营销策略简案策划框架的一般模式如表4-3所示。

表4-3 营销策略简案策划框架的一般模式

总主题	可以与策划案题目相同					
总目标	策划目标					
活动阶段	第一阶段 筹备期	第二阶段 蓄水期	第三阶段 预热期	第四阶段 引爆期	第五阶段 复盘期	第六阶段 延热期
阶段主题	拉新引流 粉丝蓄水	种草蓄水	粉丝激活	全场景收割	人群沉淀 复盘修订	持续引流

时间						
阶段目标	是策划案总目标的分目标	是策划案总目标的分目标	是策划案总目标的分目标	是策划案总目标的分目标	是策划案总目标的分目标	是策划案总目标的分目标
活动计划	为了确保阶段效果,一般每个阶段至少策划三个子活动					
媒介矩阵	各阶段媒介组合及原因					
费用预算	各阶段活动预算					

在多数策划案中,营销策略简案的框架基本为三个阶段,示例如表4-4所示。

表4-4 营销策略简案的框架

阶段	预热期	爆发期	延热期
阶段主题	与策划案主题内容契合	与策划案主题内容契合,能接续上一阶段主题	与策划案主题内容契合,能接续上一阶段主题
阶段时间			
阶段目标	是策划案总目标的分目标	是策划案总目标的分目标	是策划案总目标的分目标
活动计划	一般至少设计三个子活动,并简要介绍活动内容及规划	一般至少设计三个子活动,并简要介绍活动内容及规划	一般至少设计三个子活动,并简要介绍活动内容及规划
媒介计划	简要介绍该阶段活动媒介策略	简要介绍该阶段活动媒介策略	简要介绍该阶段活动媒介策略

4. 营销策略

每一个活动都是营销策略策划的组成部分,活动内容要符合活动目标和主题,更重要的是能吸引受众或消费者,内容要有创意,突出重点,把握关键环节,做好活动内容的整体规划。

常见的营销活动策略可参考表4-5。

表4-5 常见的营销活动策略

序号	策略	序号	策略	序号	策略
1	话题营销	6	种草营销	11	直播营销
2	奖励营销	7	快闪店营销	12	假日营销
3	推文营销	8	KOL分享营销	13	跨界营销
4	视频营销	9	现场DIY营销	14	公益营销
5	H5游戏营销	10	奖励发放	15	公关营销

营商之道

跨界——褚橙柳桃

柳传志——一个IT界的泰斗,找来褚时健——一个出狱再创业的古稀老人,于是褚橙柳桃诞生了，橙子和猕猴桃从此与互联网联系到了一起。除了他们传奇的品牌故事吸引人心，他们与一家新兴的电商网站"本来生活"进行合作的互联网思维更发人深思。不仅如此，他们还利用微博进行信息扩散。韩寒曾在微博上发了一张图片，他收到的礼品盒上印着"复杂的世界里一个就够了"，既表示"一个橙子就够了"的意思，又呼应了自己创办的电子杂志《一个》。

二、营销策略简案的撰写

1. 营销策略简案的撰写思路

（1）以口碑营销为例。

① 口碑营销第一步——鼓动。

追赶潮流者是产品消费的主流人群，即使他们是最先体验产品可靠性、优越性的受众，也会第一时间向周围的朋友传播产品本身的质地、原料和功效，或者把产品企业、商家5S系统、周密的服务感受告诉身边的人，以此引发别人跟着去关注某个新产品、一首流行曲或是某项新业务。

宝洁公司的 Tremor 广告宣传在口碑营销上做足了"势"，靠大家的鼓动和煽情提升产品的认知度，宝洁投入了一定时间和精力，但实现了口碑营销的低成本策略。

吸引消费精英群体，实现口碑组合化、扩大化，就能极大拉动消费，使产品极具影响力。宝洁、五粮液等品牌公司，一直在口碑营销上付出努力，一方面调动一切资源来刺激消费者的购买欲；另一方面，大打口碑营销组合拳，千方百计扩大受众群，开展"一对一""贴身式"组合口碑营销战术，降低运营成本，扩大消费。

② 口碑营销第二步——价值。

传递信息的人没有诚意，口碑营销就是无效的，失去了口碑传播的意义。任何一家希望通过口碑传播来实现品牌提升的公司必须设法精心修饰产品，提高健全、高效的服务价值理念以达到口碑营销的最佳效果。

当消费者刚开始接触一个新产品，他首先会问自己："这个产品值得我广而告之吗？"有价值才是他们在市场上站稳脚跟的通行证，因而他们所通过"口碑"传播的必须是自己值得信赖的有价值的东西。

当某个产品信息或使用体验很容易为人所津津乐道，产品能自然而然地进入人们茶余饭后的谈资时，就可认为该产品很有价值，因此也易于形成口碑。

③ 口碑营销第三步——回报。

当消费者通过媒介、口碑获取产品信息并购买时，他们希望得到相应的回报，如果营利性企事业单位提供的产品或服务让受众的确感到物超所值，即可顺利地在短期内将产品或服务理念推广到市场上，实现低成本获利的目的。

（2）以公关营销为例。

① 新闻。

新闻就是最好的广告，比一般的广告更令人信服，影响也更大。

有一种贴在汽车上的车膜，叫福瑞德车膜，据说用子弹都打不破。为了宣传这种效果，生产福瑞德车膜的公司找来两辆车，把车膜贴好，然后悬赏百万：谁能够用锤子把这个贴了车膜的玻璃打碎，谁就可以拿走一百万元。很多人想，打碎玻璃太简单了，于是都来尝试，结果玻璃怎么打都打不碎。为什么打不碎？在场的人都提出疑问，该公司这才宣布，因为贴了福瑞德车膜。

媒体当然不会放过这样的新闻。有的媒体全程报道,给福瑞德车膜做了一次免费的宣传,福瑞德车膜也就出名了。这就是新闻的力量。

② 演说。

政治人物的口才往往非常好,因为他们要吸引选民;直销公司也是通过演说来吸引大众参与的。这是因为演说能感染别人,所以演说也是一个营销的好方法。现在有一些商家到各个小区里面举办免费的讲座,实际上是为了推销新产品。

③ 事件。

制造事件也是一种促销的方法。

维珍集团是英国很大的私人企业。维珍集团很特殊:老板什么都做,不是专业化经营,而是多元化经营。该集团从做唱片起家,之后开办了维珍航空,后来又拥有了自己的可乐——维珍可乐。在维珍可乐上市的时候,维珍公司的老板穿上军装,亲自驾驶坦克,压过地上的可乐,宣布进军可乐市场。通过这一事件,维珍可乐的知名度一下子就提高了。

④ 公益活动。

参加公益活动是进行公关营销最常见的方法,而且这个方法不会有副作用,影响持续的时间也比较长。比如,可口可乐公司就曾捐了很多钱,创办了一所可口可乐希望小学。参加公益活动一方面可以体现企业的社会责任感;另一方面可以培育未来的消费者市场。

可口可乐公司的公关营销做得很好,它们的营销从小孩开始,这样等小孩长大以后,就会变成可口可乐的忠诚顾客。可口可乐经常到小学去,将一些小学生接去参观可口可乐的工厂。到可口可乐的工厂以后,公关人员先让所有的小学生去参观,之后在一个很漂亮的会议室里面播放幻灯片,讲可口可乐的百年历史,讲可口可乐在美国的发展历程,讲可口可乐对中国做出的贡献、为中国解决了多少就业问题等。最后,可口可乐公司送给小学生一些纪念品,还让他们免费喝可口可乐。这样做是在培养小孩这一消费群体,让小孩从小就将可口可乐根植于心中。

⑤ 出版刊物。

很多公司通过自己的会刊来传递信息从而影响消费者,特别是一些保健品公司,经常给消费者寄各种各样的刊物,说明使用它们的产品有多少益处等。消费者安坐家中就能不断获得各种有关信息。

⑥ 视听资料。

会做销售的人和不会做销售的人不同,到4S店买车的时候,不会做销售的销售人员只会一味地介绍这个车如何好,不但外观漂亮,而且内饰精细;会做销售的销售人员不但这样介绍,而且提供一些资料光盘,让顾客回家浏览光盘,看完以后有兴趣的话再进一步沟通。借助视听资料,可以把营销工作延伸到消费者家中。而且很多时候,耳听为虚,眼见为实,很多产品的性能光是听介绍,消费者是没法体会的,但是形象化地展示出来以后,消费者就会获得身临其境的感受。

(3) 以直播营销为例。

① 精确的市场调研。

直播是向大众推销产品或者个人,推销的前提是企业深刻地了解用户需要什么,自己能够提供什么,同时还要避免同质化竞争。因此,只有精确地做好市场调研,才能做出真正让大众喜欢的营销方案。

② 项目自身优缺点分析。

精确分析自身的优缺点。做直播，营销经费充足，人脉资源丰富，可以有效地实施任何想法。但对大多数公司和企业来说，没有充足的资金和人脉储备，就需要充分发挥自身的优点来弥补，一个好的项目仅仅通过人脉、财力的堆积可能也无法达到预期的效果，只有充分发挥自身的优点，才能取得意想不到的效果。

③ 市场受众定位。

营销能够产生结果才是一个有价值的营销，产品的受众是谁，他们能够接受什么等，都需要做恰当的市场调研，只有找到合适的受众才是做好整个营销的关键。

④ 直播平台的选择。

直播平台种类多样，根据属性可以划分为不同的领域。如果做电子类的辅助产品，直播推销衣服、化妆品将会带来意想不到的流量。所以，选择合适的直播平台也是关键。

⑤ 良好的直播方案设计和脚本。

做完上述工作之后，成功的关键就在于最后呈现给受众的方案。在整个方案设计中需要销售策划及广告策划的共同参与，让产品在营销和视觉效果之间恰到好处。在直播过程中，过分地营销往往会引起用户的反感，所以在设计直播方案时，如何把握视觉效果和营销方式，还需要不断商酌。

⑥ 后期的有效复盘。

营销最终要落实在转化率上，实时及后期的反馈要跟上，通过数据反馈可以不断修整方案，进而提高营销方案的可实施性。

2. 营销策略简案的撰写示例

（1）阶段划分。

由于营销策略简案涉及多种营销活动，每种活动的实施时间、环境、场景不同，因此将伴随不同的传播阶段，可以将传播阶段分为预热期、爆发期、延热期，或者分为蓄水期、预热期、活动引爆期、总结复盘期等，这样能够更加清晰地展示出活动的实施阶段、实施周期和实施节点。

（2）阶段目标。

制定阶段目标是为了促使每个营销活动得到更加高效的传播、引流和转换，我们可以将每个传播阶段的小目标更加详细且清晰地展现出来。举例来说明目标的撰写内容，如"利用趣味海报及微博猜谜吸引用户注意，增加×××的营销热度""设计 Logo 恶搞环节，分析×××，丰富本次营销内容和场景""趣味挑战+跨界联动，官方解梗分析×××营销真实原因"等，明确阶段活动的方向，助力活动顺利推进。

（3）活动内容。

由于我们要撰写的是营销活动简案，因此在撰写活动内容时切中要害、言简意赅即可，将活动的主要关键词、关键方式、关键内容展现出来，如"设置悬念，制作地铁吸睛海报""公开线索，设置微博猜谜互动""揭晓谜底，开启改名营销""紧跟潮流，KOL 分享""借助公众号，深入分析""趣味挑战""跨界联动"等，诠释营销活动内容，丰富活动链路。

（4）传播渠道。

营销活动简案中传播渠道是重要的一环，其将在很大程度上影响活动的参与度、互动频率等，如"地铁海报+微博""互动+微博揭晓""线下商品投放+报纸宣传+微信公众号""微博挑战+跨界海报+线下快闪+新闻稿宣传"等。

(5) 媒介计划及预算。

媒介计划与预算在策划案中处于关键位置，企业预算直接影响营销活动的策划，所以在策划活动时需要考虑企业广告预算。

选择哪些媒介开展活动，除了考虑活动效果之外，更要考虑企业广告预算。

媒介计划及预算案例：

达利园是达利集团子品牌，为该品牌做的改名策划案作品《疯狂的达利》媒介排期及预算示例如表4-6所示（摘自作品《疯狂的达利》）。

表4-6 媒介排期及预算示例

阶段	时间	媒介	内容	预期效果	预算/万元
预热期（炒热改名话题）	2022.5.1—5.31	线下	地铁前场景海报投放	制造悬念，宣布营销改名引流	46
		微博	达利园官博与网友互动猜谜	趣味玩法，吸引网友注意	3
		微信	揭晓谜底，宣布改名正式开始	多位KOL宣传，提高话题热度	21
爆发期（惊喜二创Logo）	2022.6.1—7.3	线下报纸	二创Logo、真假包装混投、报纸报道	山寨化Logo，提升营销趣味	13
		微博B站各大平台	各大平台双屏营销恶搞、扩大活动覆盖面	提升用户参与度，制造更多热门话题	22
		微信	借用公众号文章深入分析二创Logo事件	二次解读宣传，进行专业分析解梗	7
延热期（改名事件后续）	2022.7.1—7.22	微博	发起趣味挑战，喊话其他品牌	发布有形挑战，侧面说明改名原因	5
		微信线下	品牌跨界营销、打造线下快闪	品牌联动，增加品牌知名度，丰富营销内容	11
		各大平台	宣发新闻稿，解释改名事件	解析改名营销，表达品牌远景	24
总计					152

三、"大营销"思维

"大营销"源自陈军所著的书籍《大营销哲学》，大致可理解为，企业营销应系统化、多方位、全角度渗透营销思维模式，它是动态的，随着环境变化不断在认知和思维层面升级。

培养"大营销"思维在广告营销策划案简案中非常重要，那么应如何培养呢？

1. 什么是"大营销"思维

《大营销哲学》中提出,要实现"大营销"应建立三种思维方式:科学思维、闭环思维、树根思维。

科学思维是追求本质和原理,用实验测量、数据化、公式化、工程化的逻辑来思考问题,提炼规律,即整理事实,从中发现规律,得出结论。

闭环思维源自"闭环",闭环是由美国质量管理专家休哈特博士提出的"PDCA循环"演变而来的,PDCA循环将管理分为计划(Plan)、执行(Do)、检查(Check)、行动(Act)四个阶段。这四个阶段不是独立存在的,而是周而复始的。闭环思维体现在职场中就可以理解为一个确认和反馈的过程,即凡事有交代,件件有着落,事事有回音。如员工对完成工作程度和工作情况及时反馈,无论成功还是失败,都可以说这个人有闭环思维。

树根思维就是一种中长线思维习惯,需要慢慢来,抓住本质、抓住根。树根越深越大,树木才会越高越壮。老子说:"合抱之木,生于毫末;九层之台,起于累土;千里之行,始于足下。"尼采说:"人跟树一样,越是向往高处的阳光,它的根就越要伸向黑暗的地底。"

2. "大营销"思维职场作用

科学思维,养成于深挖一件事情背后本质与规律的思维习惯,审查策划中的目标是否科学、时间安排是否科学、媒体计划是否科学,是否符合企业和命题要求,等等。

闭环思维,养成于策划案策划过程中勤反馈、勤沟通的好习惯,团队成员都能做到承接的每个项目或任务事事有交代,有着落,有回音。

树根思维,养成于策略策划、创新等操作中多积累、多思考的习惯,做到厚积薄发,不急于求成。

职言职语

比情商更能拉开人生差距的,是"闭环思维"。

任务实施

任务编号:4-1(任务实施)	任务名称:营销策略简案
成员人数	( )人
前续成果回顾	1. 产品及消费分析成果:_____ 2. 竞争分析成果:_____ 3. 环境分析成果:_____
任务资讯	1. 常见的营销活动形式和内容 2. 产品、品牌、消费者、所处市场及企业自身资讯 3. 相关广告营销策划案国家级比赛获奖作品
资讯来源	大广赛官网、创意星球官网;淘宝、京东等电商平台;百度、百度指数等媒体及数据媒体平台……

续表

	内容	完成人
任务分工	1. 学习策略规划、简案写作的相关知识	全体成员
	2. 研讨简案的活动阶段规划、主题设计、目标确定	
	3. 研讨简案的活动内容规划	
	4. 研讨简案媒介及预算规划	
	5. 撰写营销策略简案	
资讯获取 学习笔记	1. 内容及来源：_____ 2. 学习启示：_____	
任务决策	决策出简案最终成果：_____	

评价反馈

评价方式包括自我评价、团队互评、教师评价。成果完成后请进行自评、互评和教师评价，评价内容与标准参考表4-7。

表4-7 评价反馈表

任务编号：4-1（评价反馈）		任务名称：营销策略简案
评价项目	评价内容	等级
职业素养	出勤：团队中迟到、早退、旷课情况	□A □B □C
	团队合作：效率高、合作紧密、互帮互助、态度积极端正	□A □B □C
	"大营销"意识：闭环思维、科学思维、树根思维意识强	□A □B □C
	社会责任：公德意识、法律意识	□A □B □C
营销理论 知识应用	1. 是否应用了营销知识：	□是 □否
	2. 应用了哪些营销知识：_____	□A □B □C
阶段 主题命名	1. 与策划案主题契合度 2. 各阶段主题名称间逻辑紧密度 3. 阶段主题名称创新创意性	□A □B □C □A □B □C □A □B □C
阶段目标	1. 符合策划的总目标 2. 各阶段目标联系紧密	□A □B □C □A □B □C
阶段活动	1. 每个阶段活动数量超过三个 2. 活动策划创新性强，能很好地支撑主题目标	□A □B □C □A □B □C
媒介及预算 计划	1. 媒介计划能支撑活动效果 2. 预算符合总预算要求	□A □B □C □A □B □C
总体评价	1. 简案设计思路是否清晰： 2. 主要活动的亮点及创意性：_____	□是 □否 □A □B □C

任务拓展

闭环思维

"闭环思维"是当前职场人需要树立的关键思维模式,是企业选择人才关注的重点指标,是提升自我的有力渠道。

什么是"闭环思维"?

职场中的闭环思维,可以简单理解为"凡事有交代,件件有着落,事事有回音"。

社会中的闭环思维,可以简单理解为"靠谱"。大多数时候,我们判断一个人是否可靠,主要通过这个人完成某件事有无及时反馈。

所以,闭环思维是一种有始有终的思维,是一种生活智慧。

"闭环"这个概念,最早由美国质量管理专家休哈特博士提出,他将管理流程分成计划、执行、检查、行动四个过程,一个循环解决一些问题,未解决的问题将进入下一个循环,如此周而复始,持续运转,直到问题全部被解决,也称为"PDCA"循环(见图4-1)。

那么,如何训练"闭环思维"习惯呢?

有实验证明,可以通过以下方法进行:

第一,坚持锻炼,为大脑和身体创造成功的新体验。坚持锻炼会提高一个人的专注能力和延迟满足能力,而整个提高的过程恰恰是一个完美的正向闭环。

第二,正确理解兴趣,让兴趣成为事业发展的核心驱动力。真正的兴趣并不是一种天赋,而是一种后天获得的技能。兴趣,根本就不是那种让你舒舒服服就能拿到的结果,而是一个坚持的过程,它是那种让你白天苦思冥想,夜晚辗转难眠,第二天却让你一早爬起来,一边痛苦一边快乐的完成事情。这样一

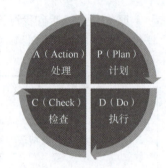

图4-1 PDCA循环

次次的正向循环后,你的兴趣范围会不断扩大,并驱动你的事业发展,最终你在兴趣与工作的正向循环过程中逐渐地跟上高手的脚步。

第三,用PDCA闭环模型,去做每一件事。以某项工作为例:每一次新标准就是一次"闭环"思维的结果,每一次新标准都是旧标准的提升,如图4-2所示。

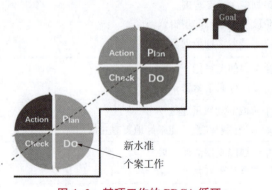

图4-2 某项工作的PDCA循环

任务二 营销策略详案

案例导入

江小白微博话题营销

江小白的互动营销、话题营销是江小白拉进与消费者距离、日常引流互动的惯用营销策略。万事问"读者",如其微博号中的"操心"系列话题(见图4-3):要不要跨界?和谁跨界?怎么和老板说?……

(a)

(b)

(c)

(d)

图4-3 "操心"系列话题

(a)示意一;(b)示意二;(c)示意三;(d)示意四

江小白的话题句句能打动其目标受众,话题种种,无所不用其极。

思考:营销策略详案就是对具体营销策略的策划,你能在策划案中创作出什么话题?

任务工单

任务编号：4-2（任务工单）	任务名称：营销策略详案
任务发起：企业营销部	前续任务：营销策略简案

任务目标及要求	根据前续任务完成营销策略详案撰写 具体要求如下： 1. 根据前续成果——营销策略简案制作营销策略详案 2. 详案每个阶段中至少包含三个具体活动策划 3. 每个活动策划至少包括活动名称、主题、时间、目的、媒介、详细内容及内容中所涉及的海报、广告作品草图、发布在相关媒体上的软文全文截屏等 4. 活动海报、广告作品创意说明或草图至少两套，评选出其中一套提交 5. 排版后再提交（注意与前述成果排版一致）
优秀作品赏析	作品及对应命题策略单 ＊请扫码获取作品及对应命题策略单
任务参考策略单	策略单 ＊请扫码回读策略单

相关知识

营销策略详案是对营销策略简案的进一步细化，是对营销策略简案中每阶段活动具体内容的策划。它包括活动主题、目的、时间、内容、媒介计划、媒体软文撰写及发布截屏、海报设计、广告作品创意和草图设计等内容。

在营销策略详案写作中主要涉及的内容有：活动策划、软文写作、音视频脚本制作、直播设计等内容。

一、活动策划

营销策略活动策划包含执行策划和活动内容策划。

执行策划是指策划详案中每一项活动的执行时间序列安排，包括活动在什么时间执行，要持续多长时间，安排在哪个阶段，与其他活动关系如何，在其他活动前、后执行，还是同时执行等执行类内容。

活动内容策划是指活动主题、时间、目的、内容、媒介及预算的详细策划,这里的内容包括海报及活动内容涉及的各类广告作品的创意。

在策划过程中,每一项活动都应具体呈现,单场直播策划内容如表4-8所示。

表4-8 单场直播策划内容

日期	7月15日				
直播时间	16:00—17:30				
直播时长	1.5小时				
预估目标	全引导转化率8%				
直播活动	1. 抽奖;2. 货品福利;3. 产品秒杀				
活动主题	拍档心选直播				
活动目的	活动策划				
预热开场	大家好,"产品福利哪里找,优惠活动看文涛"				
直播节奏部分	1. 预告:下午4:00直播,进场3分钟抢福利。只有5个名额。请大家准时进入直播间 2. 1~10分钟,做粉丝福利,吸引粉丝定时看直播,做好粉丝回访,提前做好铺垫。(前10分钟预告整场热点:3分钟抢福利,今天直播间重磅福利×××,价值××元的产品,错过再也没有。4:10来秒性价比之星,今天这个产品真的很便宜。这类产品可以作为引流的产品。一共×××份,秒完下架。4:20来抽第一波奖。5:10直播间最大的明星福利等你来。今天直播间最大的最实在的福利,是××产品牌提供的价值××元的产品,只有××份。送给整场直播加购产品最多的粉丝。5:20来抽第二波奖,并做下场直播预热) 3. 10~20分钟(4:10~4:20),流量上涨之后,应该用性价比高的引流产品做低价吸引新用户 4. 20~70分钟(4:20~5:10),人气稳定,开始卖爆款+秒杀款,穿插进行并结合主推商品把气氛做热,争取最大销售转化,记住80%的销售来自20%的款式(提前定好主推款,款式不在多) 5. 70~90分钟(5:10~5:30),人气开始下降,用红包福利继续让直播间活跃起来。并总结本场主推产品(通过开店货品组合策略引导大家从直播间进入店铺加购产品),开始预热下场直播内容 6. 结尾,预热下场直播重大福利				
主要引导话术	抽奖话术:话不多说,先来抽波奖。加1号产品到购物车之后回复666,快速刷起来	引导加购:今天主播讲的产品比较多,大家看好的产品可以先加入购物车,以免找不到。主播现在讲的产品是……号产品,大家点击右下角购物车,点击×××号宝贝,我们一起看(平时价格是……或者页面辅助展示的内容),觉得不错,先加入购物车			秒杀款话术:来上我们的秒杀款!很期待这一刻,因为今天这个产品真的很便宜,这类产品可以作为引流的产品。一共×份,秒完下架。一定要立即下单	爆款话术:今天整场产品价值最高,小店拿回去最好卖,需求量最大的产品。小店必购款(卖点+优惠)
结尾部分	今天的直播马上结束了,没有加购的赶紧去加购,这是我们本月最大的活动了。下一场直播在……				

营商之道

永远是新的

对于喜欢购买新品的客户来说,商家最吸引客户的无非是"仅此一家"或购买使用新品所带来的优越感,那如何在"新"上作文章?在意大利有个莱尔市场,就是专门销售新产品的。有些产品很畅销,很多顾客就抢着购买,没抢到的,就要求市场再次进货,然而得到的回答是:很抱歉,本市场只销售首批产品,卖完为止,不再进货。对此,许多顾客很不理解,还向旁人抱怨。但是,自此之后,来这里的顾客只要相中就买,决不犹疑。

由此可见,莱尔市场的"忍痛割爱"是个绝妙的创意,不仅能给顾客留下强烈的印象——这里出售的商品都是最新的,而且能让顾客意识到要买最新的商品,就得光顾莱尔市场。

二、常见广告作品策划

1. 软文广告策划及排版发布

(1) 软文撰写。

在你所看到的广告形式当中,软文广告应该算是最能让人接受的广告。因为相对硬性广告来说,软文广告较为柔和,其中的精妙之处就在于一个软字。软文就是要做到绵里藏针、收而不漏,等用户发现这是一篇软文的时候,文章所要表达的内容已经被用户记住,这才是真正优秀的软文需要达到的效果。

① 软文标题的撰写。

第一,结合当前热门事件和话题给文章取标题。在结合热门事件写标题时要注意把握好度,找准切入点,文章内容和标题要相符,不然就成了人人厌恶的"标题党"。

第二,戳中用户的痛点。在营销学中有一种说法叫痛点营销。所谓痛点,就是用户心中的不满、愤慨和伤心之处,戳中痛点才会促使用户寻求解决的方法。

第三,巧妙利用疑问式/反问式引起用户的好奇心。在标题上卖个关子,激发用户阅读文章的兴趣。

比如,《微信公众号的八种"活法"》《昙花一现的公众号海报,是 bug?》《还有谁想要雅思、托福、GJRE 学习资料?》,等等。

② 软文正文的撰写。

第一,文中不能出现中文错别字以及英文的拼写错误,尤其是在推广企业品牌形象的软文里,出现以上错误会误导用户的认知。

第二,文章的描述。在写完软文后,需要整理一段 80~120 字的简短概括文章重点核心的内容,最好是概括一下这篇文章的中心思想或大意内容,并且把文中的主体关键字以及相关关键字都列出来,以备发布时抽取使用。

第三，软文最好使用图文方式发布。图文并茂能更好地吸引读者阅读，较长的内容应分成小段落，每个小段落要设置小标题，小标题是决定读者是否继续用心阅读下去的关键之处，所以必须用加粗等方式醒目地表现出来，吸引读者眼球。

（2）软文撰写案例（见图 4-4 和图 4-5）。

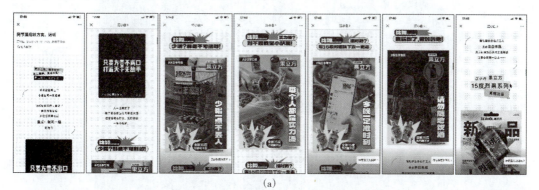

图 4-4　互动软文案例：江小白——《同事酒后吐方言，速听》
(a) 示意一；(b) 示意二

请扫码获取：

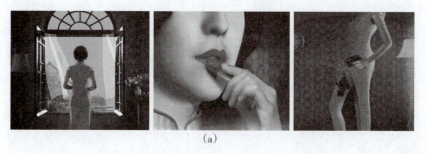

图 4-5　长图软文案例：百雀羚——《1931》
(a) 示意一

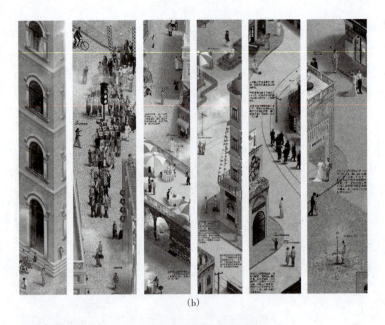

(b)

(c)

图 4-5 长图软文案例：百雀羚——《1931》（续图）

(b) 示意二；(c) 示意三

请扫码获取：

2. 音视频广告脚本策划

（1）音视频脚本策划。

① 主要考虑要素：需求和利益点、信任感、下单引导。

a. 需求和利益点创作可以从以下角度出发。

场景化：夏天到了，出门一定要多喝水，没有什么比××更能解暑啦，夏天到了。

悬念制造：为什么男人不敢让女人喝/吃？为什么起床之后要空腹喝一杯水？

明星达人同款：最近不知道你们有没有刷到这款产品，我被种草了！

价格优惠：我下单了三包，没想到店家给我发来五包！

人设打造：大家好，我是××，我做这个芝麻丸已经 30 年了。

b. 取得信任可以从以下四个角度出发。

成分：这里富含了×××原料（原料详解），原产地（工厂）等原生画面拍摄。

口感：普通人（明星达人）享用产品画面、文案描述形容：香甜不腻/QQ 弹弹还拉丝。

性价比或类比：每天来上这个一颗，一天还不到一元，这款真的是便宜大碗，一杯奶茶钱就能买到这个，好吃还健康。

突出优势：和网上别家看到的原料真的都差不多，但是价格却差很多。

c. 引导用户下单的方式。

抛出利益点：这次刚好又有活动，我得再去囤一些，得赶紧叫上我闺蜜多买点，还有这么多东西可以送。

同理心：经常没时间吃饭的朋友可以多尝试这个，懒人党、宿舍党一定要尝尝。

激发虚荣心理：×××都在吃的美食，你还不快入手！

强调感受：这真是我最近两年踩过很多坑得出的经验，入手不亏，直接用画面说话，不接受任何反驳！

② 音视频脚本要素。

a. 录制目标。

录制目标是指本条音视频希望达到的目标，包括对观看量、点赞量、进店率、转粉量以及销售额等各项数据的具体要求。通过明确这些数据要求来促成音视频目标的实现。

b. 录制人员。

录制过程中，通常是工作人员相互配合，对录制过程中所涉及的人员进行分工和安排，并注意各个岗位人员职能上的配合，如有的人负责引导关注、介绍产品、解释活动规则、回复问题、发放优惠信息等互动工作，后台和客服人员负责修改产品价格、与粉丝沟通订单等。

c. 录制时间。

录制时间应该提前预设。严格按照预计的直播时间进行，时段也要相对固定。这样一方面可以使粉丝养成观看习惯，另一方面能让粉丝对作品保持新鲜感。

d. 音视频主题。

先要确定主题，整条音视频的内容需要围绕中心主题进行拓展，例如配合品牌上新、爆款推荐、店庆活动或是回馈客户等。通过几个关键字就把核心信息传达出来，言简意赅，一目了然，吸引用户关注与参与。主题确认后，要确保音视频中的内容与产品和主题相契合。如果发生主题与内容不符的情况，会导致部分粉丝产生"失落感"，尤其是目的很明确的粉丝，会空手而回，很容易流失。

e. 音视频内容。

音视频内容是整个脚本的精华和重点部分，包括产品介绍、产品数量、产品类型、产品价格（日常售价和促销价）、产品成分、产品卖点、产品链接、店铺优惠与折扣或者其他平台活动等。

　　f. 音视频营销内容活动机制。

　　有两种活动目的导向，第一类活动以互动为导向，提升音视频热度，提高观看人数、点赞量、评论量、平均观看时长、粉丝量等，常见的活动机制有关注账号领优惠券或领红包、点赞领优惠券、满观看时长领优惠券、评论抽奖、裂变分享领优惠券等。第二类活动以提升销量为导向，常见的活动机制有满减、满赠、会员礼、充值礼、秒杀等。

　　③ 脚本撰写。

　　a. 开场白。

　　在开场白中，通过打招呼、美文、美句吸引顾客停留，引导其收听或观看，快速拉近与顾客的距离。

　　b. 活动告知。

　　借助活动或福利最大化地吸引顾客。比如，抽大奖、赠送大红包、送限量产品、大让利或折扣等活动，可以马上调动顾客情绪，要强调活动时间点及参与条件。

　　c. 音视频主题/话题。

　　可以根据当下主题或当前热点事件切入，调动顾客情绪，通过对音视频主要内容的凝练进行引入。

　　d. 产品介绍。

　　音视频脚本要对产品的出场顺序及时间进行规划，同时呈现产品信息。一般会将产品基本信息（规格、尺码、颜色、包装等）、品牌信息、商品卖点、使用人群、消费者痛点、使用场景、活动利益点等内容呈现在脚本中，方便顾客全方位地了解商品。

　　e. 产生互动。

　　音视频就像一场设计好的表演，可以通过设计一些特殊环节，打造个人魅力，提升产品知名度。

　　f. 引导成交。

　　在完成所有产品介绍之后，可以对个别产品进行回顾，引导用户购买，也即最后一次催款转化。

　　（2）音视频脚本撰写案例。

　　① 视频脚本案例。《中国青年的模样》视频脚本如表4-9所示。

表4-9　《中国青年的模样》视频脚本

镜头	时间	景别	摄法	画面内容	解说词	音效	音乐
1	3秒	近景切全景	拉镜头	大学教室里，我正在上课，黑板上写着：中国青年（镜头拍我的背影，之后拍整个教室同学们的背影+黑板字）	时常被问及：中国青年什么模样？		
2	3秒	全景	跟镜头	下课铃响起，我收拾好书包，走出教学楼，来到图书馆（镜头跟随背影）	历史是一面镜子，也是一本深刻的教科书。今天，我要走进历史，来寻找真正的答案	下课铃声	

续表

镜头	时间	景别	摄法	画面内容	解说词	音效	音乐
3	3秒	特写	固定镜头	我拿起了书架上的《中国近代青年史》，轻轻打开了书页			
4	5秒	特写	移镜头	书页上的标题：铁肩妙笔——青年李大钊；心忧天下——青年毛泽东；慷慨赴死——青年陈天华			
5	3秒	全景	拉镜头	我继续翻看下一页，一翻，仿佛打开了历史的通道，来到了这些青年的身边（光束照在书页上，产生梦幻般的滤镜）			
6	3秒	近景	跟镜头	（梦幻般滤镜）我伸手推开眼前的大门，顺着光照的方向走了过去		推门声	
7	6秒	全景	推镜头	夜已深，我停在一个窗边向内望去，是李大钊先生。在昏暗的煤油灯旁，他还在奋笔疾书，时而咏道：青年当背黑暗而向光明，以青春之我，创建青春之国家，创建青春之民族（画面中只有我是彩色的，其他人物都是黑白色）			
8	3秒	近景	跟镜头	（梦幻般滤镜）我轻轻离开，顺着光照的方向走进了下一个房间，融入这屋内的青年当中去（画面中只有我是彩色的，其他人物都是黑白色）			《征途》
9	6秒	近景切特写	移镜头	房间内，学生们手拿反对"二十一条"屈辱合约的言论《明耻篇》。青年毛泽东读罢，在册子封面上写下："何以报仇？""在我学子！"的铮铮誓言		书被拍在桌上的声音	
10	3秒	近景	跟镜头	我轻轻地离开，跟随光的引导，来到海边（画面中只有我是彩色的，其他人物都是黑白色）			
11	6秒	中景	推镜头	一位青年从海边的浅处一步一步走向海的深处。他的脸渐渐清晰，是陈天华。他高喊着：我用生命抗议日本暴行，唤醒我的国民站起来			
12	3秒	特写	固定镜头	我的眼眶湿润了，一滴眼泪掉落在了手中的书页上（梦幻滤镜消失，回到现实）			《有我》
13	3秒	近景切特写	跟镜头	我合上书，用笔在日记本上写下"青春""报国"			
14	3秒	全景	拉镜头	我走出图书馆，走在校园的林荫道上，脚步轻盈（镜头拍背影远去）	中国青年该是什么样子？我想我心里已经有了答案		

续表

镜头	时间	景别	摄法	画面内容	解说词	音效	音乐
15	2秒	近景	固定镜头	风雪中，戍边将士仍旧身姿挺拔，守卫祖国	是穿上军装保家卫国		
16	2秒	近景	移镜头	奥运会上，运动健儿站上领奖台，三面五星红旗在会场上冉冉升起	是站上赛道为国争光		
17	2秒	近景	固定镜头	舞台上，舞蹈《只此青绿》舞出中国魅力	是舞台上绽放文化		
18	2秒	中景	推镜头	大山里，支教大学生在课堂上给孩子们答疑解惑	是扎根乡野播种知识		
19	4秒	特写	固定镜头	一张张年轻的脸庞轮替出现在屏幕上，他们都是新时代的青年楷模（抗灾英雄、奥运健儿等）	是赤诚热忱的眼睛，是坚毅不屈的勇气		
20	1秒			屏幕中心字幕：青年的模样（淡出）	青年的模样		
21	1秒			屏幕中心字幕：就是我们（淡入）	就是我们		
22	3秒			一张张古往今来的青年照片出现在屏幕，又慢慢缩小，汇成共青团团徽的样式	时代赋予青年使命，青年牢记初心、坚定信念，赋予时代荣光		
23	2秒			红底金字：历经百年，青年模样与时代同行			

（摘自：第14届大广赛"我们有信仰"公益命题作品）

请扫码获取：脚本案例原文

② 广播广告案例脚本。

案例1：战"疫"青年真功夫

（第14届大广赛公益命题"我们有信仰"一等奖作品：战"疫"青年真功夫）
旁白：病毒来势汹汹，战疫青年可以战无不胜？且看三招。
第一招，飞檐走壁。
（铛铛铛敲门声）早上好，做核酸啦。
第二招，气吞山河。

居民朋友们，不要贴贴，保持距离，戴好口罩。

第三招，百步穿杨。

全面消杀，不放过任何一个死角，不畏艰辛，勇于担当，且看吾辈青年的真功夫。

案例 2：熟悉的味道

（第 14 届大广赛"100 年润发"命题一等奖作品：熟悉的味道）

我喜欢的味道，我喜欢很多种味道，我喜欢花儿笑了的味道，小草睡醒了的味道，但是我最喜欢的是妈妈的味道。

妈妈我爱你。

长大后，我的首选依然是妈妈的味道。

百年润发，润美东方。

案例 3：纳爱斯牙膏，笑纳百味

（第 14 届大广赛"纳爱斯"牙膏命题一等奖作品：纳爱斯牙膏，笑纳百味）

诶，老张，快点快点来吃火锅，吃火锅前，先吃个山楂，开胃，酸。

这麻辣毛豆不错哦，辣。

这丸子烫得很，等会儿再吃，烫。

诶，吃完了火锅，我忘了吃个冰棒，这才巴适，冰。

牙齿怎能受得了？

纳爱斯牙膏，天然甘草精华，art 修复因子，保护你的牙齿，笑纳百味！

3. H5 互动类策划

H5 互动类广告作品的策划可分为以下五方面内容：

（1）主题策划。

主题策划就是通过搜集查找相关资料对 H5 作品主题进行提炼。如果结合传统文化设计 H5 活动，那么 H5 活动主题的设计素材就应是关于传统文化的。例如，在节日 H5 营销活动中，品牌即可结合节日传统文化进行 H5 活动设计。以端午节 H5 营销活动为例，虽然各地的习俗有些许不同，但赛龙舟、放纸鸢、吃粽子等传统习俗却是人人都知道的，品牌即可从中选择一个主题设计 H5 活动。

（2）视觉策划。

视觉包括色调、布局和风格。仍以传统元素为例，中国传统视觉元素非常丰富，包括中国艺术元素、历史元素等。

以一镜到底 H5《二〇一九年娱乐圈画传》（见图 4-6）为例，通过手绘古风再现了 2019 年娱乐圈的热点事件，给人穿越到古代的感觉，仿佛行走在古代街头，见证着世间万象。将中国画元素和现代娱乐热点事件、人物结合起来，形成了视觉上的强烈冲击。

（3）交互策划。

除了静态主题展示外，还有实际操作的流程，这些即可成为 H5 交互设计的参考。例如元宵灯会的猜字谜，不管是通过 H5 去复刻霄灯制作的过程，还是通过 H5 开展一场线上灯会猜谜活动，都是通过传统文化来实现 H5 的交互体验流程。

图 4-6　一镜到底 H5《二〇一九年娱乐圈画传》

(4) 文案策划。

文案分为两种，一种是脚本，一种是作品中的文字。

作为脚本，明确 H5 的构思和框架，在故事型的 H5 作品中体现为故事的叙述顺序、在情感型的 H5 中体现为情感线索、在游戏类的 H5 作品中体现为游戏的促进激励机制。

作为 H5 中的文字，文案可以运用传统文化中的语言符号进行创作。如果是传统文化性 H5，那么中国传统文学作品体裁多样，语言形式丰富多彩，例如，以诗词的形式创作文案，或者引用诗句，都能够赋予作品意境，使作品充满诗情画意。而汉字本身又是独特的语言体系，成为中国传统文化的典型标志之一，把汉字运用于作品创作中，发挥其文化特性，也不失为一个好的创意。

(5) 营销策划。

H5 作为营销活动，应该包含营销内容主题、清晰的文案、良好的视觉和交互体验，结合主题进行营销内容引入设计。

4. 平面广告脚本策划

(1) 广告语。

常见的广告语一般字数有限，表达清晰，内容言简意赅。例如，红牛的广告语：轻松能量，来自红牛；健力士黑啤酒的广告语：尽情享受两全其美。

(2) 标题。

平面广告中标题的作用为吸引顾客的注意和目光，引发其思考，引起视觉或思维的冲击感，发人深省等。例如，DIPLOMA 奶粉广告的标题：试图使他们相会？鲜菜果蔬食品有限公司广告的标题：这是一个一心一意戴着帽子吃凯洛格玉蜀黍片的年轻人。

（3）正文内容。

平面广告的正文内容通常为对产品的亮点、创意、作用等更加详细的介绍，或者带有故事情节，引起顾客的关注。例如，红牛广告的正文内容：都新世纪了，还在用这一杯苦咖啡来提神？你知道吗？还有更好的方式来帮助你唤起精神：全新上市的强化型红牛功能饮料富含氨基酸、维生素等多种营养成分，更添加了8倍牛磺酸，能有效激活脑细胞，缓解视觉疲劳，不仅可以提神醒脑，更能加倍呵护你的身体，令你随时拥有敏锐的判断力，提高工作效率。

平面广告脚本包括草图和创意说明，详见任务三。

营销策略详案中的活动策划内容除了这些常用的广告作品策划之外，还有很多新技术、新形势，这里不再赘述。本部分广告作品设计，将在项目五详述。

三、常用策划资源及工具

1. 营销策划工具

营销策划工具及资讯平台参考表4-10。

表4-10 营销策划工具及资讯平台

序号	名称	序号	名称	序号	名称
1	微信公众号排版类	8	GIF制作类	15	网站数据分析类
2	第三方运营工具类	9	H5制作类	16	识图类
3	互联网运营学习、营销网站类	10	二维码制作类	17	表情包类
4	自媒体全网运营平台类	11	思维导图类	18	大数据调查类
5	追热点平台类	12	调查问卷类	19	热点事件分析工具类
6	裂变工具类	13	文档协助类	20	热点日历类
7	高清图库类	14	微信公众号/微信群机器人类	21	短链接生成类

2. 微信营销策划工具

工欲善其事，必先利其器。借助微信运营工具，可以帮我们节省很多时间和精力。常用的微信运营工具有以下几种：

（1）图文排版编辑器。

微信编辑工具有很多，常用的有以下3个：

① 135编辑器：135编辑器官网。

② 秀米：秀米XIUMI。

③ i排版：微信编辑器_i排版。

(2) 短链接/二维码生成。

① 百度短网址：有时候会在微信文章中插入链接，如果太长了排版会非常难看，所以需要用短链接缩短。

② 草料二维码：功能强大，支持将文本、图片、网址等多种内容形式转变为二维码。

(3) 数据搜集。

① 麦客表单：简单好用的表单和联系人管理工具，免费而且表格分析图很适合放在PPT中作为报告用图。

② 金数据：免费好用的表单设计和数据收集分享工具。

(4) 文字处理。

找不到合适的字放在微信文章封面图上或者H5中时，可以借助艺术字体在线生成网站，模板丰富，支持透明背景。

艺术字体在线生成网站：艺术字体在线生成器、艺术字转换器。

(5) 绘制流程图。

在绘制一些流程或者框架内容时，用图片的形式比文字表达更有条理。

绘制流程图工具：①Xmind。②Mindmaniger。③Axure。④ProcessOn：ProcessOn支持免费在线作图，实时协作。⑤PPT。

任务实施

任务编号：4-2（任务实施）		任务名称：营销策略详案	
成员人数	（　　）人		
前续成果回顾	营销策略简案成果简介：		
资讯来源	大广赛官网、创意星球官网；微博、微信、B站等媒体的企业营销号；淘宝、京东等电商平台直播大咖……		
任务分工	内容		完成人
	1. 学习营销策略策划及广告作品策划相关知识		全体成员
	2. 活动策略框架包括主题、时间、目的、内容文案、媒介选择等策划		
	3. 海报创意策划		
	4. 平面广告、音视频、H5等广告形式的创意方案		全体研讨
	5. 平面广告、音视频、H5等广告形式的脚本制作		
	6. 营销策略详案排版设计		
资讯获取学习笔记	1. 内容及来源： 2. 学习启示：		
任务决策	营销策略详案成果：		

 评价反馈

评价方式包括自我评价、团队互评、教师评价。成果完成后请进行自评、互评和教师评价，评价内容与标准参考表 4-11。

表 4-11 评价反馈表

任务编号：4-2（评价反馈）		任务名称：营销策略详案
评价项目	评价内容	等级
职业素养	出勤：团队中迟到、早退、旷课情况	□A □B □C
	团队合作：效率高、分配合理、组织有序	□A □B □C
	工匠精神：精益求精	□A □B □C
	社会责任：具有社会意识	□A □B □C
成果自查	是否符合广告法：	□是　　□否
	是否符合社会公德：	□是　　□否
营销理论知识应用	1. 营销知识应用得当、理解有深度	□A □B □C
	2. 具体应用了哪些营销理论：_____	□A □B □C
活动设计	1. 各活动时间分配合理、主题明确、目的清晰	□A □B □C
	2. 活动间联系紧密、系统性强	□A □B □C
	3. 活动内容体现了社会责任意识	□A □B □C
广告内容创意	1. 创意亮点在哪里：□文字创意　□排版创意	□A □B □C
	2. 创意有以下哪些特征：□别致新奇　□有趣　□契合主题　□契合命题调性	□A □B □C
作品整体评价	1. 内容完整、丰富、细致	□A □B □C
	2. 结构清晰、系统	□A □B □C
	3. 排版有创意，与前续任务排版比较有所创新	□A □B □C

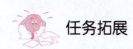 任务拓展

以时间模型赢得客户

日本东京有一家银座绅士西装店，这个店推出的"打 1 折"营销模式曾轰动了整个东京。其销售的商品是"日本 GOOD"品牌服装。他们的营销模式是按照时间递进，不断提高折扣力度，首先确定好打折销售的时间，第一天打 9 折，第二天打 8 折，第三、第四天打 7 折，第五、第六天打 6 折，第七、第八天打 5 折，第九、第十天打 4 折，第十一、第十二天打 3 折，第十三、第十四天打 2 折，最后两天打 1 折。

商家的预测是：由于这是前所未有的营销策略，因此，前期的舆论宣传效果会很好。顾客抱着猎奇的心态，会蜂拥而至。当然，你可以在这打折销售期间随意选定购物的日子，如果你想要以最便宜的价钱成交，那么你在最后两天去买就行了，但是，不能保证你想买

的东西一定会留到最后。

实际情况是：第一天来的客人并不多，如果来也只是看看，并没有要购买的意思，看完就走了。从第三天开始，客人一群一群地光临，第五天打6折的时候，客人就像洪水般涌来抢购，以后连日客人爆满，当然等不到打1折，商品就全部卖完了。

商家运用独特的创意思维，使顾客纷纷急于购买自己喜爱的商品，引起抢购的连锁反应。而自己的商品在打5折和6折时就已经全部销售出去了。

思考：商家实现预期效果的原因是什么？

任务三 草图设计

案例导入

为什么要设计草图？

（1）推敲设计逻辑的可行性，用它作为工具进行推敲。
（2）表达自己的创意意图，供讨论参考和展示评估。

Metrostudio 迈丘设计公司设计的佛山 ICC 碧桂园三龙汇房产宣传草图如图 4-7 所示。

图 4-7　三龙汇房产宣传草图

此外，还可以在草图或说明页中加入详细的文字来表述作品创意。

总之，设计草图就是把创意展示出来，用于推敲、修正和展示评估，确定设计草图终稿用于美工人员进行作品设计。

任务工单

任务编号：4-3（任务工单）	任务名称：草图设计
任务发起：企业营销部	前续任务：营销策略详案
任务目标及要求	为前续任务中广告作品完成草图设计 具体要求如下： 1. 草图设计布局科学合理，重点突出，创意表达清晰

续表

任务目标及要求	2. 每个团队每幅作品至少有三个创意思路,对应完成三幅草图设计 3. 团队通过评价反馈机制,决策出三篇中的最优成果作为本次任务的最终成果,其他作为备用
任务命题策略单	命题策略单 *请扫码回读策略单

相关知识

一、草图设计内涵

草图设计,也可称为设计草图,是对平面广告作品、视频广告作品等广告画面创意进行初步设计和策划,因此除了要设计出草图外还需要加上创意说明。

1. 设计草图概念

设计草图一般是指设计初始阶段的雏形,以线为主,多是思考性质的,一般较潦草,多为记录设计的灵光与原始意念,不追求效果和准确,是概念性质的。它一般包括以下三类:

(1) 解释性草图。

以说明产品的使用和结构为宗旨。解释性草图基本以线为主,附以简单的颜色或加强轮廓,经常会加入一些说明性的文字,偶尔还有运用卡通式语言的草绘方式。解释性草图多为演示用,画得较清晰、关系明确。

(2) 结构草图。

画透视线,辅以暗影表达,主要目的是表明产品的特征、结构、组合方式,以利于沟通及思考(多为研究探讨用)。

(3) 效果式草图。

在比较设计方案和设计效果时用,也用在评审时。效果式草图是为了表达清楚创意、元素、色彩等,为标明创意主题可能还会考虑使用环境、使用者等因素。

2. 草图的作用

草图是创意表达之始,是作品设计之初,主要有以下作用:

(1) 记录构思与创意,有了构思要第一时间记录下来,草图就是捷径。

(2) 帮助激发创意。草图画多了有时还能够帮助创意。有时画着画着就会激发出新想法,实践是创意的根本。

(3) 便于交流。草图能够尽快地、便捷地和他人进行交流,有利于激发创意,确定最终作品意图,所以草图是基础,不管画得好不好,主要是表达创意,以利于确定作品构思。

3. 草图的特性

(1) 比成品创作速度快，不太限制美工水平，便于快速交流。

(2) 主要创意和意图表达清楚、突出。

(3) 草不是乱。每个人的手绘都带有个人的气质素养，看似同样一个曲线、一个造型，但是不同的人画出来，所表现的线条的张力、饱满程度、感情色彩是不同的。所以，真正的草图，不是为了草，草图的草的概念是快，不是乱。

二、草图设计中需要的工匠精神

草图并非不"精雕细刻"，而是精雕细刻在脑中，为了提升效率、交流创意和构思而画出概念性的简图，所以成功的草图，必须具备工匠精神。工匠精神是一种工作态度，主要包括敬业、精益、专注、创新四要素，其详解如表4-12所示。

表4-12 工匠精神四要素

精神	内涵
敬业	敬业是从业者基于对职业的敬畏和热爱而产生的一种全身心投入的认认真真、尽职尽责的职业精神状态。中华民族历来有"敬业乐群""忠于职守"的传统，敬业是中国人的传统美德，也是当今社会主义核心价值观的基本要求之一。早在春秋时期，孔子就主张人在一生中始终要"执事敬""事思敬""修己以敬"。"执事敬"，是指行事要严肃认真不息慢；"事思敬"，是指临事要专心致志不懈怠；"修己以敬"，是指加强自身修养，保持恭敬谦逊的态度
精益	精益就是精益求精，是从业者对每件作品、每个过程都凝神聚力、精益求精、追求极致的职业品质。所谓精益求精，是指已经做得很好了，还要求做得更好，"即使做一颗螺丝钉也要做到最好"。正如老子所说，"天下大事，必作于细"。能基业长青的企业，无不是精益求精才获得成功的
专注	专注就是内心笃定而着眼于细节的耐心、执着、坚持的精神，这是一切"大国工匠"所必须具备的精神特质。从中外实践经验来看，工匠精神意味着一种执着，即几十年如一日的坚持与韧性。"术业有专攻"，一旦选定行业，就一门心思扎根下去，心无旁骛，在一个细分产品上不断积累优势，在各自领域成为"领头羊"。在中国早就有"艺痴者技必良"的说法，如《庄子》中记载的游刃有余的"庖丁解牛"、《核舟记》中记载的奇巧人王叔远等
创新	"工匠精神"还包括追求突破、追求革新的创新内蕴。古往今来，热衷于创新和发明的工匠们一直是世界科技进步的重要推动力量。中华人民共和国成立初期，我国涌现出一大批优秀的工匠，如倪志福、郝建秀等，他们为社会主义建设事业做出了突出贡献。改革开放以来，"汉字激光照排系统之父"王选、"中国第一、全球第二的充电电池制造商"王传福、从事高铁研制生产的铁路工人和从事特高压、智能电网研究运行的电力工人等都是"工匠精神"的优秀传承者，他们让中国创新重新影响了世界

知识链接

精益求精：精于工，匠于心，品于行，创于新。

出自《论语·学而》，先秦《诗经·国风·卫风》中的《淇奥》诗云："如切如磋，如琢如磨。"

宋朝朱熹《四书章句集注》中《论语》集注：言治骨角者，既切之而复磋之；治玉石者，既琢之而复磨之；治之已精，而益求其精也。

后用精益求精说明力求更加精工美好。

工匠精神训练

(1) 磨性子训练。

慢慢说话：当感到愤怒或焦虑时，先深呼吸，慢慢说话。这有助于放松神经系统，并避免说出不必要的话。

时刻牢记"瞬间冲动，终身后悔"的道理：在做出任何决定之前，先问问自己是否会后悔。这有助于更冷静地思考，并避免做出错误决定。

练习冥想：冥想可以帮助平静心态，减轻压力，并提高耐力。试着每天花几分钟冥想，你会发现自己的生活变得更加平静，这是曾国藩惯用的方法。

寻找放松的方式：找到适合的方法来放松自己，如做瑜伽、听音乐或看喜剧。这些方法可以帮助你缓解压力，从而更加有耐心。

找到情绪释放的出口：当感到愤怒或焦虑时，试着找到一种方式来释放这些情绪。例如，可以去散步或跑步，或者写下感受。

培养同情心：试着看待别人的角度，并设身处地地理解他们的感受。这样可以更好地处理与他人的关系，变得更有耐心。

学会等待：学会等待是一个重要的技能，可以帮助你更好地应对生活中的挑战。试着在等待中寻找快乐，如看电影或读书。

花时间与家人和朋友在一起：与家人和朋友在一起可以帮助你更好地放松，并锻炼耐心。试着与他们共进晚餐，或者一起去散步。

坚持锻炼：锻炼可以帮助你减轻压力，并提高耐力。试着每周至少锻炼三次，如慢跑、游泳或做瑜伽。

寻找支持：如果你觉得自己很难控制情绪，试着寻找支持。可以找一位心理医生进行咨询，或者加入一个支持小组。

(2) 去杂念训练。

一念代万念：即用一个正念，代替千万个杂念，来防止杂念出现。数息法是典型的"一念代万念"，每一次呼气，只需知道自己在呼气，轻轻呼气，观察呼气的过程，直到呼完气为止，轻轻专注于呼气，呼气时默数一，再呼气时默数二，这样一直数到十，再从一到十循环默念，每次坚持5分钟。

收回忘掉：杂念来时，即用微意归入身内，然后忘掉，一忘而杂念自无。

自助疏通：有的念头，是思考现在或未来需要做的事情，那么可以思考一下，有了结果马上停止，这样心中就没有了牵挂，停止后一般不会再来。实在思考不好的事情，就先放下再说，不必苦思冥想；有的念头，是已经过去但想不通的事情，或是对现在或未来担心的事情，或是压抑、焦虑等负面情绪，可以找到问题的源头进行疏通，疏通后即可停止。

他助疏通：自助疏通有困难时，特别是对负面情绪的疏通，就需要他人帮助或明师辅导疏通。

顺其自然：不加任何意念，自然入静。只要自心将其置之不理，这些杂念也就成为"假想"，因为念自心生，心中不理，杂念失去市场，也就无奈我何，只有仍归自心，自然化为静念。

前四种属于有为法（有意），最后一种属于无为法（无意）。训练初期一般宜用第一、二种方法，训练中期一般可用第三、四种方法，训练后期一般适用第五种方法。

（3）讲良心训练。

除了真诚之外，更深层次、更高级的良心是做有心人，不仅自己讲了"良心"，更要让团队其他成员感受到讲了良心，要学会换位思考。做个有心人，"处处留心皆学问"，要养成勤于思考的习惯，要善于总结经验。每天都要对自己的所作所为检讨反思一遍，如创作的作品是否有利于社会，是否分享给团队成员等。

（4）择善报训练。

选择优秀的事物、借鉴他人的成功经验。这对于自身的成长和发展都具有积极的意义，同时也应该把自己的优秀经验和技能分享给他人，以回报社会和行业。一幅作品是创作者善心、爱心的结晶，体现着创作者的人格，所以不同作品各具特色。我们在创作作品时应用爱心、善心去创作，亦如"妈妈的味道"。

（5）享境界训练。

境界既是人的思想觉悟和精神修养，也是自我修持的能力，即人生感悟。

享境界是培育工匠精神的必备要素，它能够促使员工数十年如一日、兢兢业业地做好某件事。一个人的境界就是一个人的人生意义和价值，美学的根本是提升人的人生境界。境界对一个人的生活实践具有指引作用，所以享境界训练就是要学会寻找美、发现美、欣赏美。在作品创作中境界的评估可以用以下三境界：第一，"昨夜西风凋碧树，独上高楼，望尽天涯路"；第二，"衣带渐宽终不悔，为伊消得人憔悴"；第三，"众里寻他千百度，蓦然回首，那人却在，灯火阑珊处。"

三、草图构图

构图是指根据创意的题材和主题，把要表现的形象适当地组织起来，构成一个协调完整的画面，是作品中事物的结构配置方法。

1. 名称由来

构图名称来源于西方的美术，其中一门课叫作构图学。在我国绘画中构图叫作布局。摄影构图是从美术的构图转化而来，简称为取景。但不论是绘画中的布局，还是摄影中的取景，都只涉及构图的部分内容，并不能包括构图的全部含义。

在各种设计中，构图称呼有别，例如绘画的"构图"，设计的"构成"，建设的"法式"与"布局"，摄影的"取景"，书法的"间架"与"布白"等均指构图。

2. 构图目的

构图的目的是研究在一个平面上处理好三维空间——高、宽、深之间的关系，以突出主题，增强艺术感染力。

一幅成功的摄影艺术作品，首先是构图成功。成功的构图能使作品内容顺理成章，主次分明，主题突出，赏心悦目。反之，就会影响作品的效果，没有章法，缺乏层次，整幅作品不知所云。

构图是创作者在一定空间范围内对自己要表现的形象进行组织安排，形成形象的部分与整体之间、形象空间之间特定的结构、形式。简言之，构图是造型艺术的形式结构，包含全部造型因素与手段的总和。

3. 构图内涵

（1）构成要素在空间位置的确定。
（2）构成要素在空间大小的确定。
（3）构成要素自身各部分之间、主体形象与陪体形象之间的组合关系及分隔形式。
（4）构成要素与空间的组合关系及分隔形式。
（5）构成要素所产生的视觉冲击力感。
（6）运用形式美法则产生美感。

请扫码获取：形式美法则作品

构图显示了作品内部结构与外部结构的一致性，反映了作者思想感情与艺术表现形式的统一性，是艺术家人格力量和艺术水准的直接体现，也往往是艺术作品思想美和形式美之所在。

4. 构图方法

常用的构图法有12种，不同构图有不同的观感，我们可根据表达需要来选择：

（1）水平式：安定有力感。
（2）垂直式：严肃端庄。
（3）S形：优雅有变化。
（4）三角形：正三角较空，锐角刺激。
（5）长方形：人工化有较强和谐感。
（6）圆形：饱和有张力。
（7）辐射：有纵深感。
（8）中心式：主体明确，效果强烈。
（9）渐次式：有韵律感。
（10）散点式：受边框约束，自由可向外发展。
（11）平铺式：有规则感。
（12）三角形构图：具有安定、均衡但不失灵活之感。

四、草图设计步骤

草图设计需要以下步骤：

1. 快速生成概念

通过画草图可以快速地集成概念。花上一两个小时随意画一画，可得到多种备选方案。这也是设计中非常重要的一步。在用电脑制作之前，在纸上画一画能够节省很多时间。虽然在电脑上也可以画草图，但在纸上描绘头脑中的想法要快得多。

2. 设置基本元素或布局

画草图可以迅速地构建插图的基本元素。在网页设计和图形设计中，通过画草图可以快速地进行布局。你可以将想法简略地勾画出来，当然也可以画得更大，只要草图能够表现出必要的元素就可以，画图功底不是必需的。

3. 用于与客户交流

向客户显示设计草图，可能会节约你大量的时间。项目越复杂，就要越早向客户确认，得到客户的认可。如果你打算集中精力完善构想，那么在推进之前，你最好确保客户认可你的构想。把草图拿给客户看是设计过程中通常的做法，在大型 Logo 设计项目或其他项目中这种做法是普遍的。

4. 视觉探索

草图可以用来记录设计日志和探索兴趣点。在个别项目中，草图可以用来发现多种选择。

知识链接

草图可广义理解为创作者对表达物象的最初印象的概括，在实际创作中也分为设计草图与艺术草图。草图是作品构思的最初阶段，也是作品完成必经的重要环节。快速绘制草图是建筑设计师表达思维方式与思想意境的一种基本方法。受传统学院派影响，建筑草图讲究简单工具的技法与对建筑物象概括的准确性，这也是建筑草图表现区别于其他草图表现的基本特征。在体现建筑师的意象思维时，和其他表现方式相比，设计草图更显其表达优势，Frank Gehry 设计西班牙毕尔巴鄂的古根汉姆博物馆时，在草图上绽放的花朵奠定了整个博物馆的设计思路；Jorn Utzon 当年草图上几个"贝壳"的意象，打动了沙里宁，最终成就了悉尼歌剧院。

五、撰写创意解析与说明

草图设计好后，需要撰写作品草图的创意解析与说明，它是文字形式，一般写在草图上相关位置或旁白处。

1. 创意解析与说明的基本内容

创意解析与说明，是作品创作者介绍作品创意内涵，以利于品鉴者理解和品阅所撰写的说明性文字或短文。

在草图设计阶段，创意解析与说明显得更重要，是创意的进一步阐述，也是团队顺畅交流的保障，特别是对没有美术功底的人来说尤为重要。

一般来说，作品的创意解析与说明遵循的语言逻辑为：

提出问题（直击消费痛点）+分析问题(后果如何)+解决问题(什么创意技巧及表现)。

基本包括以下内容：

（1）创作的主题及名称是什么？

（2）创作的时候想的是什么？

（3）作品来自什么灵感？

（4）作品的用意是什么？

（5）用什么创意手法表达什么营销思维？

（6）作品带来的社会价值有什么？

创意说明就像创意本身一样，也是不拘一格的，只要把自己的想法写出来，让大家能够了解创意的核心即可。

通常来讲，要描述这个创意在外延和内涵方面的概念相通点，并且从读、观、听者的角度进行分析，也就是构思。

由灵感的产生由来到实现，加入成果的作用和影响。

2. 创意解析与说明的写作要求

（1）字数一般在 200~300 字即可。

（2）行文简洁明了。

3. 艺术作品的创意解析与说明

艺术作品的创意解析与说明是针对设计的作品再进行详细说明。例如，平面设计说明主要是为了让更多的人明白设计图想要表达的意思，以及每种不同的图案、颜色等所代表的意思。一般需要包括以下几种要素：

（1）设计师所表达的主题思想。

（2）设计理念。

（3）设计风格。

（4）结构说明。

（5）产品以及设计所用到的图案、颜色、文字等的含义。

（6）设计尺寸、标准色、材料。

4. 创意解析与说明写作的具体操作

（1）写这方面的一些背景资料，或者是设计的现状或者发展方向——现状、应对办法、进展情况（围绕所给的素材进行表述）。

（2）写是怎样表现主题的，画面主体部分的设计源泉在哪里，或者最先想用什么来表现这个主题（一般写一些具体事物或主题词）——从最开始想到的、原型、意象入手，在创作中又做了怎样的处理与拓展，如实表述。

（3）写在设计创作上用什么样的手法（如抽象化、拟人化等）进行了深化，再到具体细节上（如构图、形状、动作、色调、字型）把要表达的寓意一一说明清楚，也就是让人感到作品不是随便做的，尽量让人明白在设计中做出了最佳的选择。

（4）如果时间充裕，可以写写用了什么样的配景，要写最精彩的部分，比如用了什么手法抠图，或者是怎么手绘某个图案的。

（5）最后做归纳，说说这个设计可以让受众有什么体验，使他们能够得到或感受到什么（如亲和力、感染力、活力动感），用在这个场合会有什么效果，等等。

创意解析与说明主要是为了让更多的人能够明白设计图想要表达的意思，以及每种不同的图案、颜色等所代表的意思。

总之，创意解析与说明中应包含：创作者所表达的主题思想、设计理念、设计风格、结构说明；设计所用到的图案、颜色、文字等的含义；设计尺寸、标准色、材料等。

 **任务实施**

任务编号：4-3（任务实施）		任务名称：草图设计	
成员人数	（　　）人		
前续成果回顾	1. 平面广告创意简述： 2. 活动海报创意简述： 3. 视频广告创意简述：		
任务资讯	1. 草图设计相关知识 2. 产品、品牌、竞争对手及企业自身相关作品资讯 3. 相关广告营销策划案国家级比赛获奖作品		
资讯来源	大广赛官网、创意星球官网；淘宝、京东等电商平台；百度、百度指数等媒体及数据媒体平台……		
任务分工	内容		完成人
	1. 学习 Word、PPT、PS 等软件版面设计形式和技巧		全体成员
	2. 探究和学习页面设计的其他工具		
	3. 对创新性强的版面设计的了解		
	4. 行业整体发展状况分析		
	5. 总结出版面设计的技巧		
	6. 设计草图		
	7. 设计版面		
资讯获取学习笔记	1. 内容及来源：_____ 2. 学习启示：_____		
任务决策	提交作品简介		

 **评价反馈**

评价方式包括自我评价、团队互评、教师评价。成果完成后请进行自评、互评和教师评价，评价内容与标准参考表4-13。

表4-13 评价反馈表

任务编号：4-3（评价反馈）		任务名称：草图设计	
评价项目	评价内容		等级
职业素养	出勤：团队中迟到、早退、旷课情况		□A □B □C
	团队合作：效率高、分配合理、组织有序		□A □B □C
	工匠精神：精益求精、不厌其烦		□A □B □C
	社会责任：具有社会意识，表达出社会价值		□A □B □C

续表

营销理论知识应用	1. 营销知识应用得当、理解有深度	□A □B □C
	2. 具体应用了哪些营销理论：_____	□A □B □C
设计技术	1. 构图新颖，布局能够清晰完整地表达策划案主旨	□A □B □C
	2. 色彩搭配协调	□A □B □C
创意说明	文字表达流畅、简洁、清晰	□A □B □C
成果自查	1. 是否符合广告法：	□是　□否
	2. 是否符合社会公德：	□是　□否

任务拓展

草图设计工具——AI 设计工具介绍

1. Midjourney

目前 Midjourney 是最常用的 AI 设计工具之一，比较综合全面，可以说它能够制作任何类型的艺术形式，包括 Logo、插画、照片或其他数字媒体形式。

尤其是最近的 V5 版本不仅视觉表现力更为强大，而且使用其所绘制的虚拟人物肖像更为逼真，让人叹服。

2. DALL-E

DALL-E 是 OpenAI 开发的一种 AI 语言模型，也是一款强大的人工智能艺术生成器，可以使用文本描述来生成高质量的图像。

它的独特之处在于它有一个额外的画中画功能，你可以用它来修改特定的图像。它使用深度学习和神经网络技术的组合来创建与给定文本输入相匹配的图像。可以说，DALL-E 可以帮助设计师创建各种富有想象力的图像，并有可能在平面设计、广告和电影等行业带来变革性影响。

3. Bing Image Creator

Bing Image Creator 是微软新推出的人工智能图像生成器，可以通过 Bingchat 或者直接访问：https://cn.bing.com/create 来使用。Bing Image Creator 是一个创新的工具，可以用于帮助设计师创建一些比较有吸引力的视觉素材。

项目五

创意表现提案策划

本项目是广告营销策划中产品视觉创意设计策划实施部分,是在前 4 个项目的基础上,通过 4 个任务来展开。

通过对平面作品创作、视频作品创作、动画作品创作、交互作品创作 4 个任务的学习,掌握广告营销策划中产品视觉创意设计的实施方法,达到执行广告营销视觉创意设计的能力标准。

 项目描述

为企业广告营销策划案中的视觉表达部分进行品牌创意设计表达,一般产品广告包括平面设计类、视频类、动画类、交互类和 IP 形象设计。

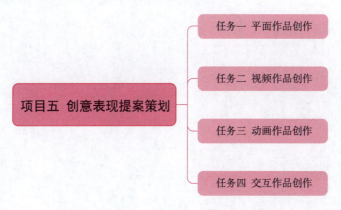

 学习目标

知识目标
1. 掌握广告营销视觉创意表现类型和特点;
2. 灵活掌握各类视觉创意的表现技巧;

3. 熟练掌握各类视觉创意的创作流程。

技能目标

1. 掌握广告营销视觉创意的设计策划;
2. 掌握各类视觉创意的软件操作;
3. 掌握广告营销视觉创意策划方法和制作技巧。

素养目标

1. 具有严谨细致的工作作风,培养对广告营销视觉创意设计的严谨性;
2. 培养灵活的应变能力和创新意识;
3. 培养运用国风审美弘扬中华传统文化的能力。

任务一 平面作品创作

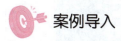

案例导入

喜临门床垫平面广告《一夜"静眠"》作品创意

《一夜"静眠"》为"喜临门"床垫命题的平面作品,作品画面元素简单,创意新奇,值得玩味。

整套作品共分为3幅画面,均以床垫为"画布",画布布局创作以五线谱印刷书页形式展现,分为竖向三部分:头部、中部、尾部。画面元素分别选取了莫扎特《小星星变奏曲》、舒伯特《摇篮曲》、贝多芬《月光奏鸣曲》等文字为头部内容,中部以五线谱空白五条线设计大量留白,底部以"今夜无须×××"句式+"来'垫'想象 一夜'静眠'"为作品广告文案,点名创作主题。

作品创意新颖别致,画面元素简单,主题突出、分明,让人一目了然。

请扫码获取:具体作品

任务工单

任务编号:5-1(任务工单)	任务名称:平面作品创作
任务发起:企业营销部	前续任务:草图设计
任务目标及要求	依据项目四任务三草图设计,完成平面作品设计 具体要求如下: 1. 进一步复盘草图作品创意内容与命题要求契合度(包括设计调性、主题内容、布局及色彩搭配等) 2. 进一步复盘草图作品创意内容的"创新、创益、创异"程度 3. 进一步复盘草图作品创意内容体现的卖点,击中消费者"痛点、兴趣点"的感知度和震撼力 4. 设计要符合大众审美 5. 复盘前续任务后,用相应软件完成作品设计

续表

优秀作品赏析	 第14届大广赛平面类一等奖《人生三喜》娃哈哈 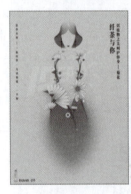 第14届大广赛平面类一等奖《纤茶与你》芭莎女孩喝纤茶  第14届大广赛平面类一等奖《所见未见 都是爱华仕无限的空间》爱华仕箱包
任务命题策略单	 请扫码回读命题策略单

 相关知识

平面设计包含标志设计、广告创意设计、海报设计、包装设计、产品设计、IP 设计等范畴。设计是有目的的策划，平面设计是这些策划将要采取的形式之一，在平面设计中我们需要用视觉元素来传播自己的设想和计划,用文字和图形把信息传达给受众,让人们通过这些视觉元素了解自己的设想和计划。

一、工具介绍

在平面设计领域用得最多的是 Photoshop 和 Illustrator 两款软件,二者同属 Adobe 公司开发的图像处理软件,但根据处理目标的不同,两款软件的使用场景也有所区别。

Photoshop 是基于位图的编辑,Illustrator 则是基于矢量图的编辑。Photoshop 主要处理由像素组成的位图。位图是用点或像素方式来记录图像的,因此图像由许多小点组成。其优点是色彩显示自然、柔和、逼真;缺点是图像在放大或缩小的转换过程中会失真,且随着图像精度提高或尺寸增大,所占用的磁盘空间也急剧增大。位图放大后图像会变得模糊。Photoshop 所拥有的众多编辑绘图工具,可以有效地进行图片编辑工作,在许多领域具有很强的实用性,是平面设计、建筑装修设计、摄影后期、三维动画制作及网页设计等的必用软件。Illustrator 是矢量作图软件,矢量图是以数学方式来记录图形的,由软件制作而成。其优点是信息存储量小,与分辨率完全独立,在图形尺寸放大或缩小的过程中图形的质量不会受到丝毫影响;缺点是用数学方程式来描述图形,运算比较复杂,且所制作出的图形色彩显得比较单调,图形看上去比较生硬,不够柔和逼真。在图形的复杂程度不大的情况下,矢量图具有文件短小、可无级缩放等优点,用于产品设计、海报印刷、展示图设计、平面设计等相当方便。

二、创意技巧

平面广告中的图形创意设计要遵循冲击性、简约性和新奇性的原则。冲击性的设计能够迅速吸引受众群体的视线和注意力,摄影图片和动态翻页广告最能够表现出冲击性,通过 Photoshop 等软件的后期合成和处理,能够使设计作品最大限度地展现出视觉冲击性。简约性的设计能够迅速传达平面广告中的核心信息内容,容易将信息留存在受众群体的脑海中,越是简单的设计越容易让人产生直击内心的强烈感受。新奇性的设计能够使平面广告的主题得到升华,并带来视觉享受,新奇性不仅要体现在图形设计上,更要体现在主题和核心思想上。

1. 同质异构

同质异构是指将一种事物形态通过一定手段变化成另一种新事物形态的方法,本质在于"形"和"意"的共存。通过外在"形"的变化,获得不同的视觉符号,从而丰富内在"意"的存在。同质异构是图形创意设计最基本的表现手法之一,建立在设计者对各种事物形态深入认知的基础上,要求设计者能够感知到不同形态之间的联系,从而构造出新颖的图形创意。

2. 异质同构

异质同构是指将不同形态的事物进行结合,使其既具有内在的逻辑关联,又具有外在的视觉冲突,从而在整体上具有对立统一的辩证关系。异质是指形式载体的不同形态,同构是指不同形态之间的关联。异质同构表现手法要求设计者具有丰富的想象力、较强的洞察力和良好的发散性思维,能够建立事物形态之间的内在关联,且组合不同的事物形态使之具有美感。这需要设计者通过不断地搜集整理各种符号和形象，进行系统的编码和重组，重构图形，从而产生独特的视觉效果以及意义上的统一。

3. 矛盾空间

矛盾空间是指通过有意识地变换正常的空间和时间组合，采用不同的透视法则，展现出错位的视觉效果。例如，使二维的平面设计图形显现出三维立体图形的视觉效果。矛盾空间是西方超现实主义艺术绘画中经典的表现手法，其特点在于通过特殊的构图打破常规视觉反应，形成视觉上空间意识的模糊感，从而创造出奇特的空间感，增强视觉上的冲击性。

4. 正负形

要想理解正负形，首先要区分正形和负形的概念。正形是指能够直接影响受众群体注意的图形，在某种意义上是积极而向前的；负形是指正形所赖以存在的环境空间，在某种意义上是消极而退后的。正形和负形能够相互转换和融合，既相互排斥又相互促进，是一组对立统一的矛盾体。正形和负形在不断的转换与融合中形成极具表现力的视觉艺术形象设计。采用正负形表现手法的图形设计节省空间、主旨明确且形象简练完整，是重要的设计方法之一。

5. 逆向思维

逆向思维是指打破惯性思维，突破思维定式，从逆向视角去思考，从而获得独特的设计思路。这种方法通常会打破思维局限，颠覆受众群体的认知，往往具有出奇制胜的效果。逆向思维表现手法的内涵是打破常规，创造性地分析和解决问题，而不是否定正向思维。虽然在思维上另辟蹊径，但在整体上仍然是连续统一的。逆向思维是常用的图形创意设计表现手法之一。

三、色彩搭配技巧

1. 色调

（1）暖色调，即红色、橙色、黄色等色彩的搭配。这种色调的运用，可使主页呈现温馨、和煦、热情的氛围。

（2）冷色调，即青色、绿色、紫色等色彩的搭配。这种色调的运用，可使主页呈现宁静、清凉、高压的氛围。

（3）对比色调，即把色性完全相反的色彩搭配在同一空间里。例如，红与绿、黄与紫、橙与蓝等。这种色彩的搭配，可以产生强烈的视觉效果，给人亮丽、鲜艳、喜庆的感觉。当然，对比色调如果用得不好，会适得其反，产生俗气、刺眼的不良效果。这就要把握"大调和，小对比"这一重要原则，即总体的色调应该统一和谐，局部可以有一些小的强烈对比。颜色分为三原色，三原色能调和出许多种颜色，这些颜色又分为"冷色"和"暖色"。例如，红色（暖色）搭配蓝色（冷色），就会给人一种对比非常鲜明、清晰的感觉。这种搭配方法用于突出平面设计图的重要部分比较恰当。又如，黄色（冷色）搭配绿色（冷色），两种同样色调的颜色搭配在一起，给人一种结构严谨又略带神秘的感觉。

2. 主色调搭配

色彩是人的视觉最敏感的东西。主页的色彩处理得好，可以锦上添花，达到事半功倍的效果。色彩总的应用原则应该是"总体协调，局部对比"，也就是主页的整体色彩效果应该是和谐的，只在局部和小范围可以有一些强烈的色彩对比。

在色彩的运用上，可以根据主页内容的需要，分别采用不同的主色调。

色彩具有象征性，例如，嫩绿色、翠绿色、金黄色、灰褐色可以分别象征春、夏、秋、冬。此外，还有职业的标志色，例如军警的橄榄绿、医疗卫生的白色等。

另外，色彩还有民族性，各个民族由于环境、文化、传统等因素的影响，对于色彩的喜好也存在较大的差异。

充分运用色彩的这些特性，可以使主页具有深刻的艺术内涵，从而提升主页的文化品位。

3. 色彩的心理感觉

不同的颜色会给浏览者不同的心理感受。

红色：是一种激愤的色彩。具有刺激效果，能使人产生冲动、愤怒、热情、活力的感觉。

绿色：介于冷暖两种色彩的中间，给人和睦、宁静、健康、安全的感觉。它和金黄、淡白搭配，可以营造优雅、舒适的气氛。

橙色：也是一种激愤的色彩，能营造轻快、欢欣、热烈、温馨、时尚的效果。

黄色：具有快乐、希望、智慧和轻快的个性，它的明度最高。

蓝色：给人凉爽、清新、专业的感觉，它和白色混合，能营造柔顺、淡雅、浪漫的气氛（像天空的色彩）。

白色：给人洁白、明快、纯真、清洁的感觉。

黑色：给人深沉、神秘、寂静、悲哀、压抑的感觉。

灰色：给人中庸、平凡、温和、谦让、中立和高雅的感觉。

每种色彩在饱和度、透明度上略微变化就会产生不同的感觉。以绿色为例，黄绿色有青春、旺盛的视觉意境，而蓝绿色则显得幽深。

4. 色彩应用

用一种色彩是指先选定一种色彩，然后调整透明度或者饱和度（通俗来讲，就是将色彩变淡或者加深），产生新的色彩。

用两种色彩是指先选定一种色彩，然后选择它的对比色（在 PS 里按组合键 Ctrl+Shift+I）。

用一个色系，简单来说，就是用一个感觉的色彩，例如淡蓝、淡黄、淡绿，或者土黄、土灰、土蓝。

用黑色和一种彩色。如大红的字体配黑色的边框给人感觉很跳跃。

确定色彩的方法有很多，可以在 PS 里看前景色方框，在跳出的拾色器中选择自定义，然后在色库中选择。

四、草图设计

1. 草图的重要性

草图，是创意设计流程中必不可少的一步，草图是创意思维的预演和预告。草图设计不用太炫的图画，只需要用适当的技巧表达你自己的想法。简单来说，草图是思维的表达方式，用来解决问题。

草图是一种可视化的、更加清晰有效的沟通方式。画草图是一种技能,实践得越多,能力越强。不要太在意草图在"绘画"方面的视觉效果,试着把它当作海报来审视——你第一眼看到的是什么？细节信息在什么地方？记住,人的目光总会被细节与强烈的对比所吸引。就像语言表达能力可以决定人与人之间相互了解的程度,草图的表现力也会直接影响作品设计流程中的信息沟通。(草图设计详细内容见项目四)

2. 草图设计时需要注意的问题

第一,绘画线条时需要画者细心观察物像,注意线条的来龙去脉,交代清楚线条与线条之间交叉、搭接的关系。第二,勾画时心态要放松,下笔要大胆,要不厌其烦地练习,积累经验,从量变到质变。第三,勾画线条时,要一气呵成,避免出现断断续续的线条。第四,下笔肯定,一条不准确,再画一条补上,切忌因怕画错或画不准确而犹豫不定。第五,勾画时用铅笔尖的侧面着纸,利用手腕的力量进行转动,手掌不能紧贴纸面,应悬臂来画。

职言职语

"心心在一艺,其艺必工；心心在一职,其职必举。"

任务实施

任务编号：5-1（任务实施）		任务名称：平面作品创作	
成员人数	（　　）人		
前续成果回顾	平面作品草图设计成果：		
任务资讯	1. 品牌平面广告设计技巧 2. 相似竞品品牌平面广告设计案例 3. 相关品牌平面设计广告国家级比赛获奖作品		
任务分工	内容		完成人
	1. 学习平面广告创意的原理、特点和技巧		全体成员
	2. 熟悉并熟练运用平面设计工具		全体成员
	3. 拆解案例、提炼、总结		全体成员
	4. 对平面作品草图进行创意和再加工		
	5. 创作平面广告作品		
资讯获取 学习笔记	1. 平面创意内容及来源：_____ 2. 学习启示：_____		
任务决策	平面作品提交：		

评价反馈

评价方式包括自我评价、任务小组组长评价、小组互评、教师评价、企业评价。成果完成后请进行自评、互评和教师评价，评价内容与标准参考表 5-1。

表 5-1　评价反馈表

任务编号：5-1（评价反馈）		任务名称：平面作品创作
评价项目	评价内容	等级
职业素养	出勤：团队中迟到、早退、旷课情况	□A □B □C
	团队合作：效率高、分配合理、组织有序	□A □B □C
	工匠精神：精益求精	□A □B □C
	社会责任：具有社会意识、公德与法律意识	□A □B □C
营销理论知识应用	1. 营销知识应用得当、理解有深度	□A □B □C
	2. 具体应用了哪些营销理论：_____	□A □B □C
作品设计	1. 总结平面作品设计要求及形式，搜集竞品设计案例能力	□A □B □C
	2. 色彩搭配与布局设计能力	□A □B □C
	3. 创意新颖度	□A □B □C
	4. 文案有特色	□A □B □C
	5. 作品完成效率高	□A □B □C

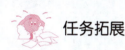

任务拓展

中国银行行徽设计中的"文化元素"
——靳埭强与中国银行标志设计

从 1987 年起，中国银行开始使用"中行"这一醒目的行徽，它的设计者是靳埭强先生（见图 5-1）。这个标志，"以中字和古钱形相互结合而构成。中字代表以中国资本的联营集团；古钱象征银行服务；圆角的方孔是现代化电脑的联想，上下连串的直线则象征联营服务"。中国银行标志设计融入了明显的中国传统文化理念，体现出中国传统文化的博大精深。

（a）　　　　　　　　（b）

图 5-1　靳埭强与中国银行标志
（a）靳埭强；（b）中国银行

思考：中国的传统文化包括哪些？

任务二　视频作品创作

案例导入

《HBN，让时光倒流》短视频作品创意

《HBN，让时光倒流》为 HBN 视黄醇塑颜精华乳（120 毫升/瓶）命题的短视频广告作品，作品创意内容亮点是：用逆向思维，将原本向下流的眼泪镜头，顺势转换为反向泪水回流眼中，同时配合不断变化的容颜。整个创意出其不意，让人印象深刻。

请扫码获取：具体作品

请扫码获取：具体作品

任务工单

任务编号：5-2（任务工单）		任务名称：视频作品创作
任务发起：企业营销部		前续任务：项目四任务二、三
任务目标及要求	为品牌完成视频类广告作品 具体要求如下： 1. 符合品牌调性，突出品牌特点 2. 制作分镜头脚本 3. 每个团队至少设计完成两套视频创意方案 4. 品牌视频拍摄要符合大众审美 5. 作品类型及要求 影视广告时长：15 秒或 30 秒两种规格，限横屏 微电影广告时长：30~180 秒，限横屏 短视频时长：30 秒以内（含 30 秒），限竖屏，视频宽高比为 9∶20~9∶16。不要倒计时，不可出现创作者相关信息。 6. 作品格式：MP4 格式，影视广告、短视频文件大小不超过 30 MB，微电影广告文件大小不超过 40 MB		

续表

优秀作品赏析	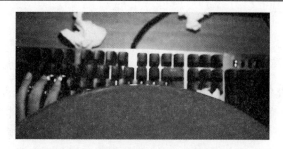 第 14 届大广赛视频类一等奖《一触即发》  第 14 届大广赛视频类一等奖《青丝如绢，润发百年》 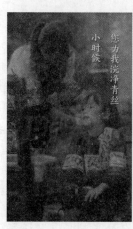 第 14 届大广赛视频类一等奖《百年守护》
参考资料及作品获取	1. 大广赛官网；2. 创意星球官网；3. 广告公司官网；4. 其他视频类平台（抖音、B站等）。 请关注上述相关公众号或官网搜索获奖视频作品或名人名家视频作品用于参考学习
任务命题策略单	策略单 *请扫码回读策略单

相关知识

一、工具介绍

（1）拍摄设备。手机，目前人们拍摄短视频用得最多的设备就是手机，手机便携且小巧，容易拍摄。微单，画质优于手机，专业性相对更高，同样小巧便携，容易拍摄。单反相机及摄像机，画质最佳，专业性最强，可以胜任高标准的视频拍摄任务。

（2）灯光设备。LED补光灯，由LED灯泡提供光源的灯具，亮度高，发热少，适合长时间补光使用。柔光灯，在灯具上加柔光箱，使光线变得柔和。

（3）稳定设备。三脚架，固定镜头的取景拍摄需要用到三脚架搭配云台作为支撑点以确保画面的清晰稳定。稳定器，相机使用的斯坦尼康以及手机稳定器，都可以在拍摄运动镜头时起到防止画面抖动的作用。

（4）收声设备。内置麦克风，手机、单反等拍摄设备中一般有集成麦克风，方便即拍即用，缺点是指向性弱，不能过滤噪声，录制音频质量差。外置麦克风，外置麦克风分为有线和无线两种类型，现在短视频往往选用无线麦克风进行收声。

二、创意技巧

1. 突出主题

一部好的短视频必须有一个清晰的主题，这样才能让观众理解你想要表达的意思。在制作短视频之前，需要先确定主题，然后通过一个简短的故事来表达短视频的主题。你可以通过剧情、角色、场景等方式来突出主题，让观众深刻地感受到你想要传达的信息。

2. 充分利用音乐和声音

音乐和声音是短视频制作中非常重要的元素，可以增强观众的情感体验。选择一首符合主题的音乐，并在适当的时候加入音效，可以让观众更加深入地理解你想要表达的意思。当然，音乐和音效的使用也要适度，如果过度使用会让观众感到疲惫。

3. 创意的拍摄方式

短视频的视觉效果非常重要，拍摄方式有创意可以让短视频更加吸引人。你可以尝试不同的拍摄角度、镜头运动和特殊效果，以及其他的创新方式来制作一个独特的短视频。当然，这些创意的拍摄方式也需要与主题相契合。

4. 剪辑技巧

剪辑是短视频制作中不可缺少的环节，剪辑技巧的好坏直接影响短视频质量的高低。在剪辑短视频时，你需要注意节奏和流畅性，尽可能地将故事情节串联起来，并且在合适的地方加入适当的过渡效果。同时，你也可以使用一些剪辑技巧来增强视觉效果，例如分屏、慢动作等。

5. 传递情感

一部好的短视频必须能够打动人心，传递情感。你可以通过情感化的故事、音乐和声音等方式来引起观众的共鸣。同时，你也可以通过一些细节来表达情感，例如镜头语言、表情和动作等。让观众在看完你的短视频之后，能够感受到你想要表达的情感和思想。

创意赏析

情感
——白象食品新年贺岁视频广告《100分》

煎熬一路,是为奔赴记忆中最温暖的地方。这部在2020年春节推出的微电影,讲述一对在北京经营着一家小餐馆的夫妇,春节将近,他们是外地务工人群的一抹缩影,再难熬的路程,也拖不住他们回家过年的脚步。白象食品新年贺岁视频广告《100分》(见图5-2)中浓厚的新年气氛、为了团聚而奔波的人们、孩子对父母的爱等都反映了中国传统文化的深厚底蕴与家和万事兴的文化内涵。

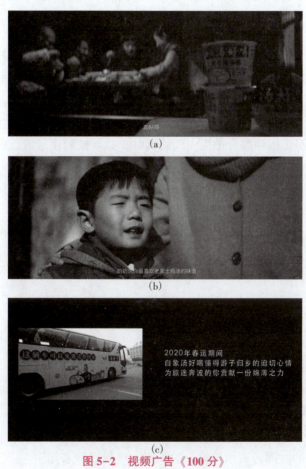

图5-2 视频广告《100分》
(a) 示意一;(b) 示意二;(c) 示意三

三、脚本撰写

1. 时间因素

对于30秒的影视广告,要充分表达广告信息内容是件不容易的事,所以编写镜头的长度,要尽可能考虑时间这一因素。

2. 镜头技巧因素

视频广告的画面要紧凑,有逻辑性。因此,运用景别技巧要符合认知规律和逻辑规律,镜头组接技巧要富有节奏感。

3. 画面与解说因素

视频广告的画面是广告内容的重要体现者，而解说是对广告内容的陈述。两者要根据创意、表现的要求，尽可能配合得自然、和谐。正如常说的恰到好处，这也是编写过程需要考虑的因素。

4. 音响与音乐因素

音响是为了表现某种逼真效果，音乐是渲染广告的艺术氛围。在编写视频广告分镜头脚本时，何时需要音响、何时出现音乐，也是不容忽视的。

分镜头脚本的构成格式包括镜头序号、镜头运动、景别、镜头时间、画面内容、演员调度、场景设计、演员台词、解说词、广告口号、音乐、音响（效果声）等。分镜头脚本的写作方法是从电影分镜头剧本的创作中借鉴来的。一般按镜号、镜头运动、景别、时间长度、画面内容、广告词、音乐音响的顺序，画成表格，分项撰写。若是有经验的导演，写作时在格式上会灵活掌握，不会拘泥于此。

5. 镜号

镜号即镜头顺序号，按组成视频广告的镜头先后顺序，用数字标出。它可作为某一镜头的代号。拍摄时，不必按顺序号拍摄，而编辑时，必须按顺序号进行编辑。

6. 机号

现场拍摄时，往往是用 2~3 台摄像机同时拍摄，机号代表这一镜头是由哪一号摄像机拍摄的。前后两个镜头分别用两台以上摄像机拍摄时，镜头的连接，一般会马上通过特技机将两镜头进行现场编辑。若是采用单机拍摄，后期再进行编辑的录制，标出的机号就没有意义了。

7. 景别

景别分为远景、全景、中景、近景、特写等，代表在不同距离观看被拍摄的对象。它能根据内容、情节要求反映对象的整体或突出局部。

8. 技巧

电视技巧包括摄像机拍摄时镜头的运动技巧，如推、拉、摇、移、跟等；镜头画面的组合技巧，如分割画面和键控画面等；镜头之间的组接技巧，如切、淡入淡出、叠化、圈入圈出等。一般在分镜头脚本中，在技巧栏只标明镜头的组接技巧。

9. 时间

时间指镜头画面的时间，表示该镜头的长短，一般以秒来标明。

10. 画面内容

画面内容就是用文字阐述所拍摄的具体画面。为了阐述方便，推、拉、摇、移、跟等拍摄技巧也在这一栏中与具体画面结合在一起加以说明。有时也包括画面的组合技巧，如画面是由分割两部分合成，或在画面上键控出某种图像等。

11. 解说

对应一组镜头的解说词，它必须与画面密切配合。

12. 音响效果

在相应的镜头标明使用的效果声。

13. 音乐

注明音乐的内容及起止位置。

14. 备注

方便导演记事用，导演有时把拍摄外景地点和一些特别要求写在此栏。

四、视频拍摄

视频拍摄需要注意以下事项：

1. 保持画面的构图平衡

普通的照片摆歪了，还可以很轻易地再将它转回到水平位置上。可是电视机里播放的图像如果发生了倾斜，那就麻烦多了。在每次按下录像键之前，我们都要环视四周的环境，看看取景器中被拍摄的画面是否为自己所需要的——这就是构图。摄像的构图规则与静态摄影的构图规则十分类似，不但要注意主角的位置，而且要研究整个画面的配置，保持画面的平衡性和画面中各物体要素之间的内在联系，调整构图对象之间的相对位置及大小，并确定各自在画面中的布局地位。一幅完美的构图，起码应该做到下面两点：一是画面整洁、流畅，避免杂乱的背景；二是色彩平衡性良好，画面要有较强的层次感，确保主体能够从全部背景中突显出来。

2. 尽量利用自然光

光线充足是获得完美画面的先决条件，而摄像机的低照度性能较模拟式摄像机为优，阳光下的所有景物的光效都是由直射的阳光、散射的"天光"和环境的反光这三种形态的光线所构成，对自然光这三种形态的认识和把握，是再现和表现画面形象的基础。阳光具有"自然而然"的变化规律和特性，我们在运用自然光进行拍摄时，只能遵循这种客观存在的规律，选择符合创作意图的拍摄地点、拍摄时间和拍摄角度。在同一地方，随着季节的变化太阳在空中的方位也发生着变化；在同一季节，随着地理位置的不同太阳的方位也不同；在一天中，太阳的位置也不断发生着变化，与地平面形成不同的入射角。只有掌握好时机，才能拍摄好视频。

3. 尽量顺光拍摄

在拍摄时，一定要确认被摄物体和阳光或灯光之间的位置关系。最基本的条件就是"面向光源"，即光源是在被摄物体前面的那种状态。当然，这样容易失去立体感或成为没有阴影的平面图像，遇到这样的情况，可以将光线稍微斜过来一点，以此来增加对比度。这样，就能拍摄出一幅立体感较强的图像。逆光拍摄容易使人物的脸部过暗，或者阴影部分看不清楚。如果必须在逆光条件下拍摄人物，就一定要使用反光板。因为逆光补偿功能的作用不尽如人意。另外，由于摄像机的自动白平衡是根据其背景色调来调节的，因此在这种背景本身就昏暗不清的情况下，如果希望得到自然真实的画面色彩，就只能亲自动手了。

4. 移动镜头要有规律

镜头的移动应该有规律，要么从左到右，要么从右到左。同样，上下、进退也都要有迹可循。摇摄形成镜头运动迫使观众随之改变视觉空间，观众对后面摇进画面的新空间或新景物就会产生某种期待和注意，如果摇摄的画面没有什么可给观众看的，或是后面的事物与前面的事物没有任何联系，就不要用摇镜头。另外，摇摄的时间不宜过长或过短。根据以往的经验，用摇摄的方法拍摄一组镜头以 10 秒左右为宜，过短时画面看起来像在飞，过长时又会让人觉得拖泥带水。追随摇摄运动物体时，摇速要与画面内运动物体的位移相对应，拍摄时应尽力将被摄主体稳定地保持在画框内的某一点上。

5. 移动镜头要平稳

进行摇动拍摄时，一定要平稳地移动摄像机的镜头。最好使用三脚架，这样有利于拍摄出稳定的画面。如果用手持机，其基本姿势是：首先将两脚分开约 50 厘米站立，脚尖稍微朝外成八字形，再摇动腰部（注意不是头部，更不是膝部）。这样可以使摇摄的动作更为平稳。不管是上下摇摄还是左右摇摄，动作应该平稳滑顺，画面流畅，中间无停顿，更不能忽快忽慢。要注意不要过分移动镜头，也不要在没有需要的情况下移动镜头。摇摄的起点和终点一定要把握得恰到好处，技巧运用得有分寸。同时，要避免摇来摇去，摇摄过去就不要再摇摄回来，只能做一次左右或上下的全景拍摄。

6. 合理使用对焦功能

在拍摄时是以拍摄主体在画面正中央为对焦的点，要避免拍摄主体前有走动的物体影响红外线测距。摄像设备虽然全部采用自动对焦，但是在某些特殊情况下（如隔着铁丝网、玻璃或者与目标之间有人物移动等），画面的焦距就没有那么稳定了，常常时而清晰时而模糊，亦真亦幻，让人难以把握。这是因为在自动对焦的情形下，摄像设备是依据前方物体反射回来的信号判断距离或调整焦距的。此时，只要将对焦状态从自动切换到手动就可以了。

7. 充分掌握手动调节功能

大多数摄像机都是"傻瓜"型的全自动设备，操作者只需打开电源，按动录制/停止键，就可以拍摄自如了。如果要获得更好的影像，就应该进一步提高自己的技术能力，学习正确地控制焦点、调节曝光度以及获得准确的白平衡。如果我们能逐步掌握一些手动调节功能，就可以在影像的拍摄方面赢得更大的主动性，让摄像机成为我们创作当中得心应手的工具。

8. 围绕中心人物拍摄

每一次活动或庆典当中，中心人物只能是一个或不多的几个人，婚礼上的新郎、新娘，刚刚满月的婴儿，寿宴上的老人或者是从远方归来团聚的亲友。拍摄者应当将主要的精力放在这些事件主人公的身上，而不是蜻蜓点水般地为每一位到场的来宾都立此存照。中心人物的行为、言语和情绪变化构成了整部作品的逻辑主线。无论是新婚夫妇在婚礼上互致爱意的海誓山盟，抑或是摇篮里婴儿天真稚拙的表情，都将是我们的视频中不可多得的珍贵镜头，也是吸引他人热心观看的精华段落。即便是拍摄其他人的言行，也都应围绕着视频的主要人物着笔，不可喧宾夺主，弄成一部拉杂琐碎的流水账。面对摄像机，许多人——特别是活动中的主人公——都愿意有所表示，或者手舞足蹈，或者侃侃而谈。在视频中穿插他们此时彼刻的即时感受，昭示他们未能完全展现的内心情感，能够让视频更加深入，更具有打动心灵的力量。

9. 注重环境与细节的拍摄

衡量一部视频作品的优劣，对细节刻画的成功与否占有举足轻重的位置。由于摄像机通过镜头焦距的变化，能够更为宏观或微观地审视我们周遭的环境，它所呈现出来的视觉空间，自然是一个由更多全景与细节交织构成的主观世界。不少视频创作新人还不太习惯通过摄像机观察自己肉眼看不真切的地方，因而记录下来的，大多是人所共见的平庸影像。但优秀的创作者则是全方位的观察家，他们善于用镜头捕捉神情微妙的面孔、紧张发抖的双手、衣衫下摆的民间纹样、窗外叮咚作响的风铃以及种种一现即逝的精彩瞬间。

10. 掌握拍摄时间

为方便观众了解画面，转拍另一画面前最好让镜头停留几秒钟。拍摄动态影像时，需要配合适当的时间移动摄像机。而拍摄风景时，最适当的拍摄时间是 10 秒左右。如果一个镜头的时间太短，则图像会让观众看不明白。反之，如果一个镜头的时间太长，则影响观众的观看热情。所以每个镜头的时间掌握就颇值得仔细玩味。建议：特写 2~3 秒、中近景 3~4 秒、中景 5~6 秒、全景 6~7 秒、大全景 6~11 秒，而一般镜头拍摄以 4~6 秒为宜。

五、视频剪辑

1. 镜头的组接必须符合观众的思想方式和影视表现规律

镜头的组接要符合生活的逻辑、思维的逻辑，不符合逻辑观众就看不懂。视频要表达的主题与中心思想一定要明确，在这个基础上我们才能确定根据观众的心理要求（即思维逻辑）选用哪些镜头，怎样将它们组合在一起。

2. 景别的变化要采用"循序渐进"的方法

一般来说，拍摄一个场面的时候，"景"的发展不宜过分剧烈，否则就不容易连接起来。相反，"景"的变化不大，同时拍摄角度变换亦不大，拍出的镜头也不容易组接。基于以上原因，我们在拍摄的时候，"景"的发展变化需要采取循序渐进的方法。循序渐进地变换不同视觉距离的镜头，可以形成顺畅的连接，形成各种蒙太奇句型。

（1）前进式句型：这种叙述句型是指景物由远景、全景向近景、特写过渡。用来表现由低沉到高昂向上的情绪和剧情的发展。

（2）后退式句型：这种叙述句型是由近到远，表示由高昂到低沉、压抑的情绪，在视频中由细节扩展到全部。

（3）环行句型：是把前进式和后退式的句型结合在一起使用。由全景—中景—近景—特写，再由特写—近景—中景—远景，或者我们也可反过来运用。表现情绪由低沉到高昂，再由高昂转向低沉。这类句型一般在影视故事片中较为常用。

在组接镜头的时候，如果遇到同一机位、同景别又是同一主体的画面是不能组接的。因为这样拍摄出来的镜头景物变化小，一幅幅画面看起来雷同，接在一起好像同一镜头在不停地重复。此外，这种机位、景物变化不大的两个镜头接在一起，只要画面中的景物稍有变化，就会在人的视觉中产生跳动或者好像一个长镜头断了好多次，有"拉洋片""走马灯"的感觉，破坏了画面的连续性。

如果我们遇到这样的情况，对于镜头量少的视频可以采用重拍的方式，但对于其他同机位、同景物的时间持续长的视频来说，采用重拍的方式就显得浪费时间和财力了。这时最好的办法是采用过渡镜头。如从不同角度拍摄再组接，穿插字幕过渡，让表演者的位置、动作变化后再组接。这样组接后的画面就不会产生跳动、断续和错位的感觉。

3. 镜头组接中的拍摄方向，轴线规律

主体物在进出画面时，我们需要注意拍摄的总方向，应从轴线一侧拍，否则两个画面

接在一起主体物就要"撞车"。

所谓的"轴线规律",是指拍摄的画面是否有"跳轴"现象。在拍摄时,如果拍摄机的位置始终在主体运动轴线的同一侧,那么构成画面的运动方向、放置方向都是一致的,否则应是"跳轴"了,跳轴的画面除了特殊的需要以外是无法组接的。

4. 镜头组接要遵循"动从动""静接静"的规律

如果画面中同一主体或不同主体的动作是连贯的,可以动作接动作,达到顺畅、简洁过渡的目的,我们简称为"动接动"。如果两个画面中的主体运动是不连贯的,或者它们中间有停顿时,那么这两个镜头的组接必须在前一个画面主体做完一个完整动作停下来后,接上一个从静止到开始的运动镜头,这就是"静接静"。"静接静"组接时,前一个镜头结尾停止的片刻叫作"落幅",后一镜头运动前静止的片刻叫作"起幅",起幅与落幅时间间隔为一两秒钟。运动镜头和固定镜头组接,同样需要遵循这个规律。如果一个固定镜头要接一个摇镜头,则摇镜头开始要有"起幅";相反,一个摇镜头接一个固定镜头,那么摇镜头要有"落幅",否则画面就会给人一种跳动的视觉感。为了特殊效果,也有静接动或动接静的镜头。

5. 镜头组接的时间长度

我们在拍摄影视节目的时候,每个镜头的停滞时间长短,首先是由要表达的内容难易程度和观众的接受能力来决定的,其次要考虑到画面构图等因素。例如,由于画面选择景物不同,包含在画面的内容也不同。远景、中景等镜头大的画面包含的内容较多,观众需要看清楚这些画面上的内容,所需要的时间就相对长一些;而对于近景、特写等镜头小的画面,所包含的内容较少,观众只需要短时间即可看清,所以画面停留时间可短一些。

另外,一幅或者一组画面中的其他因素,也对画面长短起到制约作用。如同一个画面亮度大的部分比亮度小的部分更能引起人们的注意。因此如果该幅画面要表现亮的部分时,长度应该短些,如果要表现暗的部分时,则长度应该长些。在同一幅画面中,动的部分比静的部分先引起人们的视觉注意。因此如果重点要表现动的部分时,画面要短些;表现静的部分时,则画面应该稍微长些。

6. 镜头组接的影调色彩的统一

影调是指以黑的画面而言。黑的画面上的景物,不论原来是什么颜色,都是由许多深浅不同的黑白层次组成软硬不同的影调来表现的。对于彩色画面来说,除了一个影调问题还有一个色彩问题。无论是黑白还是彩色画面组接,都应该保持影调色彩的一致性。如果把明暗或者色彩对比强烈的两个镜头组接在一起(除了特殊需要外),就会使人感到生硬和不连贯,影响内容顺畅表达。

7. 镜头组接节奏

视频的题材、样式、风格以及情节的环境气氛、人物的情绪、情节的起伏跌宕等是视频节奏的总依据。视频节奏除了通过演员的表演、镜头的转换和运动、音乐的配合、场景的时间和空间变化等因素来体现以外,还需要运用组接手段,严格掌握镜头的尺寸和数量,整理调整镜头顺序,删除多余的枝节才能完成。也可以说,组接节奏是视频总节奏的最后一个组成部分。

处理视频的任何一个情节或一组画面,都要从视频表达的内容出发来处理节奏问题。

如果在一个宁静祥和的环境里用了快节奏的镜头转换，就会使观众觉得突兀跳跃，心理难以接受。然而在一些节奏强烈、激荡人心的场面中，就应该考虑到种种冲击因素，使镜头的变化速率与观众的心理要求一致，以增强观众的激动情绪，达到吸引的目的。

8. 镜头的组接方法

镜头画面的组接除了采用光学原理的手段以外，还可以通过衔接规律，使镜头之间直接切换，情节更加自然顺畅。下面介绍几种有效的镜头组接方法：

（1）连接组接：相连的两个或者两个以上的一系列镜头表现同一主体的动作。

（2）队列组接：相连镜头但不是同一主体的组接，由于主体的变化，下一个镜头主体的出现，观众会联想到上下画面的关系，起到呼应、对比、隐喻烘托的作用。其往往能够创造性地揭示出一种新的含义。

（3）黑白格的组接：为造成一种特殊的视觉效果，如闪电、爆炸、照相馆中的闪光灯效果等。组接的时候，我们可以将所需要的闪亮部分用白色画格代替，在表现各种车辆相接的瞬间组接若干黑色画格，或者在合适的时候采用黑白相间画格交叉，有助于加强影片的节奏、渲染气氛、增强悬念。

（4）两级镜头组接：是由特写镜头直接跳切到全景镜头或者从全景镜头直接切换到特写镜头的组接方式。这种方法能使情节的发展在动中转静或者在静中变动，节奏上形成突如其来的变化，产生特殊的艺术效果。

（5）闪回镜头组接：用闪回镜头，如插入人物回想往事的镜头，这种组接技巧可以用来揭示人物的内心变化。

（6）同镜头分析：将同一个镜头分别在几个地方使用。运用该种组接技巧的时候，往往是出于这样的考虑：或者是因为所需要的画面素材不够；或者是有意重复某一镜头，用来表现某一人物的情丝和追忆；或者是为了强调某一画面所特有的象征性的含义以引发观众的思考；或者是为了首尾相互接应，从而在艺术结构上给人一种完整而严谨的感觉。

（7）拼接：有时，虽然我们在户外拍摄了很多次，拍摄时间也相当长，但可以用的镜头却很短，达不到我们所需的长度和节奏。在这种情况下，如果有同样或相似内容的镜头，就可以把它们当中可用的部分组接起来，以达到视频画面必需的长度。

（8）插入镜头组接：在一个镜头中间切换，插入另一个表现不同主体的镜头。如一个人正在马路上走着或者坐在汽车里向外看，突然插入一个代表人物主观视线的镜头（主观镜头），以表现该人物意外地看到了什么与直观感想和引起联想有关的镜头。

（9）动作组接：借助人物、动物、交通工具等动作和动势的可衔接性以及动作的连贯性和相似性，作为镜头的转换手段。

（10）特写镜头组接：上个镜头以某一人物的某一局部（头或眼睛）或某个物件的特写画面结束，然后从这一特写画面开始，逐渐扩大视野，以展示另一情节的环境。其目的是在观众将注意力集中在某一个人的表情或某一事物时，在不知不觉中就转换了场景和叙述内容，而不使人产生陡然跳动的不适感。

（11）景物镜头的组接：在两个镜头之间借助景物镜头作为过渡，一方面是以景为主、以物为陪衬的镜头，可以展示不同的地理环境和景物风貌，也表示时间和季节的变换，又是以景抒情的表现手法；另一方面是以物为主、以景为陪衬的镜头，这种镜头往往作为转换的手段。

（12）声音转场：用解说词转场，这个技巧一般在科教片中比较常见。用画外音和画内音互相交替转场，像一些电话场景的表现。此外，还可以利用歌唱来实现转场的效果，并且可以利用各种内容换景。

（13）多屏画面转场：这种技巧有多画屏、多画面、多画格和多银幕等多种叫法，是近代影视艺术的新手法。把银幕或者屏幕一分为多，可以使双重或多重的情节齐头并进，大大压缩了时间。如在电话场景中，打电话时，接打电话的人都在画面中，打完电话，打电话人的戏没有了，但接电话人的戏开始了。

镜头的组接技法是多种多样的，按照创作者的意图，根据情节的内容和需要而创造，没有具体的规定和限制。在具体的后期编辑中，可以自行发挥，但不要脱离实际情况和需要。

9. 剪辑规律

（1）突出主题。

突出主题，合乎思维逻辑，是对每一个视频剪辑的基本要求。在剪辑素材中，不能单纯追求视觉习惯上的连续性，而应该按照内容的逻辑顺序，依靠一种内在的思想实现镜头的流畅组接，达到内容与形式的完善统一。

（2）遵循"轴线规律"。

轴线规律，是指组接在一起的画面一般不能跳轴。镜头的视觉代表了观众的视觉，它决定了画面中主体的运动方向和关系方向。如拍摄一个运动镜头时，不能是第一个镜头向左运动，下一个组接的镜头向右运动，这样的位置变化会引起观众的思维混乱。

（3）动接动，静接静。

这个剪辑原则是指在剪辑时，前一个镜头的主体是运动的，那么组接的后一个镜头的主体也应该是运动的；相反，如果前一个镜头的主体是静止的，组接的后一个镜头的主体也应该是静止的。

（4）景别的变化要循序渐进。

这个原则是指在组接镜头时，景别跳跃不能太大，否则就会让观众感到跳跃太大、不知所云。因为人们在观察事物时，总是按照循序渐进的规律，先看整体后看局部。在全景后接中景与近景逐渐过渡，会让观众感到清晰、自然。

（5）保持影调、色调的统一性。

影调是针对黑白画面而言，在剪辑中，要注意剪辑的素材影调和色调比较接近。如果两个镜头的色调反差强烈，就会有生硬和不连贯的感觉，影响内容的表达。

（6）注意每个镜头的时间长度。

每个素材镜头保留或剪掉的时间长度，应该根据前面所介绍的原则加以确定，该长则长，该短则短。画面的因素、节奏的快慢等都是影响镜头长短的重要因素。

10. 声音组合

（1）声音的并列。

这种声音组合即是几种声音同时出现，产生一种混合效果，用来表现某个场景，如表现大街繁华时的车声以及人声等。但并列的声音应该有主次之分，要根据画面适度调节，把最有表现力的作为主旋律。

（2）声音的交错。

声音的交错即含义不同的声音按照需要同时安排出现，使它们在鲜明的对比中产生反衬效应。

（3）声音的遮罩。

声音的遮罩即在同一场面中，并列出现多种同类的声音，有一种声音突出于其他声音之上，引起人们对某种发生体的注意。

（4）接应式声音交替。

接应式声音交替即同一声音此起彼伏，前后相继，为同一动作或事物进行渲染。这种有规律节奏的接应式声音交替，经常用来渲染某一场景的气氛。

（5）转换式声音交替。

转换式声音交替即采用两声音在音调或节奏上的近似，从一种声音转化为两种声音。如果转化为节奏上近似的音乐，既能在观众的印象中保持音响效果所造成的环境真实性，又能发挥音乐的感染作用，充分表达一定的内在情绪。同时由于节奏上的近似，在转换过程中会给人一气呵成的感觉，这种转化效果有一种韵律感，容易记忆。

（6）声音与"静默"交替。

"无声"是一种具有积极意义的表现手法，在视频中通常作为恐惧、不安、孤独、寂静以及人物内心空白等气氛和心情的烘托。

"无声"可以与有声在情绪上和节奏上形成明显的对比，具有强烈的艺术感染力。如在暴风雨后的寂静无声，会使人感到时间的停顿，生命的静止会给人以强烈的感情冲击。但这种无声的场景在视频中不能太多，否则会减缓节奏，失去感染力，让人产生烦躁的主观情绪。

任务实施

任务编号：5-2（任务实施）		任务名称：视频作品创作	
成员人数	（　　）人		
前续成果回顾	视频脚本简介：_____		
任务资讯	1. 品牌视频创意拍摄技巧 2. 相似竞品品牌视频创意案例 3. 相关品牌视频创意国家级比赛获奖作品		
任务分工	内容		完成人
	1. 学习视频拍摄的原理、特点和技巧		全体成员
	2. 同品类竞争对手及竞品确定和资讯获取		
	3. 目标用户画像分析		
	4. 品牌和产品风格分析		
	5. 总结出产品卖点、消费痒点、痛点、爽点		
	6. 品牌视频创意拍摄实施		
资讯获取 学习笔记	1. 视频创意内容及来源：_____ 2. 学习启示：_____		
任务决策	最终视频作品简介：_____		

 评价反馈

1. 评价方式

自我评价、任务小组组长评价、小组互评、教师评价、企业评价。

2. 评价内容

评价内容包括团队协作、任务清单完成的数量和质量、任务的逻辑性、专业知识的掌握和应用、方法和能力的提升等方面，任务评价权重如表5-2所示。

表5-2 任务评价权重

评价维度	评价内容	配分	得分
品牌视频创意案例学习（20%）	品牌案例拆解	5	
	品牌案例创意提炼	5	
	品牌案例创意总结分析	10	
品牌视频创意实施（30%）	1. 总结品牌视频创意的要求及形式，搜集竞品拍摄案例	10	
	2. 消费者洞察分析，分析消费者画像及需求	10	
	3. 视频创意拍摄方案完成度	10	
相关知识（30%）	视频创意拍摄的原理	10	
	视频创意拍摄的特点	10	
	视频创意拍摄的技巧	10	
团队协作（20%）	参与度	10	
	工作质量	10	

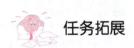 任务拓展

请扫码获取：优秀作品赏析 1

请扫码获取：优秀作品赏析 2

任务三　动画作品创作

案例导入

方太——《陪着你住进童话里》动漫广告作品

　　一年一年的母亲节已经逐渐演变成康乃馨、保健品、化妆品等各种充斥着越来越多消费主义的节日。还原爱的本真，方太用清新优雅的新中式风，推出了一部关于母亲节的动画广告短片——《陪着你住进童话里》。整部动画广告分为三个片段，分别为兔子篇、仙鹤篇和臭鼬篇。相比其他动漫元素更多的创意广告，方太的这部短片更多运用了中式美学，化繁为简。整体画面犹如一幅淡雅的中国水墨画。运镜处理上没有过多的采用强烈反差的手法，而是尽量保持平和柔美，讲述了这个温馨、唯美的故事。

请扫码获取：具体作品

任务工单

任务编号：5-3（任务工单）		任务名称：动画作品创作
任务发起：企业营销部		前续任务：项目四任务二、三
任务目标及要求	\multicolumn{2}{l}{为品牌完成动画作品创作 具体要求如下： 1. 符合品牌调性，突出品牌特点 2. 制作动画分镜头脚本 3. 每个团队至少设计完成两套品牌动画创意方案 4. 动画类创意要符合大众审美 5. 动画作品要突出品牌特点，抓住目标消费者痒点，直击目标消费者痛点，同时满足消费者的爽点，激发兴趣、解决问题、引起共鸣、留下深刻印象}

续表

优秀作品赏析	 第 14 届大广赛动画类一等奖《HBN 美容真经》 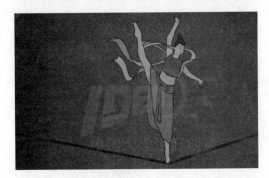 第 14 届大广赛动画类一等奖《青丝舞敦煌》  第 14 届大广赛动画类一等奖《果汁含量高到起飞》
优秀作品获取	1. 大广赛官网；2. 创意星球官网；3. 广告公司官网。 请关注上述相关公众号或官网查看获奖作品或企业官网
任务命题策略单	策略单 ＊请扫码回读策略单

相关知识

如今，动画制作已不局限于 ACG（动画、漫画、游戏）行业，很多企业都会选择制作 MG 动画来强化自己的企业形象，更甚者，也有公司选择投身到动漫行业来强化自己的品牌形象，例如江小白高粱酒，制作了《我是江小白》这样的国漫佳品。当然，不只是江小白，以前也有这样的先例，例如海尔的经典之作《海尔兄弟》。

传统动画的制作过程可以分为总体规划、设计制作、具体创作和拍摄制作四个阶段，每一阶段又有若干个步调，一般分为以下几个阶段：

一、总体规划阶段

1. 剧本创作

任何影片生产的第一步都是创作剧本，但动画片的剧本与真人扮演的故事片剧本有很大分歧。一般影片中的对话，演员的表演是很重要的，而在动画影片中则应尽可能防止复杂的对话。在这里最重要的是用画面表示视觉动作，最好的动画是通过滑稽的动作取得的，其中没有对话，而是由视觉创作激发人们的想象。剧本的选题很重要，它决定着作品的思想水平与社会意义的深度。选择何种写作方式、表示手法、造型风格以及表达什么感觉等都要在定下选题之后才能明确。因此，我们要注重选题工作，要思路清晰、结构明确。

2. 画面与分镜头台本

根据剧本，导演要绘制出类似连环画的故事草图（分镜头画面台本），将剧本描述的动作表示出来。分镜头台本由若干片段组成，每一片段由系列场景组成，一个场景一般被限定在某一地点和一组人物内，而场景又可以分为一系列被视为图片单位的镜头，由此构造出一部动画片的整体结构。分镜头台本在绘制各个镜头时，作为其内容的动作、对白的时间、摄影指示、画面连接等都要有相应的说明。一般 30 分钟的动画剧本，将要绘制约 800 个镜头的画面分镜头台本。

3. 摄制计划表

画面分镜头完成以后，导演要确定整个片子的长度，他将继续确定细节的时间，同时将它们记录在每个镜头上方。在创作一部动画片之前，导演会在设计表上记录下片子的时间。他决定分镜头剧本每一个镜头的实际长度，以及每一个镜头有哪些动作。决定哪里要推、拉、摇、移和叠化等，使故事情节以最好的方式表达出来。

二、设计制作阶段

1. 设计

设计工作是在画面分镜头台本的基础上，确定布景、前景及道具的形式和形状，完成场景环境和布景图的设计、制作。对人物或其他角色进行造型设计，并绘制出每个造型的几个分歧角度的尺度面，以供其他动画人员参考。这两部分工作也称为美术设计。由于它在实际工作中的具象化和琐碎性，因而可以说是一项艰苦而复杂的艺术创作工作，也是一项特殊的脑力活动，是一个创造性的劳动过程。在这一步的创作实践过程中，应当思考一些大的布景问题来宏观地掌控美术设计的风格与效果。

2. 音响

动画片的音乐和对白，可以分成先期录音和后期录音两种。先期录音，是指先录制音乐或对白，然后根据录音来绘制动作画面。后期录音，是指先有动作画面，然后进行音乐或对白配音。制作动画时，因为动作必须与音乐匹配，所以音响录音应在动画制作之前进行。录音完成后，编辑人员还要把记录的声音精确地分解到每一幅画面位置上，即第几秒（或第几幅画面）开始说话、说话持续多久等。最后要把全部音响历程（或称音轨）分解到每一幅画面位置与声音对应的条表，供动画制作人员参考。

三、具体创作阶段

1. 原画创作

原画创作是由动画设计师绘制出动画的一些关键画面。通常是一个设计师只负责一个固定的人物或其他角色。原画在绘制工作前要仔细分析分镜头画面台本，了解主题、故事情节、人物性格、艺术风格和镜头处理的总体构思，对每一个角色的创作有一个全面的认识。然后对导演分配给自己的一场戏或一组镜头进行认真思考，有一个较为完整的创作设想。经过与导演的交流和磋商，取得认可之后方可进入具体的绘制过程。

2. 动画制作

动画（也称中间画）是原画的助手和合作者。一般就是两张原画之间的一幅画。将原画关键动态之间的变更过程，依照原画所规定的动作范围、张数及运动规律，一张一张地画出来。概括地讲，就是运动物体关键动态之间渐变过程的画。

3. 誊清和描线

在制作完成原画动画的工作后，还要对画稿整理清线，为最后上色做好清理准备，这也是非常重要的工作之一。

4. 着色

由于动画片通常都是彩色的，所以要把画好的原动画依照镜头顺序扫描到电脑上，进行上色。在上色前我们先要做一些准备工作，把动画片的颜色风格确定下来，给每个人物和道具的造型设定做好色稿，就是色指定。依照规定的颜色稿来给每个人物或道具进行上色。布景也由专门的工作人员来完成。

四、拍摄制作阶段

1. 检查

检查是拍摄阶段的第一步。在每一个镜头的每一幅画面全部着色完成之后的拍摄之前，动画设计师需要对每一场景中的各个动作进行详细的检查。

2. 拍摄

传统的动画拍摄是使用中间有几层玻璃层、顶部有一部摄像机的专用摄制台。拍摄时将布景放在最下一层，中间各层放置分层的角色或前景等。拍摄中可以移动各层发生动的效果，还可以利用摄像机的移动、变焦、旋转等变更和淡入功能，生成多种动画特技效果。现今的动画片拍摄手法已经由传统的拍摄手法转化成电脑的拍摄方式。现在很多公司都使用了专业的拍摄软件来完成这项工作，以提高工作效率。

3. 剪辑

剪辑是后期制作的一部分。剪辑过程主要完成动画各片段的连接、排序等，最后合成导演要求的动画片效果。

4. 录音

剪辑完成之后，剪辑人员和导演开始选择音响效果配合动画的动作。在选定所有音响效果并能很好地与动作同步之后，录音师和导演一起对音乐进行复制。再把声音、对话、音乐、音响都混合到一个声道上，最后记录在胶片或录像带上。现在我们可以用电脑音效来选择合适的音乐效果，经过处理刻录在光盘上即可。

以上是传统的动画制作手法，当今动画已经迅速发展，其制作流程也在日益进步，已经由传统的手绘方式逐步转化成电脑的制作方式，以追求更高更好的画面效果。但是无论如何发展，其传统制作方式的逻辑性都是最有效的制作手段，它能够科学地引导动画创作者高效工作。

五、MG 动画制作

Motion Graphic 的简写为 MG 或者 Mograph，可翻译为动态图形或者运动图形，通常指的是图文视频设计、多媒体 CG 设计、电视包装、商业广告等。

从广义上来讲，Motion Graphic 是一种融合了动画电影与图形设计的语言，基于时间流动而设计的视觉表示形式。图文动画类似于平面设计与动画片之间的一种产品，图文动画在视觉表示上使用的是基于平面设计的规则，在技术上使用的是动画制作手段。

MG 动画和 ACG 动漫大同小异，只是把动漫的流程精简化。

一个完整的 MG 动画制作流程是烦杂的，其中掺杂的细节很多，如果一个小小的细节没有做好，就可能导致最终的动画成品展现效果欠佳，下面简要罗列一些 MG 动画制作流程。

1. 写剧本

做 MG 动画首先要把动画剧本写好，大体要做多长时间、要做几个镜头、动画的台词等，都要包含进去，首先自己要有一个具体的制作思路和想法。

2. 配音

为什么第二步就要配音？其实可以先配音也可以后配音。

先配音的好处在于可以根据配音的时间长短来制作画面。如果后配音就要根据画面的时间长短去调配音，有时候会出现画面和配音不搭的情况。

3. 在电脑上做分镜头

这里所说的分镜头是画面当中最完整的一个镜头，基本包含各个要素和图形，分镜头的制作是整个 MG 动画中最难的一环。

4. 调动画

分镜头做好以后，接下来就开始调动画，让每个分镜头中的每一个元素变化起来，动起来。

5. 转场

每一个镜头做好以后，还要做转场（也可以从网上下载）把每个镜头穿插连接起来。

6. 整体合成和声音

最后把每一个分镜头和转场都合成到一起，加上需要的音效、声音和布景音乐就可以了。

任务实施

任务编号：5-3（任务实施）		任务名称：动画作品创作	
成员人数	（　　）人		
前续成果回顾	视频创意拍摄方案： 最终决策方案：		
任务资讯	1. 品牌动画创意技巧 2. 相似竞品品牌动画创意案例 3. 相关品牌动画创意国家级比赛获奖作品		
	内容		完成人
任务分工	1. 学习动画创意的原理、特点和技巧		全体成员
	2. 同品类竞争对手和竞品确定及资讯获取		
	3. 目标用户画像分析		
	4. 品牌和产品风格分析		
	5. 总结出产品卖点，消费痒点、痛点、爽点		
	6. 品牌动画创意实施		
资讯获取 学习笔记	1. 动画创意内容及来源：_____ 2. 学习启示：_____		
进行决策	动画作品创作方案： 最终决策方案：		

评价反馈

1. 评价方式

自我评价、任务小组组长评价、小组互评、教师评价、企业评价。

2. 评价内容

评价内容包括团队协作、任务清单完成的数量和质量、任务的逻辑性、专业知识的掌握和应用、方法和能力的提升等方面，任务评价权重如表 5-3 所示。

表 5-3 任务评价权重

评价维度	评价内容	配分	得分
品牌动画创意案例学习（20%）	品牌案例拆解	5	
	品牌案例创意提炼	5	
	品牌案例创意总结分析	10	
品牌动画创意实施（30%）	1. 总结品牌动画创意的要求及形式，搜集竞品设计案例	10	
	2. 消费者洞察分析，分析消费者画像及需求	10	
	3. 动画创意设计方案完成度	10	
相关知识（30%）	动画创意的原理	10	
	动画创意的特点	10	
	动画创意的技巧	10	
团队协作（20%）	参与度	10	
	工作质量	10	

任务拓展

请扫码获取：优秀作品赏析 1

请扫码获取：优秀作品赏析 2

任务四　交互作品创作

案例导入

天猫+五芳斋——《我总是心太软》H5 游戏广告作品

《我总是心太软》是天猫和五芳斋在 2019 年中秋节期间推出的 H5 游戏广告作品，是以五芳斋新品"流心糯月饼"的卖点"软糯"为主题推出的假日广告互动营销作品。

H5 作品采用复古风格，取材梦回唐朝背景。H5 以"流连盛唐月，一糯定中秋"为主题，选择"立即穿越"便可以开始观看 H5。H5 开始讲述了月饼的由来，随后出现月饼制作互动环节，用户需要单击屏幕中的各类食材，凑齐后便出现了五芳斋的新款月饼。

请扫码获取：具体作品

任务工单

任务编号：5-4（任务工单）	任务名称：交互作品创作
任务发起：企业营销部	前续任务：项目四任务二、三
任务目标及要求	为品牌完成交互类广告创意设计 具体要求如下： 1. 符合品牌调性，突出品牌特点 2. 制作交互层级逻辑图 3. 每个团队至少设计完成三套交互逻辑框架设计方案 4. 交互创意设计要符合大众审美 5. 交互作品要突出品牌特点，抓住目标消费者痒点，直击目标消费者痛点，同时满足消费者的爽点，激发兴趣、解决问题、引起共鸣、留下深刻印象

续表

优秀作品赏析	 第 11 届大广赛互动类一等奖《幸福里 7 号楼》  第 11 届大广赛互动类一等奖《劲，不重 young》  第 11 届大广赛互动类一等奖《这一次，与大众探歌的距离只有零米》

续表

优秀作品获取	1. 大广赛官网；2. 创意星球官网；3. 广告公司官网；4. 其他，如 H5 创意网站（木疙瘩等）。 请关注上述相关公众号或官网查看获奖作品或企业官网
任务命题策略单	策略单 ＊请扫码回读策略单

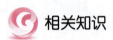相关知识

Mugeda 是一个专业级 H5 交互动画制作云平台，基于云平台计算框架，Mugeda 无须任何下载和安装。

一、Mugeda 界面

（1）下载 Google 浏览器：（因有些浏览器对 HTML5 的支持不够，建议使用 chrome 浏览器），打开 Google 浏览器，输入 www.mugeda.com，进入 Mugeda 首页。

（2）注册 Mugeda 账号：进入首页后，可单击右上角"注册"按钮，通过几个简单的步骤注册一个新账号。也可以单击"立即体验"进入操作界面。

二、Mugeda 功能介绍

（1）简单制作交互动画：Mugeda 操作界面和 Flash 高度相似，因此，如果你有 Flash 基础基本不用学习就可快速制作出一个 H5 作品。此外，设计师也无须添加任何代码即可完成复杂的交互。

除了设计师，工程师在 Mugeda 中也大有所为，在"脚本"按钮中，工程师可以写入"JS"代码来制作自己想要的交互效果。

（2）手机观看：在 Mugeda 中制作出的 H5 作品支持随时用手机观看，单击"通过二维码共享"按钮，可用手机扫描出现的二维码观看作品效果。

（3）发布作品：单击橙色"发布"按钮，可发布 H5 作品，用 Mugeda 平台发布的任何 H5 作品都没有 Mugeda 的 Logo，因此可以放心使用。

（4）共享、导出作品：Mugeda 同时还支持动画作品的共享、导出。除此之外，Mugeda 还支持 GIF、视频、PNG 等格式的导出，基本覆盖现在流行的主流多媒体格式，功能十分强大。导出步骤："文件"→"导出"→选择导出格式。

（5）针对企业账号，Mugeda 提供专业企业服务：单击操作界面右上角账号管理的三角

形,在下拉菜单中选择"团队管理",可进入团队管理页面。在管理页面中,可添加企业成员,方便进行人员及作品管理。企业账号与子账号、子账号与子账号之间可共享作品,十分方便。

(6)数据服务:Mugeda 还提供专业的数据服务,我们可以在后台统计页面中浏览每一个作品的数据。在数据页面,可以选择统计时间段、每个时段的浏览量与用户数,方便运营人员进行详细的分析。基于微信传播,Mugeda 还提供朋友圈、单聊、群聊以及其他四种传播来源数据。

创意赏析

用实际行动向新中国七十华诞献礼
——H5 交互作品《幸福里 7 号楼》

《幸福里 7 号楼》(见图 5-3)这组 H5 交互设计作品内容传达了责任在每个人生活中的不同展现形式,感人至深,作者用平凡人的责任以小见大表达了社会主义核心价值观。

图 5-3 H5 交互作品《幸福里 7 号楼》

三、界面与舞台简介

Mugeda 的舞台包括常用菜单栏、工具箱（快捷工具栏）、时间线（时间轴）、工具条、页面栏、舞台和属性栏。

1. 舞台缩放和物体缩放功能

缩放功能分为两部分：

（1）舞台缩放：对舞台显示内容的缩放，这不改变物体的实际大小，只是改变显示的大小。

（2）物体缩放：对物体的缩放，这会改变物体的实际大小。

2. 翻页的相关设置

翻页中的设置有以下几种方式：

（1）翻页效果：平移、覆盖、出现、淡入、三维翻转、门轴翻转。

（2）退出效果：无、缩小、淡出、缩小淡出。

（3）翻页方向：上下翻页、左右翻页。

（4）循环：是、否。

（5）翻页时间：默认 600 毫秒，可以自己设置。

（6）翻页图标：默认是箭头，支持直接从素材库上传；如果不想要翻页图标，可以在翻页图标处上传一个透明底的 PNG。

3. 关键帧和页面的命名

给关键帧和页面命名的好处：要修改动画，比如删帧或者增帧，删页或者增页，这时如果采用的是跳转帧/跳转页，就要一个个去修改，这样做很烦琐，但给关键帧/页面命名就方便多了。

4. 加载的相关设置，个性化加载界面的制作

浏览器 100%才能看到加载页面的设置。物体属性设置，包括设置坐标、改变物体大小坐标、透明度、线条类型、填充、X/Y/Z 轴旋转、端点、接合、背景图片、预置动画、组类型、结束时复位、运动等功能的用法。

5. 元件界面介绍

元件界面主要讲解新建元件添加到舞台、复制元件、新建文件夹、导出/编辑/删除元件的用法。

四、素材处理及媒体使用

1. 上传图片

Mugeda 支持的图片格式包括 GIF、PNG、SVG、JPG 文件，还可以以序列帧形式添加图片。

2. 文本/文本段落

用鼠标在"媒体"工具内选择"文字"按钮，在"舞台"空白处单击出现文字工具选

框。通过双击选框进入编辑文字工具，单击"舞台"空白处退出，编辑。用鼠标在"媒体"工具内选择"文本段落"按钮，在"舞台"空白处单击出现文本段落选框，双击进行编辑内容。

3. 插入网页

在"媒体"工具栏下，用鼠标单击"网页"按钮，在"舞台"上以拖的方式插入一个网页；在"舞台"右边的"属性面板"内可设置调节"网页"元素的属性，例如，宽、高、外围线条（可单击颜色面板右上角框内的红色叉去除外围线框颜色）、透明度、透视度、旋转角度等；在"属性面板"内的"网页地址"栏内输入需跳转的网址。

4. 幻灯片

幻灯片即是在指定的区域内添加多张图片，通过滑动的方式进行切换。在"媒体"工具栏下，用鼠标单击"幻灯片"按钮，在"舞台"上以拖拉的方式插入一个幻灯片。

5. 上传视频和声音

为防止出现设备不兼容等问题，视频格式建议为 MP4，大小在 20M 以内。在"媒体"工具栏下，用鼠标单击"视频"按钮，在弹出的"导入视频"对话框内单击"选择文件"选择所要上传的视频文件。

由于多数设备支持 MP3，因此在 Mugeda 内编辑的音频格式建议为 MP3。

在"媒体"工具栏内选择"声音"按钮，在弹出的"导入声音"对话框中单击"选择文件"，选择所要上传的音频文件。

6. 绘制素材

单击"绘制"工具栏内的各个工具，可在"舞台"上绘制各种图形，在"属性面板"下调节各个图形的填充色、线条色以及线条粗度等。

7. 云字体

可以将自己电脑里的字体上传到云字体库中并使用。

8. 曲线图表

在舞台中直接绘制可视化表格。

9. 建组

全选多张图片，鼠标右键→"组"→"组合"；将"移动/旋转"重设为"不允许"，"组类型"为"裁剪内容"，"允许滚动"设为"垂直滚动"。

选择"变形"工具将"组"大小调整为小于"舞台"；单击"预览"按钮，发现图片组合在裁剪的范围内可上下垂直移动。

10. 全景功能

全景功能场景组件，可以用来显示 360 度全景图片，并添加热点进行交互。

11. 粘贴第三方文字和图片

现在可以直接将剪切板的文字和图片添加到物体。

12. 常用编辑操作

常用编辑操作包括锁定物体、节点工具、路径工具、排列、对齐、变形、组合、合并及转换为元件功能。

五、动画类型

时间轴和图层：时间轴是制作动画的关键功能，时间轴把图层和图像帧按时间进行组合、播放来形成动画。在时间轴上，我们可以用拖拉的方式预览动画效果。图层类似于 Photoshop 中的概念。

选择工具：选择工具栏下包括"选择""节点""变形""设置舞台缩放"以及"快捷工具"。

Mugeda 动画类型：关键帧动画、路径动画、进度动画、曲线变形动画、预置动画、元件动画、遮罩动画、动画运动。

分页/加载页：在舞台右侧"加载"的页面，在其下拉菜单内可自行设置加载属性。例如填写"提示文字"，设置文字大小、颜色，添加背景图片、前景图片等。

标尺和辅助线的使用：在菜单栏，选择"视图"—"标尺"，就可调出标尺工具。

复制帧/图层：选择某一个图层的全部帧，右键选择"复制帧"，在没有帧的地方右键选择"粘贴帧"。选中要复制图层的所有帧，右键选择"复制帧"，在要粘贴的页面中新建图层（和复制的图层数相同），选择没有帧的地方，右键选择"粘贴帧"。

六、交互行为

行为添加以及触发事件：交互行为都在物体右边的"添加/编辑行为"按钮里添加。其中包括"动画播放控制""媒体播放控制""属性控制""微信定制""手机功能"五大部分。"动画播放控制"包括"暂停""播放""下一帧""上一帧"等行为功能；"媒体播放控制"包括"播放声音""停止所有声音""控制声音""播放视频"等行为功能；"属性控制"包括"改变元素属性""设置定时器""跳转链接""提交表单"等行为功能；"微信定制"包括"定制图片""录制声音""显示微信头像""显示微信昵称""定义分享信息"等行为功能；"手机功能"包括"打电话""发短信""发送邮件""地图"等行为功能。

帧的行为：帧的行为有"播放""暂停""下一帧""上一帧""跳转并播放""跳转并停止"。

页的行为：页的行为包括"上一页""下一页""跳转到页""禁止翻页"以及"恢复翻页"等行为。

播放元件片段：控制元件的播放，让其只播放部分片段，在 H5 交互游戏中用得比较多。

改变元素属性：在元素对应的"属性"面板下，宽、高、左、上、透明度等可提取到的数值都可作为能改变的元素属性。

改变图片：改变图片即当单击或触发改变图片行为时，图片会被改变。

设置定时器：设置定时器行为有暂停定时器、继续定时器、重置定时器。

跳转链接：添加跳转链接有两种方法。

其一，在弹出的"编辑行为"对话框中选择"属性控制"→"跳转链接"→触发条件：单击。单击"编辑"按钮进入"参数"对话框。

其二，在元素右侧的"属性"面板下的"动作"下拉菜单中选择"链接"，在弹出的链接选框中输入相应链接，选择相应"打开位置"。

七、控件使用

陀螺仪：手机的重力感应运用的就是陀螺仪的功能，可以控制绕 X 轴旋转角、绕 Y 轴旋转角、绕 Z 轴旋转角。

定时器：定时器是一个带有定时功能的文本，随定时器时间的变化，文本显示变化的时间，方向分为倒计时和顺计时两种。使用场景可能是游戏计时，或者动画中某物体的某一属性随时间做相应关联变化，等等。

随机数：在被选中的元素"属性"面板下可设置随机数的各种属性：最小值、最大值、更新间隔等，运用随机数可以做抽奖和交互小游戏。

擦玻璃："控件"工具栏中的"擦玻璃"控件，可以实现擦除前景图片，露出背景图片的功能，还可以设置橡皮擦大小和剩余比例（即擦除图片的大小和擦出剩余多少显示背景图片）。

点赞：点赞功能为系统默认累加，每个用户只能允许点赞一次。

绘画板：如果想在作品中使用手绘图的功能，可以使用"绘画板"控件。

八、微信功能

微信头像/微信昵称：微信头像/微信昵称功能可以在 H5 上显示用户的头像及昵称。

定制图片：可以实现用户上传自定义图片的功能。

录制声音：可以实现录制声音及播放声音的功能。

分享信息：定义分享信息包括在微信里转发给朋友或朋友圈时的一个转发标题、转发描述和朋友圈的转发标题。

九、表单

自定义表单：自定义表单工具包括"输入框""单选框""多选框""列表框"。

默认表单：Mugeda 提供的默认表单，可设置的选项包括表单名称、提交方式、提交目标、确认信息、选择背景颜色和字体颜色等。没有在内的选项，还可以单击"添加表单项"按钮添加。

定制文字：选中"定制文字"按钮素材，在其"属性"面板下选择"动作"为"表单",单击"定制文字"按钮素材的绿色"添加/编辑行为"按钮。

十、关联绑定及逻辑判断

舞台动画关联:"舞台"上的动画关联即用一个物体控制整个"舞台"动画的播放。

元件动画关联:"元件"的动画关联与"舞台"的动画关联相似,区别是将对象由"舞台"转变为"元件"。

属性关联:在"属性"面板下,所有属性右边都会有"关联"按钮,可关联的属性有关联对象、关联属性、关联方式、被控量等。

自动关联:在"舞台"上添加一个矩形作为被控对象,添加一个圆形作为控制物,在圆形的"属性"面板下调节"拖动/旋转"属性为"水平拖动",可以实现一个物体控制另一个物体的类似功能。

公式关联:用公式关联控制物体的属性及行为。

条件判断:条件判断即通过一个物体的属性条件,判断物体行为是否执行。

逻辑表达式判断:逻辑表达式判断即当物体条件符合所设定的表达式,或称执行行为。

知识链接

帧:在电视领域是视频编辑的最小单位。PAL 50i 是隔行扫描,视频每秒钟的画面由 25 帧组成,每一帧有两场:奇数场(上场)和偶数场(下场)。

序列帧(Sequence):是把活动视频用一帧一帧的图像文件来表示。

AVI 导出序列帧:是把一段 AVI 视频分解成每秒 25 个帧图像文件的过程(PAL 制)。

任务实施

任务编号:5-4(任务实施)		任务名称:交互作品创作
成员人数	( )人	
前续成果回顾	品牌动画创意设计方案: 最终决策方案:	
任务资讯	1. 品牌交互创意设计技巧 2. 相似竞品品牌交互创意设计案例 3. 相关品牌交互创意国家级比赛获奖作品	
资讯来源	大广赛官网、创意星球官网;H5 平台	

续表

	内容	完成人
任务分工	1. 学习交互创意的原理、特点和技巧	全体成员
	2. 同品类竞争对手和竞品确定及资讯获取	
	3. 目标用户画像分析	
	4. 品牌和产品风格分析	
	5. 总结出产品卖点，消费痒点、痛点、爽点	
	6. 品牌交互创意实施	
资讯获取 学习笔记	1. 交互创意内容及来源：_____ 2. 学习启示：_____	
决策	品牌交互创意设计方案： 最终决策方案：	

评价反馈

1. 评价方式

自我评价、任务小组组长评价、小组互评、教师评价、企业评价。

2. 评价内容

评价内容包括团队协作、任务清单完成的数量和质量、任务的逻辑性、专业知识的掌握和应用、方法和能力的提升等方面，任务评价权重如表5-4所示。

表5-4 任务评价权重

评价维度	评价内容	配分	得分
品牌交互创意设计案例学习（20%）	品牌案例拆解	5	
	品牌案例创意提炼	5	
	品牌案例创意总结分析	10	
品牌交互创意设计实施（30%）	1. 总结品牌交互创意设计的要求及形式，搜集竞品设计案例	10	
	2. 消费者洞察分析，分析消费者画像及需求	10	
	3. 交互创意设计方案完成度	10	
相关知识（30%）	交互创意设计的原理	10	
	交互创意设计的特点	10	
	交互创意设计的技巧	10	
团队协作（20%）	参与度	10	
	工作质量	10	

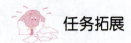 **任务拓展**

H5 创意解析：《萌翻！没想到你是这样的老字号》

品牌跨界：消除联萌×华润万家

类型：序列帧

案例解析：

（1）玩法：H5 中选取了 4 个代表性城市的老品牌，选取 4 个带有品牌的动态场景，由天天爱消除的动物角色呈现，小动物软萌有趣，配合城市方言凸显家乡味道。广州的广州酒家吃包子、上海的杏花楼上琵琶弹唱、西安饭庄门外问候故人、南京夫子庙门前听戏，表现相伴、相思、相亲、相知的情感主题；最后，分别给出 4 张主题海报，方便转发给好友等。

（2）视觉：3D 动画呈现，无限循环；色调柔和，场景过渡自然。

（3）交互：只需单击切换场景，4 张海报的长按保存通过选择方式完成，操作简易，轻量级交互。

（4）技术：需要在 C4D 等 3D 软件中完成动画部分，导出序列帧控制播放。

请扫码获取：具体作品

项目六

策划全案及实战

本项目是策划案学习的最后一部分，项目一是认识部分，项目二至项目五是实训部分，本项目是策划案的实践部分，重在帮助学生深度理解策划案，具备策划统筹能力，感受策划实战，培育企业实战技能。

经过前五个项目的学习，相信大家已经具备了基本的策划写作技能，熟悉了策划案的基本思路框架，有了基本的写作技巧和创意技巧，对策划案的标准有了更深刻的理解，下面在此基础上开展本项目学习。

 项目描述

回顾营销策划案的全流程，进一步熟悉营销策划案的正文撰写技巧及其版面设计技术技巧，能够帮助企业撰写各类广告营销策划案。

本项目共计四个任务，前三个任务选取了企业（或组织）常见的两种典型的广告营销策划业务（产品策划和品牌策划），命题均基于各类策划类比赛的命题，分别是产品广告营销策划、"老字号"广告营销策划和公益广告营销策划；第四个任务基于企业或校企合作企业随时发布的企业命题，更具有实战意义。

本项目主旨是帮助学生达到独立完成完整策划方案的能力标准，并能够举一反三，把策划案理论落地实战中，为校企合作企业撰写相应策划案。

```
                              ┌── 任务一  产品广告营销策划
                              │
                              ├── 任务二  "老字号"广告营销策划
项目六  策划全案及实战 ────────┤
                              ├── 任务三  公益广告营销策划
                              │
                              └── 任务四  企业营销策划实战
```

学习目标

知识目标

1. 深度理解策划内涵,熟悉各类创意方法;
2. 灵活掌握营销策划案的写作语言技巧和文体技巧;
3. 掌握"老字号"、公益广告营销策划案写作的特殊之处;
4. 了解各类广告法律法规。

技能目标

1. 熟练掌握策划案中广告作品的设计工具操作技术;
2. 能够提升产品广告营销策划案水平,达到"大广赛"入围标准;
3. 能够统筹规划,完成"老字号"、公益广告营销策划案框架设计;
4. 能够对各策划案作品有更系统的创新,包括版式设计技术。

素养目标

1. 建立系统思维意识,培养统筹规划能力;
2. 培养创新能力和风险把控能力;
3. 培养关注绿色环保、乡村振兴等社会责任意识。

任务一　产品广告营销策划

案例导入

江小白公众号营销策略作品《同事酒后吐方言，速听》

江小白是国内第一家将目标消费群定位为年轻人的白酒品牌，与传统酒企截然不同，因此短短几天就异军突起，成为酒业的一枝独秀；其成功源于定位的成功，营销的锲而不舍、循序渐进，吻合年轻人喜好的营销策略，创意的时尚化、潮流化。这些都值得策划人员不断玩味。

作为重庆江小白酒业有限公司旗下品牌——江小白，是如何用营销在众多酒企中脱颖而出的呢？看看它一系列的操作吧！

江小白，是重庆江小白酒业有限公司旗下江记酒庄酿造生产的一种自然发酵并蒸馏的高粱酒品牌。

以"我是江小白，生活很简单"为品牌理念，坚守"简单包装、精制佳酿"的反奢侈主义产品理念，坚持"简单纯粹，特立独行"的品牌精神，以持续打造"我是江小白"品牌 IP 与用户进行互动沟通，持续推动中国传统美酒佳酿品牌的时尚化和国际化。

"简单纯粹"既是江小白的口感特征，也是江小白主张的生活态度。江小白提倡年轻人直面情绪，不回避，不惧怕，做自己。"我是江小白，生活很简单"的品牌主张延用，已经渗透进 21 世纪现代青年生活的方方面面，并繁衍出"面对面约酒""好朋友的酒话会""我有一瓶酒，有话对你说""世界上的另一个我""YOLO 音乐现场""万物生长青年艺术展""看见萌世界青年艺术展""江小白 Just Battle 国际街舞赛事""《我是江小白》动漫"等文化活动。随着时间的发酵，江小白"简单纯粹"的品牌形象已经演变为具备自传播能力的文化 IP，越来越多的人愿意借"江小白"来抒发和表达自己，对于这个复杂的世界而言，或许人人都是江小白。

这仅仅是广告语创意，再看看它的媒体计划，几乎囊括各种新媒体，只要有年轻人的媒体就有江小白，微博、微信公众号、视频号、哔哩哔哩……

那媒体内容输出又如何呢？共同有的特征：频繁互动。

公众号里频繁的"本期互动"栏目，微博中的"话题"栏目……

输出的内容不但有兴趣度、吸引力，还有"真枪实刀"，图 6-1 即为公众号中的"本期互动"栏目福利内容。

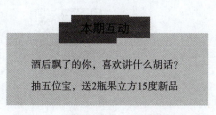

图 6-1　"本期互动"栏目福利内容

思考：这篇软文作品由哪些营销策略组成？

任务工单

任务编号：6-1（任务工单）	任务名称：产品广告营销策划
任务发起：企业营销部	前续任务：项目一至项目五的成果

任务目标及要求	本任务主要侧重完善前续产品营销策划案，对创意、策略、主题等内容再次进行讨论策划，形成终稿。具体要求如下： 1. 作品规格：页面尺寸为A4，正文不超过30页（含封面、正文内容、封底），附件不超过10页。 2. 接前续任务，进一步完善前续策划案，作品定稿准备发布（如果前面作品做得已经很完备，请扫码选择其他命题策略单开展新策划案撰写） 3. 完善和精细化内容如下： ①用思维导图模式制作整篇作品的脉络：考察作品主题表述是否分明，各项分析或策略是否能紧紧围绕主题进行，确保整篇作品的系统性和团队的统筹规划意识。 ②用"拦截调查法或网络调查法"对作品题目进行评估：核查题目是否得当，能否紧扣主题，题目创意是否有吸引力。 ③用"拦截调查法或网络调查法"对广告作品（海报或视频等）、推文等的预期效果进行评估。 ④用"逻辑思维法"严谨认真地对市场分析内容和策略简案、详案的逻辑进行分析评估。 ⑤用"拦截调查法或网络调查法"对版式设计进行满意度调研，酌情改善 4. 形成作品终稿，上传发布
优秀作品赏析	作品及命题 ＊请扫码获取作品
优秀作品获取	1. 大广赛官网；2. 创意星球官网；3. 广告公司官网；4. 其他策划案赛事网站。请关注上述相关公众号或官网查看获奖作品或企业策划实案
任务命题策略单	命题策略单 ＊请扫码回读策略单

 相关知识

一、策划对象

Who：策划"谁"。

分析命题策略单后，首先应明确策划对象（也就是对什么开展策划，或者称为策划客体），有利于规划策划案的主要传播基调，如以某实体产品为策划对象，那么主要围绕该产品广告营销策划展开，所属该产品的品牌或企业品牌就应作为辅助内容融入策划案中。当然如果能达到同时兼顾且没有主次不分、目的不明之感，那可能就是广告营销策划案的最高境界了，但目前还不见有此类策划案，因为"鱼和熊掌不可兼得"的道理在商业经营博弈中同样适用，因此明确策划对象是策划的首要步骤。

1. 策划缘起

策划一词最早出现在《后汉书·隗嚣公孙述列传》中，"是以功名终申，策画复得"。其中"画"与"划"相通互代，"策画"即"策划"，意思是计划、打算。策最主要的意思是计谋，如决策、献策、下策、束手无策。划指设计、筹划、谋划。

日本策划家和田创认为：策划是通过实践活动获取更佳效果的智慧，它是一种智慧创造行为；美国哈佛企业管理丛书认为：策划是一种程序，"在本质上是一种运用脑力的理性行为"；更多的人认为策划是一种对未来采取的行为做决定的准备过程，是一种构思或理性思维程序。

综上所述，策划就是设计规划、密谋计划。现在可以把策划总结为：积极主动地想办法，订计划。它是一种策略、筹划、谋划或者计划、打算，它是个人、企业、组织结构为了达到一定的目的，在充分调查市场环境及相关联的环境的基础之上，遵循一定的方法或者规则，对未来即将发生的事情进行系统、周密、科学的预测并制定科学的、可行的方案。

2. 策划分类

策划有广义、狭义之分。

广义，可以泛指全部策划活动，是指人们为了达到某种特定的方针，凭借必定的科学方法和艺术，为决策、计划而构思、设计解决方案的一种思维方法或过程。

狭义，可以仅指现代企业策划。企业策划，是在企业经营管理活动中，为了达到企业发展战略目标和市场目标，确保企业决策和计划的理智化、效能化和科学化而开展的事前设想，及其按科学的策划程序进行的谋划、设计和创造思维，并构成策划方案的过程。

企业策划横向看包括发展战略、营利模式、运营模式、业务规划、营销、组织机构、财务预算等系列内容。

企业策划纵向看包括广告策划、营销策划、公关策划、产品策划、品牌策划、节日策划、新品发布策划等具体经济活动内容。

但无论是哪个类型的策划，"策划"的本身内涵没有差别，只是策划对象不同而已。所以无论是哪个策划，策划的策略、创意思维、思路都可以参考。

在策划案写作过程中，理解了"策划的"缘起和分类后，就应有意识地多方位搜集资料，为开展策划工作提供深厚的积淀，拓展思维，"广种薄收"。

二、策划主导类型

Where to：要到"哪儿"去。

1. 营销主导型

这是指其活动以营利销售为主、品牌宣传为辅而展开的主题策划。例如，每年各个城市举办的汽车展、首届 CBA 联赛。这些活动是为了提高产品知名度，以活动为引爆点，吸纳广告投放和目标用户门票资源。

这种活动本身就是一块"磁铁"，能够吸引用户的热情和眼球。

2. 传播主导型

这是指以品牌宣传为主、营利销售为辅的策划。如大型乙肝科普咨询义诊活动、诺贝尔经济学奖得主广东行、小区电影巡回展、概念时装秀暨客户联谊会、华语电影传媒大奖等。

这类活动注重媒介形象传播，Logo 和媒介版面图片以背景板、单册（页）、海报、白皮书、礼品等形式出现，另外，媒介相关领导参与活动开幕、颁奖、抽奖或闭幕仪式，往往会带来令人震撼的一刻。

3. 混合型

这一类型兼备了以上两种类型的特点，既做营销又做传播，属于"鱼和熊掌兼得"型，如中国酒业财富论坛、世界华文广告论坛等。

这些活动往往以客户下单参与定额广告投放等为前提条件获得参与活动的资格，而活动本身也将伴随着声势浩大的品牌推广行为。

在当前媒介经营市场竞争日益白热化的形势下，媒体将越来越多地扮演企业或准企业角色，将越来越倚重营销主导型和混合型企业策划，这个领域也将成为国内各大媒体未来的战场。

三、策划常用经典营销理论综述

What：用"什么"方法实现它。

可以说，策划历史悠久，总结出的策划理论颇多，下面给出可以遵循的经典营销理论供参考：

1. 金字塔原理

（1）适用场景：提案/沟通/思考/文案。

（2）理论来源：麦肯锡的咨询师芭芭拉·明托。

（3）表达的逻辑：

先说结论，后说论据。所有表达的内容都可归纳出一个核心论点，这个论点由多个论据作为支持，而这些论据也可独立为一个论点，被下一级的多个论据作为支持，如图 6-2 所示。

（4）遵循四个基本原则：

结论先行：表达一个中心思想，并置于最前。

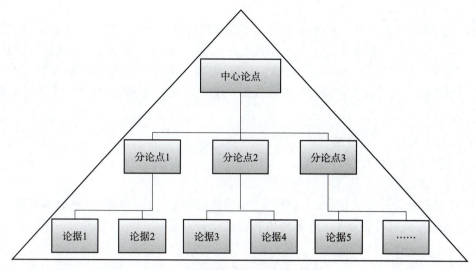

图 6-2 金字塔原理表达的逻辑

以上统下：每一论点都是对下一层级论据的总结概括。
归类分组：每一组的思想属于同一逻辑范畴。
逻辑递进：每一组思想按照一定逻辑顺序排列。

2. 3W 黄金圈法则

（1）适用场景：思考的底层逻辑，商业模式。
（2）理论来源：《从"为什么"开始》作者西蒙·斯涅克。
（3）表达的逻辑：

思维模式处在最外层的人，知道自己要做什么（What），却很少去思考怎么做才更好。处在中间层的人知道如何（How）更好地完成目标，却很少去思考做这件事的原因。只有处于最中心圈的人，才清楚自己为什么（Why）做这件事情，Why 是做这件事情的核心本质，其他都在围着这个圆心转，如图 6-3 所示。

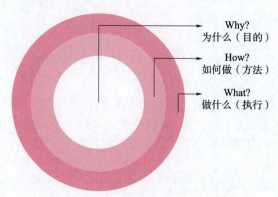

图 6-3 3W 黄金圈法则表达的逻辑

3. PDCA 循环

（1）适用场景：项目质量管理。
（2）理论来源：美国质量管理专家戴明博士。

（3）表达的逻辑：

PDCA循环又叫戴明环，是全面质量管理应遵循的科学程序。Plan（计划），指定计划的目标；Do（执行），实地去做，实现计划中的内容；Check（检查），总结执行计划的结果，注意效果，找出问题；Action（行动），对检查的结果进行处理，成功的经验就加以肯定，做成标准化；失败的教训需要规避，以免重现，未解决的问题放到下一个PDCA循环。

4. SWOT

（1）适用场景：企业战略制定，竞争对手分析。

（2）理论来源：管理学教授韦里克。

（3）表达的逻辑：

SWOT分析法是用来确定企业自身的竞争优势、劣势、外部市场的机会和威胁，从而将公司的战略与公司内部资源、外部环境有机地结合起来的一种科学分析方法，如图6-4所示。

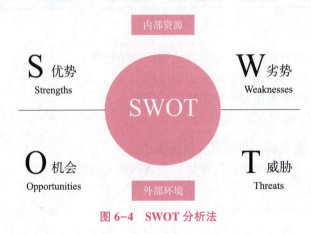

图6-4　SWOT分析法

5. STP

（1）适用场景：企业营销战略。

（2）理论来源：温德尔·史密斯。

（3）表达的逻辑：

STP目标市场营销由S市场细分（Segmenting）、T目标市场（Targeting）和P市场定位（Positioning）构成。

市场细分：以顾客需求差异类型，将市场中某产品/服务进行细分。

目标市场：根据市场细分，确认产品/服务想进入的一个或多个细分市场。

市场定位：根据产品/服务的关键特征及卖点进行包装，确认自己的产品/服务在市场上的竞争地位。

STP适合企业在了解内外部环境及优劣势的情况下，依据自身情况有针对性地去做细化业务的精准决策。

6. OIIC模型

（1）适用场景：方案撰写，客户沟通。

（2）理论来源：SAATCHI & SAATCHI（萨奇广告公司）。

（3）表达的逻辑：

理论全称：O（Objective）目标，I（Issue）障碍，I（Insight）洞察，C（Challenge）（应对挑战的）解决方案。

在写方案时，首先要明白客户的生意目标是什么？为了达成这个目标，目前面临的阻碍是什么？针对这个障碍，我们对消费者进行洞察，找到和消费者沟通的核心方向。基于此，找到清除消费者阻碍我们的Action是什么？而这个Action本身就是一个挑战。

7. 4P 营销理论

（1）适用场景：商业模式。

（2）理论来源：菲利普·科特勒。

（3）表达的逻辑：

营销以产品（Product）为核心，消费者购买的是产品的使用价值。这个产品应该卖多少钱（价格Price）？在哪里卖（渠道Place）？用什么样的促销/推广（Promotion）方式，以此构成营销的闭环。

8. AISAS 模型

（1）适用场景：消费者行为分析模式。

（2）理论来源：电通公司。

（3）表达的逻辑：

理论全称：A（Attention）注意，I（Interest）兴趣，S（Search）搜索，A（Action）行动，S（Share）分享。

AISAS模式是电通公司总结出来的一种新的消费者行为分析模式。这种模式在社交网络中得到较好体现，并形成闭环。朋友分享的商品内容会引起用户的注意，然后激发用户的兴趣，并且对这个商品进行搜索，最终导致购买行为的产生，购买成功后再分享这个信息给自己的朋友，闭环完成。

9. 3C 战略模型

（1）适用场景：企业经营战略。

（2）理论来源：大前研一。

3C战略模型如图6-5所示。

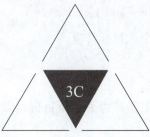

公司自身（Corporation）
看企业自身内部的能力，主要包括产品经验、人才储备、品牌形象、市场与销售渠道、资金情况、政府关系这六个方面

公司顾客（Customer）
客户是谁？他们想要的产品是怎么样的？
这个市场的规模有多大？利润情况怎么样？
在什么渠道可以接触到客户

竞争对手（Competition）
首先分析对手的现状
竞争对手成功要素，也就是Key Successful Factor
分析潜在竞争者会对市场造成什么影响

图 6-5　3C 战略模型

3C 战略模型，由管理学家大前研一提出，他认为在制定任何营销战略时，都必须考虑这三个因素：顾客需求、竞争对手情况、公司自身能力或资源。

战略，本质上就是一个公司的能力可以有效满足客户需求，并且让其自身有效地区分于竞争对手。

10. 天时—地利—人和

（1）适用场景：方案撰写，职业规划，商业思考。

（2）理论来源：《孙子兵法》演变而来。

（3）表达的逻辑：

在做任何企业战略时，都需要考虑天时（市场面对的大环境），不能逆天而行。地利（企业自身能力），我方是否占据地势优势。人和（消费者需求），我们做出来的产品是否可得人心。

11. PEST 模型

（1）适用场景：公司战略规划，市场规划，产品经营发展，研究报告撰写。

（2）表达的逻辑：

PEST 分析是战略咨询顾问用来帮助企业检验其外部宏观环境的一种方法。宏观环境又称一般环境，是指影响一切行业和企业的各种宏观力量。

① 政治因素：有政治制度、政府政策、国家的产业政策、相关法律及法规等。

② 经济因素：有经济发展水平、规模、增长率、政府收支、通货膨胀率等。

③ 社会因素：有人口、价值观念、道德水平等。

④ 技术因素：有高新技术、工艺技术和基础研究的突破性进展。

知识链接

PESTEL 分析模型是 PEST 模型的扩展，又称为大环境分析，是分析宏观环境的有效工具，不仅能够分析外部环境，而且能够识别一切对组织有冲击作用的力量。它是调查组织外部影响因素的方法，其每一个字母都代表一个因素，分为六大因素：除了政治因素（Political）、经济因素（Economic）、社会文化因素（Sociocultural）、技术因素（Technological）四因素外，增加了环境因素（Environmental）和法律因素（Legal）两个因素的分析。PESTEL 分析如图 6-6 所示。

12. OKR 营销管理模型（Objectives and Key Results）

（1）适用场景：企业目标管理，个人目标管理。

（2）理论来源：英特尔。

（3）表达的逻辑：

很多大企业都在用，比如阿里，主要是为了清晰目标，以及如何更好地实现目标，各个层级之间如何有效执行下去。

通过 O（目标）来拆分出 KR（关键结果），下一级别的 O 是上一级的 KR，最终保证大家目标方向的统一，如图 6-7 所示。

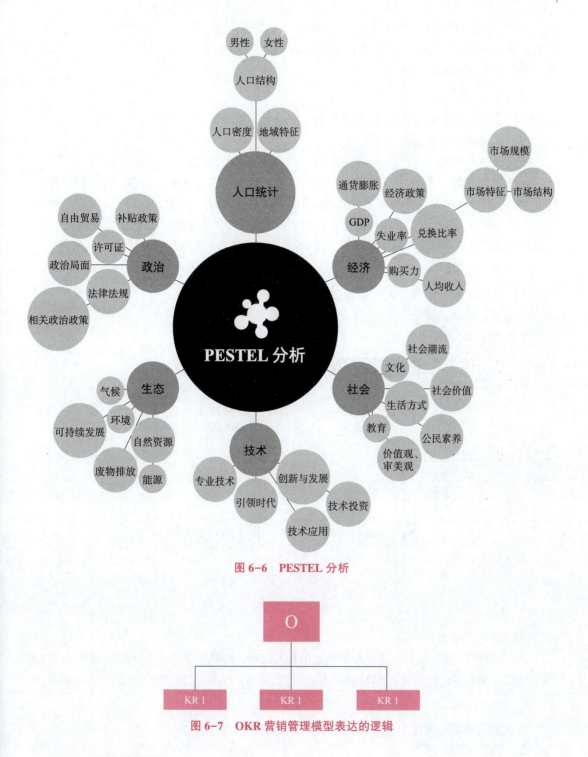

图 6-6　PESTEL 分析

图 6-7　OKR 营销管理模型表达的逻辑

13. HBG 品牌模型

（1）适用场景：品牌营销（How Brands Grow）。

（2）理论来源：Bryon Sharp 教授。

（3）表达的逻辑：

HBG 揭示了用户购买和销售增长的模式。这种模式可以表达为一个公式：品牌增长 =

渗透率×想得起×买得到，即大品牌、大媒体、大渠道。也就是说，想要实现品牌的增长，首先要提高产品的渗透率，然后要让消费者在产生需求的时候想得到你，之后产生购买欲望，还要能买得到你的产品。

14. AIPL 模型

（1）适用场景：品牌人群资产定量化，链路化运营。

（2）理论来源：阿里。

（3）表达的逻辑：

AIPL 模型来源于美国的一个营销模型，AIPL 的意思分别是认知、兴趣、购买和忠诚，就是用户从看到你（曝光、点击、浏览）、倾向你（关注、互动、搜索、收藏、加购），到购买你（支付下单）、忠于你（正向评价、重复购买）。因为阿里的推崇，导致很多走电商渠道的品牌方都在使用。以链路式购买的思路，更符合当前偏 ROI（投入产出比）向的营销方式。

15. FAST 模型（F—Fertility，A—Advancing，S—Superiority，T—Thriving）

（1）适用场景：消费者资产管理。

（2）理论来源：阿里。

FAST 模型如图 6-8 所示。

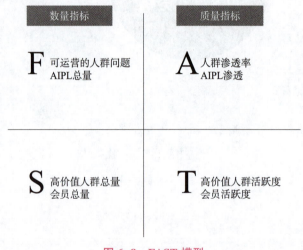

图 6-8　FAST 模型

（3）表达的逻辑：

FAST 指标以人群维度的渗透来衡量生意的长期健康，能够更准确地衡量品牌营销运营效率，同时 FAST 也将品牌运营的视角从以前的 GMV（成交总额）拉向了对品牌价值健康、持久的维护。

16. GROW 模型

（1）适用场景：大快消行业品类有的放矢的增长模型。

（2）理论来源：阿里。

（3）表达的逻辑：

GROW 模型将品牌的 GMV 完整增量拆分为渗透力（Gain）、复购力（Retain）和价格力（Boost）三大增长因子，如图 6-9 所示。每个因子驱动的增量 GMV 的绝对值即为品牌的指标分值。随着新品日益成为品牌增长的引爆点，新品力（Widen）也被作为衡量品牌增长能力的重要指标。渗透力即渗透提升（消费者拉新）带来的 GMV 增量。渗透力可拆分为现有类目渗透提升和类目拓展渗透提升。复购力即消费频次增加带来的 GMV 增量。复购力可按照新老客户视角进一步细化。对于母婴、宠物食品等忠诚品类，复购尤为重要。价格力即购买价格升级带来的 GMV 增量。价格力可按照新老客户视角进一步细化。针对美妆、个护等消费升级趋势明显的品类，尤其是其中精致妈妈、资深中产等升级心智较强的人群。新品力即非 GMV 增量指标，通过多个维度指标综合评估新品效能，包括新品对新客户和 GMV 的贡献力（新客户人数占比及 GMV 贡献占比）、新品的爆发力（初次上新期间的 GMV 表现）和上新敏捷度（上新频次）。

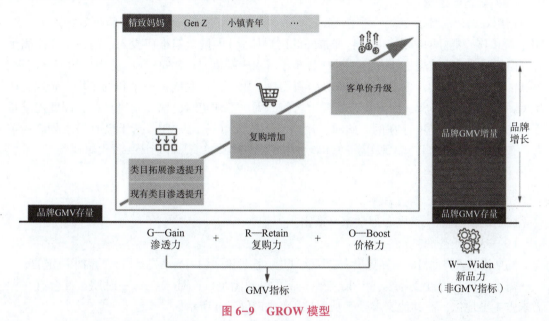

图 6-9　GROW 模型

17. AARRR 增长模型

（1）适用场景：互联网用户增长，用户转换漏斗模型。

（2）表达的逻辑：

针对产品和用户，设计一套可循环裂变的体系，让用户看到就想来，来了就想留，留下就想付费，付费后还想邀请朋友。

获取用户（Acquisition）：用户如何找到我们？

激活用户（Activation）：用户的首次体验如何？

提高留存（Retention）：用户会回来吗？

增加收入（Revenue）：如何赚到更多钱？

病毒式传播（Refer）：用户会告诉其他人吗？

18. MVP（Minimum Viable Product，最小可行性产品）

（1）适用场景：产品上市。

（2）理论来源：《精益创业：新创企业的成长思维》。

（3）表达的逻辑：

和常规产品不同，MVP 更侧重于对未知市场的勘测，用最小的代价来验证你的商业可行性。先向市场推出极简的原型产品，然后在不断地试验和学习中，以最小的成本和有效的方式验证产品是否符合用户需求，灵活调整方向。

如果产品不符合市场需求,最好能"快速地失败、廉价地失败",而不要"昂贵地失败";如果产品被用户认可也应不断迭代升级,挖掘用户需求,迭代优化产品。

最小化=降低试错成本,速度>完美,在过程中不断趋近完美。

19. P/MF 模型(Product／Market Fit,产品符合市场需求)

(1)适用场景:产品上市。

(2)理论来源:马克·安德森。

(3)表达的逻辑:

用更好的产品体验满足一个已有的市场。需求已经存在,但需要体验更好的产品;P/MF:提供体验更好的产品;重点:非常好的用户体验+大量营销推广投入。用一个产品满足已有但部分需求未被满足的市场。用户的部分需求未被满足;P/MF:满足用户的细分需求;重点:用更加精细的营销推广策略来吸引新用户。用一个产品满足一个新的市场。做这类产品无疑会遇到重重障碍,因为在产品诞生之前,用户不知道自己需要这种产品,因此需求是不存在的、市场也是不存在的。此时,用产品创造新市场。P/MF:基于已有需求创新;重点:有价值的用户体验,说服用户去体验,激发用户已有需求,并形成一种火爆现象。

20. 马斯洛需求层次理论

(1)适用场景:消费者洞察。

(2)理论来源:美国心理学家马斯洛。

(3)表达的逻辑:

马斯洛从人类动机的角度提出需求层次理论,该理论强调人的动机是由人的需求决定的。

需求层次分为五个等级,由低到高形成并得到满足。而且人在每一时期,都会有一种需求占主导地位,而其他需求处于从属地位,如图 6-10 所示。

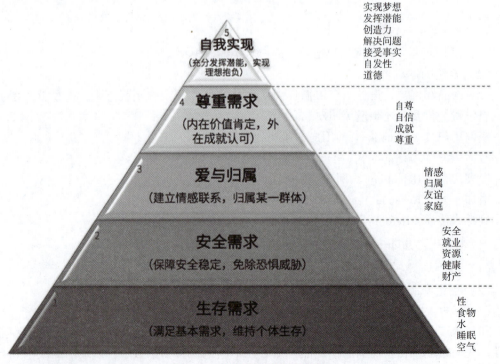

图 6-10 马斯洛需求层次理论

21. 波特五力竞争模型

（1）适用场景：竞争战略。
（2）理论来源：迈克尔·波特。
波特五力竞争模型如图 6-11 所示。

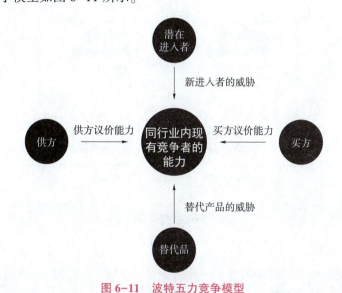

图 6-11　波特五力竞争模型

（3）表达的逻辑：

同行业竞争者的竞争程度：企业间的竞争就是一个行业内企业的直接对抗，它往往是五种力量中最重要的一种。

潜在竞争者的竞争能力：新进入者以瓜分市场的目的进入，在给行业带来新生产能力、新资源的同时，逐渐拉低企业营利水平，甚至将危及现有企业的生存。充分的竞争赋能消费者价格平权，将以更低的价格买到同样的商品。

竞争性进入威胁的严重程度取决于两方面的因素：进入新领域的障碍大小与预期现有企业对于进入者的反应情况。

供应商的讨价还价能力：供方主要通过提高投入价格与降低单位价值质量的能力，来影响行业中现有企业的营利能力与产品竞争力。供方力量的强弱主要取决于他们提供给买方的是什么投入要素。

当供方所提供的投入要素的价值构成了买方产品总成本的较大比例、对买方产品生产过程非常重要或者严重影响买主产品的质量时，供方对于买方的潜在讨价还价力量就大大增强。

购买者的讨价还价能力：取决于购买者与企业之间的砍价杠杆（砍价的手段）和购买者对价格的敏感程度。

替代品的替代能力：替代产品是那些能够实现本行业产品同种功能的其他产品。

22. 波士顿矩阵

（1）适用场景：分析和规划产品组合。
（2）理论来源：美国管理学家布鲁斯·亨德森。
（3）表达的逻辑：
通过研究产品的市场占有率和市场增长率，把企业现有的产品划分为四种不同的类型，对产品进行策划和采取不同决策，使企业的资源能得到合理有效的分配。波士顿矩阵是以市场占有率为横坐标、市场增长率为纵坐标的矩阵坐标图，将坐标图划为四个象限，分别为明星产品、金牛产品、问题产品、瘦狗产品，如图6-12所示。

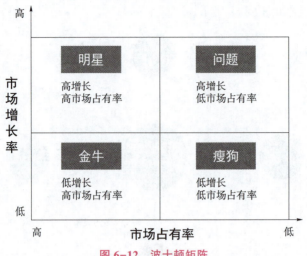

图6-12 波士顿矩阵

明星产品：高增长、高市场占有率。此时正处于产品的成长期，市场占有率相对金牛产品低，可加大投资扩大规模，发展成为金牛产品。

金牛产品：低增长、高市场占有率。增长缓慢说明是成熟期产品，高边际利润能为企业带来很大的现金流，此时企业可用此业务现金流为其他业务输血。

问题产品：高增长、低市场占有率。趋势较好，只是市场份额低，企业应找出原因进行改良并加大投资，增加市场占有率，使其进一步发展成为明星产品。

瘦狗产品：低增长、低市场占有率。很显然，其没有竞争力，应减少生产，逐渐淘汰。

23. 品类赋能品牌定位

（1）适用场景：品牌定位。

（2）理论来源：艾·里斯 与杰克·特劳特（迭代版）。

（3）表达的逻辑：

开创新品类：从消费者需求出发，结合竞品趋势及自身优劣势，发现需求品类。

扩大品类蛋糕：区隔市场，造品类认知，形成消费者心智。

品牌收割品类：消费者用品类思考，用品牌表达。以领导者姿态，成为消费者心智中的品类代表。

24. 内容营销5A模型

（1）适用场景：内容营销。

（2）理论来源：阿里数据，第一财经商业数据中心。

（3）表达的逻辑：

该体系以"现代营销之父"菲利普·科特勒的"5A客户行为路径"为理论基础，梳理出内容能见度、内容吸引度、内容引流力、内容获客力、内容转粉力五个维度的指标。

可用于评估内容营销对消费者的五重影响——了解（Aware）、吸引（Appeal）、问询（Ask）、行动（Act）、拥护（Advocate），帮助品牌全链路、分场景追踪内容营销效果，进行针对性提升与优化。基于 5A 理论衍生的内容营销度量衡如图 6-13 所示。

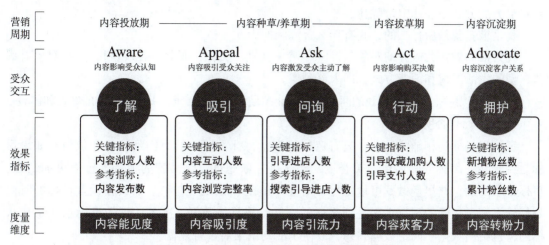

图 6-13　基于 5A 理论衍生的内容营销度量衡

随着经济发展和科技进步，营销理论还会不断地被总结出来，目前也不仅只上文所述，每一个理论都会给予我们启迪，是我们策划案营销策略的思维基础。

理论是提醒、是启发，更好的策略还需要创造或者创新。理论可以让我们站在巨人的肩膀上，给我们更大的空间，引导我们更好地创新和创造。

学习并弄懂用熟是创造创新的根基。

四、策划案完善与提升

如何完善团队所创作的策划案，如何提升策划案水平？可参考以下内容对策划案进行修正和评估。

1. 优秀策划案应具备的特征

优秀策划案一般要具备几个要素，包括言简意赅、定位精准、目标明确、不落俗套、可行可控、瞻前顾后，如图 6-14 所示。

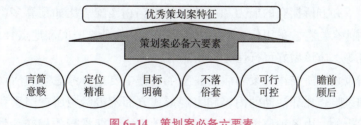

图 6-14　策划案必备六要素

（1）行文是否言简意赅。

在策划案的行文上，坚决反对出现啰嗦、模棱两可的语句，尽量用短句，做到语意单一；在策划案的表现形式上，尽量做到图表文字错落有致，能用图表数据说清楚的，就尽量不用文字，以免产生歧义。

（2）定位是否精准。

策划对象所属企业或组织定位：进一步明确我是谁，我为谁而做，我能带来哪些利益

（这里的"我"指所属企业或组织），然后对撰写的策划案进行评估和修正，再采用有创意和吸引力的方式来表达定位陈述。

我是谁：我是做什么的，我有什么资源和能力。

我为谁而做：我服务的对象是谁（年龄、性别、文化、职业、收入等），这些对象有哪些典型的生活习惯和消费方式，即人群画像。

我能带来哪些利益：使用我的商品或服务能满足什么样的需求，获得什么样的好处和体验。

（3）目标是否明确。

定位与目标是相辅共生的，只有定位精准，目标设置才具有实际意义和价值。如果目标是提升某一品牌的知名度、美誉度、忠诚度、联想度，让品牌的独特性价值更加凸显，目标必须明确，并尽量做到可量化与可衡量（满足SMART原则）。那么在设置目标的时候最好给出衡量指标的现有水平是什么样的，并给出具体数据，准备达到的目标水平是什么样的，也给出数据，两组数据并列，以便于活动结束后进行复盘。

策划活动目标数据的设置主要来源于目标传播对象的抽样调查，活动前做一个数据抽样调查，以便设置目标，活动后也做一个调查，以便考核推广活动的成效如何。

知识链接

SMART原则（S=Specific、M=Measurable、A=Attainable、R=Relevant、T=Time-bound）即不论总目标还是分目标，必须具体（Specific）、可衡量（Measurable）、可以达到（Attainable）、总目标与分目标以及分目标与分目标之间密切相关（Relevant）、有明确期限（Time-bound）。

无论是制定总目标还是分目标都必须符合上述原则，五个原则缺一不可。

（4）是否有创意或创新，不落俗套。

策划的活动要吸引人，在活动形式上必须创新，在内容上有吸引力，才能激发目标人群积极参与。

在活动形式上有很强的吸引力，在活动内容中巧妙融入企业或组织的商品或服务。

（5）是否可行可控。

可行，策划案要可行，不能只是写在纸上，设置的目标与采用的形式和活动的内容，必须与主办方、承办方所拥有的能力和可调配的资源相匹配。比如预算多少，需要什么样的人参与，使用什么物料，采用什么平台去传递信息，在什么时间和地点（或平台）举行，由谁去落实，等等，应该做好可行性分析和计划。

可控，是指策划案所描述的策划活动在整个过程中要充分考虑影响活动实施的显现的和潜在的阻碍和风险。比如活动的内容和表现形式方面不得触犯所在国家和地区的法律法规。设置可能发生的、由各种原因引起、影响活动不能如期举行的权变计划等，以及给出如何才能做到确保活动顺利进行的权变计划等。

知识链接

权变计划是指对以往未曾识别或未曾接受的风险采取未经计划的应对措施。

（6）方案前后逻辑是否严谨，能做到瞻前顾后。

瞻前是指为达成活动目标，并获得理想效果，参考之前是否有人做过类似形式的活动策划，有无需要注意、借鉴和改善的地方；顾后是指活动结束以后，活动对主办方会产生什么样的后继影响，本次活动是一次性完结，还是结束后准备连续推出类似的活动等。

2. 策划与撰写能力的提升

经历过前五个项目的学习后，会感觉到仿写相对比较容易，但在独立写作策划案的过程中，可能会遇到写不下去的困扰，这时说明需要提升策划和写作能力了。

（1）明确原因。

"写不下去"主要的原因有三点：

一是不熟悉活动策划案的内容构成与写作格式；

二是对整个活动的实操场景和过程不熟悉；

三是没有想法或创意。

（2）分析原因，解决问题。

针对原因一：一般来说原因一不会存在，认真学习前五个项目后对内容基本构成与格式再熟悉不过了，解决的办法就是多多看优秀作品、分析优秀作品，不断进行仿写，至少仿写出三套策划案。

针对原因二：第二个原因最好的解决办法就是参与策划案实践，对学生来说就是主动参与企业策划实践，另外，还可以对自己的策划案进行小范围预执行或模拟执行，最好是多重复几次，这样就能积累经验了。

针对原因三：第三个原因是策划的核心和灵魂，要解决想法和创意的问题，可借鉴以下三点：尽量让自己多参与各种各样、形形色色的生活（违法的行为除外），一个好的策划人，首先应该热爱生活，才能了解领悟生活中的人；跨界学习，比如参加了一场盛大的婚礼，感觉很吸引人，那么可否把其中的闪光点嫁接到策划案中？熟练掌握头脑风暴法的技巧和流程，通过头脑风暴法寻找想法和创意。

总之，任何一个成功的策划案都不是一个孤立的事件，而是一个企业或组织持续地与自己的目标受众连续沟通过程中的一个环节，需要瞻前顾后，考虑前因后果。与此同时，作为策划人，在做策划时，也得考虑到其他企业或组织也都在做类似的事情，大家都在相互学习、改善、比较，跟随也是一种增长策划能力的好途径。

任务实施

任务编号：6-1（任务实施）	任务名称：产品广告营销策划
成员人数	（　　）人
前续成果回顾	1. 标题成果 2. 引言及提要 3. 市场分析成果 4. 营销策略简案与详案 5. 创意表现提案 6. 版式设计成果

续表

	内容	完成人
任务分工	1. 深度理解策划含义，拓展策划思维	全体成员
	2. 回顾并熟悉"思维导图应用""拦截调查法或网络调查法"和"逻辑思维法"的操作	全体成员
	3. 用思维导图模式制作整篇作品的脉络，考查作品主题表述是否分明，各项分析或策略是否能紧紧围绕主题进行，确保整篇作品的系统性和团队的统筹规划意识	
	4. 用"拦截调查法或网络调查法"对作品题目进行评估	
	5. 用"拦截调查法或网络调查法"对广告作品（海报或视频等）、推文等的预期效果进行评估	
	6. 用"逻辑思维法"严谨认真地对市场分析内容和策略简案、详案的逻辑进行分析评估	
	7. 用"拦截调查法或网络调查法"对版式设计进行满意度调研，酌情改善	
资讯获取记录	1. 内容及来源网址：_____ 2. 学习启示：_____	
任务决策	产品广告策划案终稿	

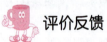

评价反馈

评价方式包括自我评价、小组互评、教师评价。

1. 自我评价

学生进行自我评价，并将结果填入表6-1中。

表6-1　自我评价

任务编号：6-1（自我评价）	任务名称：产品广告营销策划
评价项目	评价内容
营销理论知识应用	1. 是否应用营销理论：□是　　□否
	2. 应用了哪些营销理论：_____
作品脉络	1. 思维导图模式选择是否得当：1~5 2. 修改后作品主题表述分明度：1~5 3. 各项分析或策略围绕主题的紧密度：1~5 4. 整篇作品的系统性：1~5
作品命名	1. "拦截调查法或网络调查法"执行是否可靠：1~5 2. 修改后作品题目的主题呈现度：1~5 3. 修改后作品题目的创意新颖度：1~5

续表

创意表现	1. "拦截调查法或网络调查法"执行是否可靠：1~5 2. 修改后广告作品（海报或视频等）、推文等的预期效果理想度：1~5
市场分析 策略提案	1. "逻辑思维法"的应用是否可靠：1~5 2. 修改后市场分析、策略简案和详案的逻辑清晰度：1~5
版式设计	1. "拦截调查法或网络调查法"执行是否可靠：1~5 2. 修改后版式设计满意度：1~5
社会责任	1. 读者利益、广告主利益、社会利益是否兼顾：□是　　□否 2. 体现的社会利益是什么：_____

2. 小组互评

以小组为单位，对学习过程及结果进行评价，将互评结果填入表6-2中。

表6-2　小组互评

任务编号：6-1（小组互评）		任务名称：产品广告营销策划
评价项目	评价内容	等级
营销理论知识应用	营销知识应用得当、理解有深度	□A □B □C
体裁选择	体裁新颖度	□A □B □C
文字表达	字数合理，文字表达流畅、简洁、清晰、有韵律、有特色	□A □B □C
内容创意	别致新奇、有趣、契合主题、契合命题调性	□A □B □C
社会责任	兼顾读者利益、广告主利益、社会利益	□A □B □C
团队自评		
团队协作	小组成员合作紧密，能互相帮助	□A □B □C
	态度积极端正，认真完成各自任务，遇到问题共同讨论，有攻坚克难的团队精神	□A □B □C
	任务分配合理，组织有序	□A □B □C
任务实施	工作效率高	□A □B □C
	任务成果完整且质量达标	□A □B □C
成果自查	是否符合广告法	□是　　□否
	是否符合社会公德	□是　　□否

3. 教师评价

教师对团队学习过程及完成任务成果进行评价，并将评价结果填入表6-3中。

表6-3　教师评价

任务编号：6-1（教师评价）		任务名称：产品广告营销策划
评价项目	评价内容	等级
出勤	团队中迟到、早退、旷课情况	□A □B □C

续表

职业素养	团队合作	效率高、分配合理、组织有序	□A □B □C
	社会责任	社会公德意识，法律意识	□A □B □C
任务成果	营销理论知识应用	营销知识应用得当、理解有深度	□A □B □C
	体裁选择	体裁新颖度	□A □B □C
	文字表达	字数合理，文字表达流畅、简洁、清晰、有韵律、有特色	□A □B □C
	内容创意	别致新奇、有趣、契合主题、契合命题调性	□A □B □C

任务拓展

策划人的顽强精神
——广告人：叶茂中

什么是"顽强精神"？

对待一切困难要顽强拼搏，不言弃、不言懈、不言败，孔夫子的"岁寒知松柏之后凋也"，杜甫的"疾风知劲草"说的就是这种顽强精神。

1968年，叶茂中（见图6-15）出生在江苏泰州的一个渔村，小时候的名字为"叶十斤"。贫寒的家境磨炼了叶茂中坚强的性格，由于他敬佩红军顽强的革命精神，所以一直戴着有五角星图案的帽子，这成为他的形象标识和其品牌的一部分。叶茂中第一份工作是在泰州电视台当一名"杂工"，画背景板、采访、打杂什么都干。当时，泰州唯一的大企业春兰集团要拍个广告片，预算只有5万元，台里所有人都没接，叶茂中却马上接了下来。之后，这条拍摄于1989年的"一杆进六球"的春兰空调广告在中央电视台播出后，获得巨大成功。叶茂中开始进入广告行业。

图6-15 叶茂中

思考：策划人需要什么样的"顽强精神"？为什么？

任务二 "老字号"广告营销策划

案例导入

五芳斋流心糯月饼"糯+"卖点的广告营销策划

2016年,"五芳斋"开始了创新发展之路:启动品牌年轻化战略,开始品牌年轻化转型。公司先后建立电商团队,构建商贸、连锁、电商全渠道营销模式。2018年,联手阿里口碑推出全国首家智慧餐厅等。作为国家首批"中华老字号",五芳斋顺应时代浪潮,积极变革。2019年,五芳斋全面启动"糯+战略",随后升级公司战略,以"守护和创新中华美食"为使命,打造"以糯米食品为核心的中华节令食品领导品牌"。

距离2019年中国传统佳节中秋节还有一段时间,五芳斋早已为它的新品"流心糯月饼礼盒"策划了一套《我总是心太软》的广告营销策划方案。具体执行时间如下:

8月初—8月27日发布预热海报;

8月27日发布剪纸动画《过桥记》;

9月初发布天猫跨界合作H5做月饼互动游戏《我总是心太软》。

五芳斋将"我总是心太软"作为2019年中秋节的主题,围绕"心太软",五芳斋分别发布了剪纸动画《过桥记》和一款宣传月饼新品的H5制作月饼互动游戏《我总是心太软》。

《过桥记》是五芳斋发布的剪纸类型动画,讲述了古时两位硬汉,一位可以炼钢铁,另一位是爱走直线的直男。两位硬汉相遇后,便开始了一场"正面刚"大战,群众边吃瓜边看二人对战。一个时辰过后,二人难分胜负,但因为看到河中可爱的鸭子停下了战斗,开始在桥上观鸭。最后,二人喊出了自己"就是心太软"的主题,并带出了五芳斋的产品。整条广告传统气息浓重,但又与现代流行的网络用语相结合,幽默感十足。

H5游戏十分复古,颇有梦回唐朝之势。H5游戏以"流连盛唐月,一糯定中秋"为题目,选择"立即穿越"便可以开始观看H5。H5开始讲述了月饼的由来,随后出现月饼制作互动环节,用户需要单击屏幕中的各类食材,凑齐后便出现了五芳斋的新款月饼。

五芳斋在2019年中秋节以两大活动为营销核心,辅助发布预热海报,使五芳斋《我总是心太软》广告营销策划案成为当年中秋亮点。

请扫码获取:具体作品

思考:分析《我总是心太软》策划案题目命名,你从中得到了什么启示?

 **任务工单**

任务编号：6-2（任务工单）	任务名称："老字号"广告营销策划
任务发起：企业营销部	前续任务：略
团队重建	遵循如下基本要求重新组建或完善团队管理 1. 总结前续团队组建及管理存在的问题 2. 重建团队人员数量：建议 1~5 人，最佳 4 人 3. 遵循优势能力搭配原则：团队成员具有组织能力、调研分析能力、文字撰写提炼能力、总结归纳能力、美工能力等 4. 确定团队协作方式 5. 确定团队管理模式
任务目标及要求	本任务侧重于"老字号"品牌的广告营销策划，具体要求如下： 1. 在下面给出的企业命题中任选其一（见下附二维码），认真阅读，分析命题要求要点 2. 为策划案起名，策划详细提纲 3. 依据题目，设计 IP 形象，撰写引言与内容提要 4. 撰写市场分析策划方案 5. 撰写营销策略简案与详案 6. 设计策划创意表现提案及作品 7. 梳理前述任务，完成广告营销策划全案作品 8. 作品规格：页面尺寸为 A4，正文不超过 30 页（含封面、正文内容、封底），附件不超过 10 页 9. 形成作品终稿，上传发布
优秀作品获取	大广赛官网；创意星球官网；广告公司官网；其他策划案赛事网站。 请关注上述相关公众号或官网查看获奖作品或企业策划实案
任务命题策略单	"老字号"策略单 ＊请扫码获取命题策略单

 **相关知识**

一、"老字号"的内涵与意义、价值

1. 老字号

老字号是指历史悠久，拥有世代传承的产品、技艺或服务，具有鲜明的中华民族传统文化背景和深厚的文化底蕴，取得社会广泛认同，形成良好信誉的品牌。

2. "老字号"品牌策划

（1）什么是品牌策划。

"老字号"是一类品牌，具有品牌策划的共性特征。

品牌策划是使企业形象和产品品牌在消费者脑海中形成一种个性化的区隔，并使消费者与企业品牌和产品品牌之间形成统一的价值观，从而建立起自己的品牌声浪；是给拥有者带来溢价、产生增值的一种无形的资产，其载体是用以和其他竞争者的产品或服务相区分的名称、术语、象征、记号或者设计及其组合，增值的源泉来自消费者心智中形成的关于其载体的印象；是能够做到口口相传的牌子。

（2）品牌策划内容。

①"品质形象"。

品质形象是品牌形象的基础。

建立品质形象不是仅提高一下产品的质量，而是要建立起"良好品质"的印象。应该让产品有"看上去就好"之感。品质形象不能仅仅停留在"用了就说好"的层面上，要做到"看了就说好"才行。所以说，品质形象要有"看得见、摸得着、感得到"的改善才能满足打造品牌的要求。

②"价格形象"。

品质形象和品牌形象是价格形象的基础。"品质/价格"和"品牌/价格"的定价模式更合乎打造品牌形象的一些需要。

③"通路形象"。

通路即渠道，销售渠道。

完整的销售通路是中间批发销售加上终端零售。通路的形象是建立在零售商的基础上，零售商的形象就是通路形象。所以，零售商形象很重要。如今的京东、淘宝、天猫等电商平台是很好的选择。

④"广告形象"。

广告形象最好"二大一高"，即"大媒体（大网红）、大投入、高水平"。媒体大、形象就大；投入大，形象就强；水平高，形象就好。

⑤"促销形象"。

促销是企业常用的营销策略，但不可常用。比如"降价"，长期如此会产生廉价感。从消费心理来说，物极必反，"狠狠地降一回价"有时也可以引起一波市场革命，可以重组市场，品牌的知名度和消费关注度也会有意想不到的提升。

⑥"顾客形象"。

如里斯和特劳特的"定位论"挑明，产品不是为大众服务的，而是为一部分人享有的。这一部分人就产生了特定的"顾客形象"，所以品牌不是为所有人服务。

二、"老字号"策划策略

"老字号"贵在"老"字上，它意味着文化传承、经典技艺，但也意味着困难和阻碍，所以，"老字号"策划在于创新，可参考以下策略：

1. 情感营销

情感营销是从消费者的情感需要出发，唤起和激起消费者的情感需求，诱导消费者心灵上的共鸣，寓情感于营销之中，让有情的营销赢得无情的竞争。在情感消费时代，消费者购买商品所看重的已不是商品数量的多少、质量好坏以及价钱的高低，而是为了一种感情上的满足，一种心理上的认同。

情感营销应用众多，但"老字号"的"情怀"和"传承"感更适宜用情感营销策略，以激发消费者对"老字号"曾经的记忆和好感。

2. 故事营销

"老字号"年代久远，用讲故事的方式弘扬品牌更容易吸引消费者。

故事营销就是以故事的原理或方式，推动有形产品或某种行为（包括服务）、思想、理念、创意、符号等变成消费者感兴趣的故事进行营销。如视频《逃出大英博物馆》、第14届大广赛策划案作品《百年润发 戏说百年》。

3. 跨界营销

"跨界"是一种新锐的生活态度与审美方式的融合。

跨界营销即跨界合作，就是让原本毫不相干的元素，相互渗透相互融合，从而给品牌一种立体感和纵深感。

"老字号"跨界新品牌有利于"老字号"形象年轻化。

4. 数字营销

线上线下融合营销，发展电商，开发网络适销商品和款式。运用数字媒体平台和数字技术传播老字号品牌，增强品牌美誉度。

除以上策略外，其他策略一样适用于"老字号"。

三、"老字号"的创新策略

在"老字号"广告营销策略中的创新策略主要提示经营管理模式创新，其他创新学生可自主开发。

在创新经营管理模式方面，可以应用微博、微信等新媒体，传播老字号品牌历史和商业文化；老字号纪念品、礼品的文创品开发，老字号旅游产品开发，创建快闪店活动、体验店等。如中华老字号"稻香村"的体验店经营模式，内联升电商经营模式，云南白药的跨界模式。

任务实施

任务编号：6-2（任务实施）	任务名称："老字号"广告营销策划
成员人数	（　　）人
前续成果回顾	无
任务资讯	1. "老字号"特征及相关知识 2. 产品、品牌或与企业相关的竞争对手、消费者及企业自身资讯 3. 相关广告营销策划案国家级比赛获奖作品

续表

	内容	完成人
任务分工	1. 深度理解"老字号"含义	全体成员
	2. 研讨分析命题策略单	全体成员
	3. 为策划案起名,撰写策划详细提纲	全体成员
	4. 依据题目,设计 IP 形象,撰写引言与内容提要	
	5. 撰写市场分析策划方案	
	6. 撰写营销策略简案与详案	
	7. 设计策划创意表现提案及作品	
	8. 梳理前述任务,完成版面设计,形成广告营销策划全案作品	
资讯获取 学习笔记	1. 内容及来源:_____ 2. 学习启示:_____	
进行决策	提交全案作品	

评价反馈

评价方式包括自我评价、小组互评、教师评价。

1. 自我评价

学生进行自我评价,并将结果填入表 6-4 中。

表 6-4　自我评价

任务编号:6-2(自我评价)	任务名称:"老字号"广告营销策划
评价项目	评价内容
营销理论 知识应用	1. 是否应用营销理论: □是　□否 2. 应用了哪些营销理论:_____
作品脉络	1. 作品主题表述分明度:1~5 2. 各项分析或策略围绕主题的紧密度:1~5 3. 整篇作品的系统性:1~5
作品命名	1. 作品题目的主题呈现度:1~5 2. 作品题目的创意新颖度:1~5
创意表现	广告作品(海报或视频等)、推文等的预期效果理想度:1~5
市场分析 策略提案	市场分析、策略简案、详案的逻辑清晰度:1~5
版式设计	版式设计满意度:1~5
社会责任	1. 读者利益、广告主利益、社会利益是否兼顾:□是 □否 2. 体现的社会利益是什么:_____

2. 小组互评

以小组为单位，对学习过程及结果进行评价，将互评结果填入表6-5中。

表6-5 小组互评

任务编号：6-2（小组互评）		任务名称："老字号"广告营销策划	
评价项目	评价内容		等级
营销理论知识应用	营销知识应用得当、理解有深度		□A □B □C
体裁选择	体裁新颖度		□A □B □C
文字表达	字数合理，文字表达流畅、简洁、清晰、有韵律、有特色		□A □B □C
内容创意	别致新奇、有趣、契合主题、契合命题调性		□A □B □C
社会责任	兼顾读者利益、广告主利益、社会利益		□A □B □C
团队自评			
团队协作	小组成员合作紧密，能互相帮助		□A □B □C
	态度积极端正，认真完成各自任务，遇到问题共同讨论，有攻坚克难的团队精神		□A □B □C
	任务分配合理，组织有序		□A □B □C
任务实施	工作效率高		□A □B □C
	任务成果完整且质量达标		□A □B □C
成果自查	是否符合广告法	□是	□否
	是否符合社会公德	□是	□否

3. 教师评价

教师对团队学习过程及完成任务成果进行评价，并将评价结果填入表6-6中。

表6-6 教师评价

任务编号：6-2（教师评价）			任务名称："老字号"广告营销策划
评价项目		评价内容	等级
出勤		团队中迟到、早退、旷课情况	□A □B □C
职业素养	团队合作	效率高、分配合理、组织有序	□A □B □C
	社会责任	社会公德意识，法律意识	□A □B □C
任务成果	营销理论知识应用	营销知识应用得当、理解有深度	□A □B □C
	体裁选择	体裁新颖度	□A □B □C
	文字表达	字数合理，文字表达流畅、简洁、清晰、有韵律、有特色	□A □B □C
	内容创意	别致新奇、有趣、契合主题、契合命题调性	□A □B □C

 **任务拓展**

老字号的传承精神

中华老字号是由中华人民共和国商务部命名,具有鲜明的地域文化特征、独特的传统工艺和经营特色以及持续创新能力的企业名称和商业品牌。老字号是数百年商业和手工业中留下的极品,是中华商业文化的历史传承。老字号品牌承载着几代人的情结,具有独特的品质、品位和名气。

中华老字号——丁莲芳千张包子,是浙江湖州的传统名点,清光绪四年(1878年),湖州菜贩丁莲芳以鲜猪肉、千张为原料,裹成千张包子,再配上丝粉,名曰千张包子丝粉头,肩挑叫卖而得名。丁莲芳千张包子,经过不断创新改进和世代传承,以其用料讲究、烹调有术、味道鲜美而闻名遐迩。

细细追寻丁莲芳千张包子店140多年的历史,从独辟蹊径、艰苦创业的丁莲芳,到混乱岁月中辛勤操持的丁焦生,肩负重担、带头苦干的陈连江,再到改革创新、再创辉煌的虞炳泉,有一种珍贵的精神,这也是丁莲芳诞生以来一直坚持的祖训和经营理念:勤工、好料、诚心、创新。这是百年老字号丁莲芳生存和发展的根本,也是其在以后的发展历程中继续创造盛业的核心理念。

思考:"老字号"能够发展百年的关键是什么?

任务三　公益广告营销策划

案例导入

《让青春在创新中铸就梦想》公益广告营销策划

一、背景

习近平总书记在党的二十大报告中深刻指出："必须坚持科技是第一生产力、人才是第一资源、创新是第一动力……"

青年人才是国家战略人才力量的源头活水，教育、科技、人才"三位一体"的描述，为当代中国青年发展描绘了新愿景、新目标。广大青年更应有敢为人先的锐气，解放思想，勇于求索创新，树立在继承前人的基础上超越前人的雄心壮志。"天眼"探空、"北斗"棋布、"蛟龙"下海、嫦娥五号"挖土"归来……从古至今，所有的文明发展都源于一个创新性的设想，链接每一个伟大梦想的也正是创新的力量。创新的形式多种多样，创新的舞台辽阔宽广，有青年"接力"，故能创新突破，继而与时俱进，方有文明"未来"。

青年是最富有创新精神的社会群体，青年时代是最能研究出创新成果的黄金时代。深入贯彻习近平新时代中国特色社会主义思想的《新时代的中国青年》白皮书中，有这样一组数据：北斗卫星团队核心人员平均年龄36岁，量子科学团队平均年龄35岁，中国天眼FAST研发团队平均年龄仅30岁……一大批有志青年挑千斤重担，乘风破浪前行，担时代之责，展青春荣光，生动展现了"青年强，则国家强"，真正践行了"请党放心、强国有我"的责任与担当。

二、内容解析

青春，满载憧憬、满怀希望，青春的路上百花齐放！

创新，为梦想插上腾飞之翼，让梦想自由翱翔！

梦想，为创新驱动注入内力，让创新找到航向！

青春是人生中最美好的时光，最值得奋斗的年华，它总是满载期待；梦想是生命里最绚烂的阳光，最值得追逐的明亮，它总是引领未来。青春，需要创新的滋养，才能绚丽芬芳；青春，需要梦想的搀扶，才能屹立刚强。将创新精神刻画于心，让青春在创新中铸就梦想，在创新中实现自我价值，正是当代中国青年"以青春建功新时代"的重要体现。

时代发展呼唤创新。青年最具创意热情，最具创新动力。作为新时代的中国青年，站在新的历史交汇点上，要主动于危机中育先机、于变局中开新局，努力实现从"生力军"到"主力军"的转变。以凌云之志扎稳"青春之根"，以奔跑之姿浇灌"青春之树"，以奋斗之情绽放"青春之花"，踏着青春的资本，握着梦想的指针，披荆斩棘、引吭高歌。以敢为人先的青年之力，挺起中国之脊梁；以勇于求索的青春之我，书写新时代的青春模样！

三、创作范围

作为强国复兴的接班人，面对目前在"躺平""佛系"和"内卷"之间挣扎的部分新时代青年群体，应对变局，锤炼意志和永久奋斗的精神，激发创新创造的热情，结合上述背景及解析，深入思考创作方向。

可借鉴以下创作范围：

青春最好的模样：谱写新时代的青春乐章。

青年创新当先行：创新赋能，青年先行；你如何争做创新先锋。
梦想的力量：梦想是青春搏击的能量，笃立鸿鹄之志，将创新付诸行动和实践。

四、策划案要求

具备影响力，创新性突出且执行性强。

请扫码获取：
素材及作品

任务工单

任务编号：6-3（任务工单）		任务名称：公益广告营销策划
任务发起：企业营销部		前续任务：略
团队组建	根据需要重新组建团队或维持原团队	
任务目标及要求	本任务侧重于"公益"命题的广告营销策划，具体要求如下： 1. 在下面给出的企业命题中任选其一（见下附二维码），认真阅读，分析命题要求要点 2. 为策划案起名，撰写策划详细提纲 3. 依据题目，设计IP形象，撰写引言与内容提要 4. 撰写市场分析策划方案 5. 撰写营销策略简案与详案 6. 设计策划创意表现提案及作品 7. 梳理前述任务，完成广告营销策划全案作品 8. 作品规格：页面尺寸为A4，正文不超过30页（含封面、正文内容、封底），附件不超过10页 9. 形成作品终稿，上传发布	
优秀作品赏析	请扫码获取作品，感受公益活动创意技巧 公益作品创意赏析	
优秀作品获取	大广赛官网；创意星球官网；广告公司官网；其他策划案赛事网站（全国公益广告大赛）。 部分网站地址： ①人民日报传媒广告有限公司—核心业务板块—公益传播：http://www.people-media.cn ②公益中国：http://www.pubchn.com/ ③中国网—公益中国频道：http://gongyi.china.com.cn/ 请关注上述相关公众号或官网查看获奖作品或企业策划实案	

续表

任务命题策略单	"公益"命题策略单 ＊请扫码读取策略单

 相关知识

一、公益的内涵

1. 公益的含义

公益策划可以分为两类：一类是公益组织的活动策划案，另一类是任何人、团体、社会组织的公益活动策划，本书指的是后者。

公益是公共利益事业的简称，指有关社会公众的福祉和利益。

因此，公益是指为实现公共利益而实施的各项行为；一般公益活动与商业活动相比有两个特征：一是非营利性，另一个是观念性；它一般向人们阐述社会道德和行为规范，告诉人们应该做什么，不该做什么。

公益活动至少应包含公民、公共、公德、公意和共益五个要素。

2. 公益活动的特点

公益活动的目的是提倡一种社会风尚，对人们的社会行为提出一定的要求。特点主要表现为下几个方面：

（1）公益性。公益活动最显著的特征是公益性而非商业性。它必须引导整个社会朝着更好的方向发展，它的创作来源是社会热点话题，否则就不能引起人们的共鸣，例如，环保、希望工程、安全驾驶等都是创作素材。

（2）长期性。公益活动反映的是事关全局性的问题，因此公益活动具有长期性的特点。一项公益作品，不仅现在可以使用，在以后的一段时间内也应该可以使用。

（3）通俗性。从公益活动的受众角度来看，其受众极为广泛，而且文化层次不一，可以借助丰富、生动、形象的形式来表达主题，寓教于乐，融思想于艺术形象之中，让大多数受众都可以明白公益作品的创作意图。

（4）针对性。公益活动的主题明确，诉求单一，具有很强的针对性。一般来讲，一项公益作品只反映同一主题，由于时空的限制，一项公益作品不可能在有限的时空中传达多个主题。

（5）时代性。随着社会的发展，公益活动的主题也发生了很大的变化，除了一些传统的主题的公益作品外，时代感成为公益活动新的特色，并呈现出蓬勃的生机。

3. 公益中国

公益中国是由政府牵头的公益活动及组织的统称。

一方面，公益中国是指要在全社会弘扬公益精神，人人自觉履行公益责任义务和行动。全国上下营造一种人人讲公益、处处践行公益善举的氛围，使愿意提供慈善奉献的人能完成心愿，使需要帮助的人能心想事成，促进我国精神文明与和谐社会建设。

另一方面，公益中国是组织，是由广而告之有限公司于2006年创办上线运营的综合性公益网站。以构建"公益心"为己任，围绕公益三大元素"人、自然、社会"之间的关系，力图打造最广阔的公益平台，宣传最广泛的公益思想，呼吁社会和平与和谐，让"公益"能够更加深入人心。

公益中国具有极大的影响力，我们一般做的公益广告营销策划命题属于这一类。

二、公益的意义

随着文明的进步和社会的发展，公益组织越来越多，越来越成熟，覆盖面也越来越广，在社会中和国家治理中都不可或缺。

第15届大广赛，公益命题增加了公益广告策划案项目，往届更多是音视频、平面广告作品。

"公益"类广告营销策划案相较于其他类型作品具有不可比拟的优势，就是更有利于与公众之间的联系性、互动性，强化与公众的黏性，更容易实现有深度、有广度的公益影响力。

公益的意义有哪些？

（1）爱与帮助。关注处于困境中的人们，帮助那些需要帮助的人。公益不仅仅是提供物质上的帮助，更重要的是给予精神上的关爱和支持。

（2）实现社会的公平和共享。通过公益活动，可以缩小贫富差距，减少社会的不平等现象。公益不仅关乎个体，也关乎整个社会。只有每个人都享有基本的福利时，社会才能真正繁荣和进步。

（3）传递正能量。超出了个人利益，通过凝聚社会力量，激励更多的人积极参与到社会事务中来。

（4）推动社会进步。通过公益活动，可以促进社会的发展和进步，如改善健康和医疗条件、保护环境资源、促进文化交流等。

（5）促进社会的和谐稳定。在一个充满公益精神的社会中，人与人之间更加团结友爱，互相帮助，可以减少社会矛盾和冲突，促进社会的和谐与稳定。

总而言之，公益的真正意义和目的在于爱与帮助，实现社会的公平与共享，传递正能量，推动社会进步，促进社会和谐稳定。

三、公益广告营销策划中的创意方法

如今各种社会热点话题都可以说是公益策划的创作素材，但如何通过独特的创意将这种热点话题表现出来？以下创意供参考：

（1）小处体现法。越贴近生活的创意，给消费者的影响越深刻，广告达到的效果越明显，这种方法通过生活中的小事将很大的主题表现出来，使人们对广告具有贴近感和亲和力，人们对广告也将产生认同感。例如，不经意丢弃的塑料饭盒和易拉罐、乱吐的一块口香糖都能成为环境保护公益作品的创作灵魂。

（2）字体变形法。适用于策划中的平面广告创作。突出字体局部或将各种字镶嵌在特定的环境中，创作上充分利用了受众的视觉语言，让受众产生一目了然的视觉冲击力，达到言简意赅、冲击力强的震撼效果。使用时注意选择人们所熟悉的字体，而不能为生僻字，让受众真正深刻地理解广告所蕴含的内容。

（3）故意错误法。类似于网络"梗"，这种方法将成语、习惯用语、流行语、俗语中的个别字进行改头换面，换上一个与所宣传的产品或所表达的内容有关的字眼，以期达到新奇的效果，例如，开发不等于开伐，告诉人们在开发的过程中，不要破坏生态平衡。

（4）添加法。这种方法利用在常规的事物中增加新的元素，使事物达到一种协调或不协调的效果，使用这种方法往往会产生一种幽默的效应，使人们在沉思中对公益作品产生一种认识和赞同，让受众开怀一笑，达到久久难忘的效果。创造素材包括各种文字和图像。

（5）联想法。这种方法是利用两事物之间的功能、形状、色彩、大小等方面相互关联的地方进行的，使用这种方法一般出现与所需表现的事物关联的物体，利用这种关联，往往会达到震撼的效果。

（6）讽刺法。这种方法利用人们对某种事物认识的固定模式，采用一种正调反唱、反弹琵琶的方法进行处理，从事物的反面去创意，能够给人以警示，会产生一种哗众取宠的效应，比正面的说服规劝更有感染力，有时会收到事半功倍的效果。

（7）拟人法。在这种方法中，动物、植物及不能说话、思考的各种事物成为主角，采取动物说话、植物思考、动植物做人的动作等形式，产生一种幽默的效应，这种方法利用人们对动、植物的喜爱，往往可以达到理想效果。

（8）对比法。这种方法采用两个截然相反、相对的事物或一个事物的正反两个方面同时列举在同一则公益作品中，给人一种鲜明的比较效果，只有比较才能突出，只有鲜明才能吸引受众的"眼球"。使用这种方法，能将作者的意图通过两事物或一事物的两方面表达出来，形象的对比能够说明许多问题。

（9）漫画法。漫画往往具有戏剧性，能够把受众带入耳目一新、轻松愉悦的境地，这种利用漫画搞创作的公益作品，轻松活泼，能够赢得受众的喜爱，并增强主题的感染力。

创意方法有很多，以上九种创意方法仅供参考。

四、公益广告营销策划主题参考

公益广告营销策划主题参考如表6-7所示。

表6-7 公益广告营销策划主题参考

序号	主题	主题内容
1	社会主义核心价值观	包括但不限于"富强、民主、文明、和谐，自由、平等、公正、法治，爱国、敬业、诚信、友善"等
2	精神文明创建	包括但不限于创建文明城市、文明村镇、文明单位、文明家庭、文明校园等精神文明主题和弘扬社会公德、职业道德、家庭美德、个人品德，文明交通、文明餐桌、文明旅游、文明上网等社会文明新风
3	弘扬中华优秀传统文化	包括但不限于非遗保护与传承、弘扬中华民族传统美德等

续表

序号	主题	主题内容
4	乡村振兴	包括但不限于推进城乡融合发展、美丽乡村、乡风文明等
5	低碳行动	包括但不限于环境保护、节能减排、绿色出行、垃圾分类等
6	生物多样性	包括但不限于保护物种和遗传、保护生态多样性、建设人与自然和谐共生的现代化等
7	中国特色志愿服务	包括但不限于弘扬志愿者精神、提倡志愿服务、传播志愿文化等
8	生产生活安全	包括但不限于弘扬安全文化、传播安全理念、科普应急安全常识、消防安全和应急救援处置、防范各类安全风险、消除事故隐患、共建共享美好家园等主题
9	防灾减灾救灾	包括但不限于传播防灾减灾理念、科普应急避险和自救互救知识技能、减轻灾害风险、守护美好生活等主题
10	其他	关爱妇女、儿童、老年人、残疾人等主题

任务实施

任务编号：6-3（任务实施）	任务名称：公益广告营销策划	
成员人数	（　　）人	
任务资讯	1. "公益"命题内容特征及相关知识 2. 产品、品牌或与企业相关的竞争对手、消费者及企业自身资讯 3. 相关广告营销策划案国家级比赛获奖作品	
任务分工	内容	完成人
	1. 深度理解"公益"策划的特征	全体成员
	2. 研讨分析命题策略单	全体成员
	3. 为策划案起名，撰写策划详细提纲	全体成员
	4. 依据题目，设计 IP 形象，撰写引言与内容提要	
	5. 撰写市场分析策划方案	
	6. 撰写营销策略简案与详案	
	7. 设计策划创意表现提案及作品	
	8. 梳理前述任务，完成版面设计，形成广告营销策划全案作品	
资讯获取 学习笔记	1. 内容及来源网址： 2. 学习启示：	
任务决策	提交产品广告策划案终稿	

评价方式包括自我评价、小组互评、教师评价。

1. 自我评价

学生进行自我评价，并将结果填入表6-8中。

表6-8 自我评价

任务编号：6-3（自我评价）	任务名称：公益广告营销策划
评价项目	评价内容
营销理论知识应用	1. 是否应用营销理论： □是 □否 2. 应用了哪些营销理论：_____
作品脉络	1. 作品主题表述分明度：1~5 2. 各项分析或策略围绕主题的紧密度：1~5 3. 整篇作品的系统性：1~5
作品命名	1. 作品题目的主题呈现度：1~5 2. 作品题目的创意新颖度：1~5
创意表现	广告作品（海报或视频等）、推文等的预期效果理想度：1~5
市场分析策略提案	市场分析、策略简案、详案的逻辑清晰度：1~5
版式设计	版式设计满意度：1~5
社会责任	1. 读者利益、广告主利益、社会利益是否兼顾： □是 □否 2. 体现的社会利益是什么：_____

2. 小组互评

以小组为单位，对学习过程及结果进行评价，将互评结果填入表6-9中。

表6-9 小组互评

任务编号：6-3（小组互评）	任务名称：公益广告营销策划	
评价项目	评价内容	等级
营销理论知识应用	营销知识应用得当、理解有深度	□A □B □C
体裁选择	体裁新颖度	□A □B □C
文字表达	字数合理，文字表达流畅、简洁、清晰、有韵律、有特色	□A □B □C
内容创意	别致新奇、有趣、契合主题、契合命题调性	□A □B □C
社会责任	兼顾读者利益、广告主利益、社会利益	□A □B □C
团队自评		
团队协作	小组成员合作紧密，能互相帮助	□A □B □C
	态度积极端正，认真完成各自任务，遇到问题共同讨论，有攻坚克难的团队精神	□A □B □C
	任务分配合理，组织有序	□A □B □C

续表

任务实施	工作效率高	□A □B □C
	任务成果完整且质量达标	□A □B □C
成果自查	是否符合广告法	□是　　□否
	是否符合社会公德	□是　　□否

3. 教师评价

教师对团队学习过程及完成任务成果进行评价，并将评价结果填入表6-10中。

表6-10　教师评价

任务编号：6-3（教师评价）		任务名称：公益广告营销策划	
评价项目		评价内容	等级
职业素养	出勤	团队中迟到、早退、旷课情况	□A □B □C
	团队合作	效率高、分配合理、组织有序	□A □B □C
	社会责任	社会公德意识，法律意识	□A □B □C
任务成果	营销理论知识应用	营销知识应用得当、理解有深度	□A □B □C
	体裁选择	体裁新颖度	□A □B □C
	文字表达	字数合理，文字表达流畅、简洁、清晰、有韵律、有特色	□A □B □C
	内容创意	别致新奇、有趣、契合主题、契合命题调性	□A □B □C

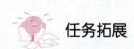

任务拓展

什么是公益精神

"绿水青山就是金山银山"，在习近平总书记的号召下，全国人民都在用行动保护我们的生存环境，这其实就是一种公益行动，那么什么是公益精神呢？

中国素有"文明之邦"的美誉，在灿烂的中华优秀传统文化中，许多警世格言世代相传，教人行善济世："穷则独善其身，达则兼济天下""勿以恶小而为之，勿以善小而不为""先天下之忧而忧，后天下之乐而乐""己所不欲，勿施于人""恻隐之心，人皆有之""救人一命，胜造七级浮屠"，唐太宗李世民甚至直言："行善事则为君子，行恶事则为小人。"中华文化中"乐善好施""扬善弃恶"的理念古已有之，"见义勇为""济困救难""铺路修桥"等善举被历代推崇，形成了延绵未断的世风民俗。

思考：如何发扬公益精神？作为公益机构或个人如何挖掘、策划出新公益活动策略，为社会弱势群体和需要救济的人提供帮助，提升公益影响力？

任务四　企业营销策划实战

案例导入

娃哈哈新品——"咖位"广告营销策划

一、所策划产品及品牌介绍

品牌介绍：

娃哈哈创建于1987年，在创始人宗庆后的领导下，现已发展成为一家集产品研发、生产、销售为一体的大型食品饮料企业集团，在中国29个省、市、自治区建有80多个生产基地，180多家子公司，拥有员工3万名，企业规模和效益连续二十年处于行业领先地位。

公司产品涵盖包装饮用水、蛋白饮料、碳酸饮料、茶饮料、果蔬汁饮料、咖啡饮料、植物饮料、特殊用途饮料、罐头食品、乳制品、医药保健食品等十余类200多个品种，其中纯净水、AD钙奶、营养快线、八宝粥是家喻户晓的国民产品。2013年，娃哈哈设立大学生营销实践基地，2015年开始参与全国大学生广告艺术大赛，旨在通过竞赛、社会实践等项目，丰富校园文化生活，增强大学生综合能力，提升其职业素养。

"咖位"产品介绍：

"咖位"是娃哈哈旗下新品咖啡饮料，它甄选云南高山地区阿拉比卡咖啡豆，并由Q-Grader咖啡品鉴师监制，SCA咖啡专家联合主理品控。此外，产品还特别使用德国Probat专业烘焙，定制口感曲线。目前，"咖位"作为娃哈哈年度电商大单品，已推出2个口味，即鲜萃拿铁与生椰拿铁口味。鲜萃拿铁口味，添加优质新西兰奶源；生椰拿铁口味，特别添加椰子果浆与椰子水，达到纯鲜椰乳的口感，口口醇香，无尽回味，匠心臻萃，自带咖位。具体如下：

(1) 产品类别：咖啡饮料。
(2) 产品口味：鲜萃拿铁、生椰拿铁。
(3) Slogan：匠心臻萃 自带咖位。
(4) 产品定位：甄选豆种、大师监制、专业烘焙、臻品特添的深烘现萃即饮咖啡。
(5) 产品调性：品质格调、大咖之选。
(6) 产品卖点：
鲜萃拿铁，添加优质新西兰奶源。
生椰拿铁，特别添加椰子果浆与椰子水。
甄选云南高山地区阿拉比卡咖啡豆。
Q-Grader咖啡品鉴师监制，SCA咖啡专家主理品控。
德国Probat专业烘焙，定制口感曲线。
(7) 饮用场景：办公学习、休闲玩乐、外出郊游等全场景。
(8) 产品规格：280毫升、350毫升。

二、策划内容要求

目标群体：以新一线及二线城市18~40岁的学生、青年及白领人群为主，适当补充下沉市场人群。

策划主题："匠心臻萃 自带咖位""真自我 够咖位"。

策划目的：突出产品定位，在目标人群心中塑造符合产品调性的个性形象；提升产品在目标人群中的知名度与好感度，吸引消费者购买。

卖点：除前述产品卖点以外，还可以在"产品满足消费者品质和个性彰显、格调跃升的情感追求"方面寻找策划创意点。

评估标准：创作出具有较强的传播张力和销售转化力的方案，能够在精准找到差异化卖点、掀起新品声量的同时，具有较高的落地执行性和市场普适性。

三、策划案作品方式选择

1. 校园营销方案类

针对某一高校的推广方案。要求有明确的费用预算及投入产出比测算，执行性强。活动预算单所高校不超过10万元。推广方案须包含校内路演宣传现场规划、现场互动方式、活动前线上预热宣传等部分。

2. 整合营销类

制定营销策划方案，可整合线上传播活动、线下品牌活动、线下促销活动或其他创新广告形式，要求有基本的营销逻辑和明确的内容创意表现（包括但不限于目标消费者洞察、产品定位、传播策略、创意方案、电商渠道承接方式、商超渠道承接方式等），传播推广方案应当具有可执行性，全年推广预算不超过300万元。

两种任选其一。

四、建议列入

作品体现娃哈哈Logo，特别注意能醒目辨识出所推广的产品；作品应符合品牌调性。

请扫码获取：素材及作品

任务工单

任务编号：6-4（任务工单）	任务名称：企业营销策划实战
任务发起：企业营销部	前续任务：略
团队组建	根据需要重新组建团队或维持原团队

续表

任务目标及要求	本任务是根据合作企业下发的真实命题，进行广告营销策划，具体要求如下： 1. 在下面给出的企业命题中任选其一（见下附二维码），认真阅读，分析命题要求要点 2. 为策划案起名，撰写策划详细提纲 3. 依据题目，设计 IP 形象，撰写引言与内容提要 4. 撰写市场分析策划方案 5. 撰写营销策略简案与详案 6. 设计策划创意表现提案及作品 7. 梳理前述任务，完成广告营销策划全案作品 8. 作品规格：页面尺寸为 A4，正文不超过 30 页（含封面、正文内容、封底），附件不超过 10 页 9. 形成作品终稿，上传发布
优秀作品获取	大广赛官网；创意星球官网；广告公司官网；其他策划案赛事网站。 请关注上述相关公众号或官网查看获奖作品或企业策划实案
任务参考策略单	企业策略单 ＊请扫码读取策略单

 相关知识

本任务是企业实践部分，接受企业命题为企业进行广告营销策划。一般大型企业有营销策划部门及相应岗位，但多数企业选择外包给广告或媒体传播公司，经过社会调研，先把该业务岗位的内容和要求整理提示如下，供实习择业参考。

一、广告营销策划工作内容

（1）设计提案创意说明，细化提案创意，着重在视觉化方面执行创意构思。

（2）撰写策划案，并协助公司销售一起向客户提案。

（3）在广告活动的执行过程中，定期向客户提供报告，活动结束后，向客户提出结案报告。

二、广告营销策划职业要求

（1）熟悉广告文案的撰写和实施，具有整体策划能力和品牌整合传播技巧，有成功的策划案例。

（2）具有深厚的文字功底，精通广告策划、文案撰写，能熟练使用办公软件，独立完

成文案的撰写。

（3）具备良好的沟通协调能力和语言表达能力，善于与客户沟通交流，具有针对客户要求提出适当的解决方案的能力。

（4）善于策划分析，创意新颖独特，有较强的市场洞察力，熟悉互动营销特点，具备敏锐的市场嗅觉，思路清晰，有独立分析和制定策略的能力，能根据市场需求对中心进行深度开发，不断提出创新性的整合策略。

三、广告营销策划关键职业技能总结

随着前面任务的完成，现在对广告营销策划应具备的技能已经有了清晰的了解，总结如下：

1. 消费者洞察技能

在策划中，消费者洞察对策划的重要性不言而喻。消费者洞察技能是必备技能，建议在实战中从以下内容着手：画像洞察、认知洞察、行为洞察，缺少任何一个都不是完整的消费者洞察。

（1）画像洞察。

消费者画像洞察，主要是从消费者的基本属性信息中，挖掘潜在的有价值线索，进而指导工作开展，消费者画像包括性别、年龄、购买类型、兴趣偏好等内容。现在各大媒体平台都有相应的数据分析系统，如抖音平台会为商家提供数据信息服务，包括用户性别、年龄、购买产品类型、单次平均购买金额、主要关注偏好等数据，这其实就涉及消费者数据，根据消费者数据商家可以及时调整自己的产品和运营策略。

（2）认知洞察。

认知洞察就是了解消费者如何看待品牌和产品，以及如何看待品牌和产品所在的品类，如何看待跨行业的替代者、潜在竞争者。之所以要做认知洞察是因为广告主并不总是了解消费者眼中的自己，二者的认知存在"失焦"，并不总是相一致，用户认知洞察最重要的就是找到这种不一致以及其背后的内在原因。

如美国万宝路香烟，通过牛仔形象认知，洞察出消费者对美国西部开拓者勇敢、无畏、豪爽的美国精神的认同。

如百事可乐在与可口可乐的竞争中，洞察出可口可乐的"正宗"代表着陈旧、古董、不合时宜的形象，于是自己全力打造新生代、年轻人、活力等形象，牢牢锁定年轻人客户群体，与可口可乐进行人群区隔，取得了极大成功。

（3）行为洞察。

行为洞察主要通过消费者的产品使用行为习惯，以及反映消费者生活方式相关的行为洞察来间接推导消费者真实需求的方式。

如传音手机在刚开拓非洲市场时，发现一个很奇怪的现象：非洲经济普遍不发达，很多人仍在温饱线上挣扎。当地人要么不买手机，要么就购买多部手机。

在经济不佳的大背景下消费者应该单台购买一部手机才符合常理，那为什么不买则已，一买就购买多部呢？

针对这种消费者的反常消费行为，传音手机工作人员在进行了长期的市场一线调研与访谈后获悉：非洲每个国家的电信公司实力普遍较弱，没有能力开拓全国的电信业务，因此每个国家都有七八个甚至几十个电信公司在同时经营，且电信公司的信号普遍较弱。所

以很多商务人员为了确保电信信号的随时满格,被迫购买多家电信公司的手机卡,以备随时切换手机使用。洞察到该信息后,传音手机立即开始生产能同时装载多个手机卡的手机,产品大卖。后来传音又陆续通过消费者洞察,生产了大容量电池、高分辨率相机等,最终实现了非洲销量第一的不俗业绩。

2. 消费者洞察的边界

消费者洞察的需求可依据用户的知晓程度、厂家的知晓程度来界定,具体如表6-11所示。

表6-11 消费者洞察需求的界定

界定内容	洞察需求及内容
厂家未知+用户未知	采取需求洞察,了解消费者的潜在需求
厂家未知+用户已知	进行消费者画像洞察、认知洞察、行为洞察
厂家已知+用户未知	无须洞察
厂家已知+用户已知	无须洞察

总之,消费者画像是科学性很强的工作,需要洞察者拥有专业的消费者研究知识、丰富的一线市场洞察经验及系统的测试工具,否则进行消费者画像将毫无正面作用,甚至会有误导的反作用。

3. 创意技能

策划案中需要掌握的"创意"技能可以说贯穿策划案的方方面面,因为策划本身就有"创意"之意,但总结起来主要有三个方面:一是策划活动中所需的广告作品本身的"创意",二是题目名称"创意",三是版式设计"创意"。无论哪一个"创意",都是针对"消费者"的,要符合消费需求,要得到消费者认可,所以其根本是消费者洞察,当然也不能脱离策划对象(产品、品牌等)。

4. 推文写作

推文是项目四营销策略提案策划中必不可少的内容,推文撰写是否能够博得目标群体关注,激起群体兴趣,是一份策划案成功与否的保证。

推文策划要考虑:内容能给消费者带来什么"利益",是物质的还是精神的,或是二者兼具,是否符合策划主旨,是否"新";推文发布的营销时点是否合时宜。

5. 广告作品设计技能

在策划案撰写中,广告作品设计是技术实现部分,没有设计完整的广告作品,策划案就缺乏可执行性。作品设计有平面广告、视频广告、互动广告等,现在可以用AI技术实现,没有美工基础的学生可以学习AI设计。

6. 统筹规划能力

每一个优秀完备的策划作品,其营销策略提案无不是由多个独立的小策划活动组成,它们的逻辑关系至少有三个等级,类似于树状结构(详见项目四中任务一和任务二的任务相关内容)。

策划活动的分支越多越细,广告和营销效果一般会越好,对消费者的影响就越广越深。众多的策划活动有一个共同的指向,就是策划案的总目标,这就需要策划者有系统观念意识和较强的统筹规划能力。

营销提案基本思维框架如图6-16所示。

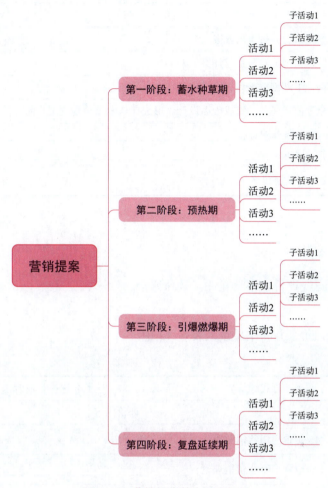

图6-16 营销提案基本思维框架

 任务实施

任务编号：6-4（任务实施）	任务名称：企业营销策划实战	
成员人数	（　　）人	
任务资讯	1. 学习相关知识 2. 产品、品牌或与企业相关的竞争对手、消费者及企业自身资讯 3. 相关广告营销策划案国家级比赛获奖作品	
任务分工	内容	完成人
	1. 深入理解策划案写作所需主要技能	全体成员
	2. 研讨分析命题策略单	全体成员
	3. 为策划案起名，撰写策划详细提纲	全体成员
	4. 依据题目，设计IP形象，撰写引言与内容提要	

续表

	内容	完成人
任务分工	5. 撰写市场分析策划方案	
	6. 撰写营销策略简案与详案	
	7. 设计策划创意表现提案及作品	
	8. 梳理前述任务，完成版面设计，形成广告营销策划全案作品	
资讯获取学习笔记	1. 内容及来源网址：_____ 2. 学习启示：_____	
任务决策	提交广告策划案终稿	

评价反馈

评价方式包括自我评价、小组互评、教师评价。

1. 自我评价

学生进行自我评价，并将结果填入表 6-12 中。

表 6-12 自我评价

任务编号：6-4（自我评价）	任务名称：企业营销策划实战
评价项目	评价内容
营销理论知识应用	1. 是否应用营销理论：□是 □否 2. 应用了哪些营销理论：_____
作品脉络	1. 作品主题表述分明度：1~5 2. 各项分析或策略围绕主题的紧密度：1~5 3. 整篇作品的系统性：1~5
作品命名	1. 作品题目的主题呈现度：1~5 2. 作品题目的创意新颖度：1~5
创意表现	广告作品（海报或视频等）、推文等的预期效果理想度：1~5
市场分析策略提案	市场分析、策略简案、详案的逻辑清晰度：1~5
版式设计	版式设计满意度：1~5
社会责任	1. 读者利益、广告主利益、社会利益是否兼顾： □是 □否 2. 体现的社会利益是什么：_____

2. 小组互评

以小组为单位，对学习过程及结果进行评价，将互评结果填入表 6-13 中。

表 6-13 小组互评

任务编号：6-4（小组互评）		任务名称：企业营销策划实战
评价项目	评价内容	等级
营销理论知识应用	营销知识应用得当、理解有深度	□A □B □C
体裁选择	体裁新颖度	□A □B □C
文字表达	字数合理，文字表达流畅、简洁、清晰、有韵律、有特色	□A □B □C
内容创意	别致新奇、有趣、契合主题、契合命题调性	□A □B □C
社会责任	兼顾读者利益、广告主利益、社会利益	□A □B □C
团队自评		
团队协作	小组成员合作紧密，能互相帮助	□A □B □C
团队协作	态度积极端正，认真完成各自任务，遇到问题共同讨论，有攻坚克难的团队精神	□A □B □C
团队协作	任务分配合理，组织有序	□A □B □C
任务实施	工作效率高	□A □B □C
任务实施	任务成果完整且质量达标	□A □B □C
成果自查	是否符合广告法	□是　□否
成果自查	是否符合社会公德	□是　□否

3. 教师评价

教师对团队学习过程及完成任务成果进行评价，并将评价结果填入表 6-14 中。

表 6-14 教师评价

任务编号：6-4（教师评价）			任务名称：企业营销策划实战
评价项目		评价内容	等级
职业素养	出勤	团队中迟到、早退、旷课情况	□A □B □C
职业素养	团队合作	效率高、分配合理、组织有序	□A □B □C
职业素养	社会责任	社会公德意识，法律意识	□A □B □C
任务成果	营销理论知识应用	营销知识应用得当、理解有深度	□A □B □C
任务成果	体裁选择	体裁新颖度	□A □B □C
任务成果	文字表达	字数合理，文字表达流畅、简洁、清晰、有韵律、有特色	□A □B □C
任务成果	内容创意	别致新奇、有趣、契合主题、契合命题调性	□A □B □C

 **任务拓展**

华为的企业文化：民族文化、政治文化

华为坚持以"爱祖国、爱人民、爱公司"为主导的企业文化，发展民族通信产业。"企业家精神""创新精神""敬业精神"和"团结合作精神"是华为企业文化的精髓。

华为人认为，企业文化离不开民族文化与政治文化，中国的政治文化就是社会主义文化，华为把共产党的最低纲领分解为可操作的标准，以约束和发展企业中高层管理者，以中高层管理者的行为带动全体员工的进步。华为管理层在号召员工向雷锋、焦裕禄学习的同时，又奉行决不让"雷锋"吃亏的原则，坚持以物质文明巩固精神文明，以精神文明促进物质文明来形成千百个"雷锋"成长且源远流长的政策。华为把实现先辈的繁荣梦想，民族的振兴希望，时代的革新精神，作为华为人义不容辞的责任，铸造华为人的品格。坚持宏伟抱负的牵引原则、实事求是的科学原则和艰苦奋斗的工作原则，使政治文化、经济文化、民族文化与企业文化融为一体。

思考：华为的精神对我们做策划案有哪些启示？

附录

我国现行相关的广告法律法规

一、相关广告法律法规

1. 中华人民共和国广告法。
2. 广告管理条例。
3. 广告管理条例施行细则。
4. 国家工商行政管理总局关于按照新修订的《广告管理条例施行细则》调整有关广告监管规章相应条款的决定。
5. 最高人民检察院关于认真执行《中华人民共和国广告法》(以下简称《广告法》)的通知。
6. 国家工商行政管理局关于广告审查机关和有关广告活动当事人责任问题的答复。
7. 国家工商行政管理局关于《广告法》有关条款适用范围的答复。
8. 国家工商行政管理局关于加强专利广告出证管理的通知。
9. 国家工商行政管理局关于《广告法》执行中有关问题的答复。

二、法律法规原文获取

1. 在最高人民法院的网站和全国人民代表大会的网站上均能查询到法律法规的文件。
2. 法律图书馆上关于法律法规的原文很齐全。
3. 在百度上进行查询：
（1）打开百度搜索，输入中国法律法规数据库。
（2）点击国家法律法规数据库官网（https://flk.npc.gov.cn/）。
（3）在首页搜索框，输入想要查询的法律法规名称（包括地方法律法规）。
（4）出现结果后点击进入详情页面查找各类法律法规条文。

X 证书指引

1. 联创新世纪（北京）品牌管理有限公司 X 证书《新媒体营销职业技能等级证书（中级）》。(注：较适用于项目二、三、四、六)

2. 北京人民在线网络有限公司 X 证书《媒体融合运营职业技能等级证书（中级）》。(注：较适用于项目三、四、五、六)

3. 新华网 X 证书《新媒体运营职业技能等级证书（中级）》。(注：较适用于项目三、四)

4. 中广协 X 证书《广告审查职业技能等级证书（初中高级）》。(注：适用于项目一、二、三、四)

参考文献

[1] 赖颖秦. 北宋山水 大气磅礴：从郭熙父子的"郭家山水"到王希孟的《千里江山图》[J]. 美术大观，2015（11）：42-43.

[2] 周丽丽. 且走且看千里江山：赏宋王希孟青绿山水《千里江山图》[J]. 文物鉴定与鉴赏，2011（6）：42-46.

[3] 张红梅，刘兆武. 从千里江山到富春山居：创作主体审美知觉模式对绘画风格衍变的作用及影响[J]. 文艺争鸣，2015（12）：189-195.

[4] IP设计是什么意思？[EB/OL].（2022-09-19）[2023-10-1]. https：//www.zhihu.com/question/264472880/answer/2680610800.

[5] 徐耀强. 论"工匠精神"[EB/OL].（2017-5-25）[2017-11-6]. http：//theory.people.com.cn/GB/n1/2017/0525/c143843-29299459.html.

[6] 总理报告中的"工匠精神"哪里来？[EB/OL].（2016-03-16）[2016-11-30]. http：//www.chinavalue.net/General/Blog/2016-3-16/1237828.aspx.

[7] 金元浦. 文化创意产业发展的五个问题[EB/OL].（2013-02-8）[2023-10-01]. https：//wenku.baidu.com/view/9caf235ea46e58fafab069dc5022aaea998f41c6.html.

[8] 訾谦. 触达用户超8亿，短视频如何"吸睛"又"吸金".（2020-10-25）[2023-11-01]. https：//m.gmw.cn/baijia/2020-10/25/34303137.html.

[9] 史蒂芬·卡瓦利耶. 世界动画史（世界动画的百年历史）[M]. 北京：中央编译出版社，2012.

[10] 彭吉象，张瑞麟. 艺术概论[M]. 上海：上海音乐出版社，2007.

[11] 沃尔特·斯坦奇菲尔德. 迪士尼动画黄金圣典（卷I）[M]. 孙倩，译. 北京：人民邮电出版社，2012.

[12] 上海市多媒体设计与应用能力考核办公室. 影视动画理论基础[M]. 上海：上海科学技术文献出版社，2007.

[13] 贾否. 动画创作基础[M]. 北京：清华大学出版社，2003.

[14] 段佳. 世界动画电影史[M]. 武汉：湖北美术出版社，2008.

[15] 贾否. 动画概论[M]. 3版. 北京：中国传媒大学出版社，2010.

[16] 赵前，肖思佳. 动画短片创作基础（高等院校动漫游戏系列）[M]. 重庆：重庆大学出版社，2008.

[17] 韩雪涛. 动画设计与制作[M]. 2版. 北京：中国水利水电出版社，2009.

[18] 向华. 三维动画制作[M]. 武汉：武汉大学出版社，2007.

[19] 周卉. 平面设计中的简约主义：论平面设计的发展趋势[D]. 武汉：湖北美术学院，2007.

[20] 肖慧. 格式塔心理学原理对平面设计的启示[J]. 中国文艺家，2018（7）：150-151.

[21] 张思遥. 中国平面设计30年：回顾改革开放后中国平面设计发展的历程[D]. 无锡：江南大学，2010.

[22] 张蓼蓼. 中国传统视觉元素在平面设计中的运用：由陈幼坚作品引发的思考[D]. 西

安：陕西师范大学，2012.
[23] 高式英. 平面设计中的"中国印"：篆刻艺术的形式美对当代平面设计的启示 [D]. 长沙：中南大学，2011.
[24] 尚美辰. 论平面设计对中国传统艺术的借鉴 [J]. 今古文创，2022（7）：83-85.
[25] 王爽. 国内平面设计发展状况探究 [D]. 郑州：河南大学，2014.
[26] 彭潘丹犁. 平面设计的多维思考：论平面设计的多维化发展趋势 [J]. 教育现代化，2016，3（29）：234-235.
[27] 柴虹. 平面设计的民族化表现 [J]. 教育现代化，2016，3（22）：256-257，264.
[28] 梁春霞. 平面设计向三维空间拓展研究 [J]. 电脑迷，2018（3）：163.
[29] 朱刚. 二十世纪西方文论 [M]. 北京：北京大学出版社，2006.